DE DIVINATIONE

论预言

De Divinatione

a Chinese translation

Cicero

西塞罗

论预言

拉汉对照

Simon M. Yiyang 译注

First Edition MMXXVI

Published by Hyperimmune Books
Suwanee, GA, United States

PB ISBN: 978-1-970739-00-8
HB ISBN: 978-1-970739-01-5

1 1 1 1 1 1 1 1 1 1 10 10 10 10 10 10 10 2

献给怀疑，献给理性。

Res Qvae Hoc Libro Continentvr
本书辑录

About the Author

Marcus Tullius Cicero, commonly known as Cicero, was a great man of the Roman Republic (the Senate and People of Rome), which he loved, protected and died for.

He was a master orator and an outstanding author in philosophy, theology, rhetoric and politics. He witnessed the life and death of all the first Triumvirate, he witnessed civil wars between his beloved fellow citizens, and he witnessed the collapse of an old political system that he failed to save.

He left with us a numerous amount of collections in Latin literature that far exceeded his contemporaries as well as authors many years to come. He left with us his emotions, his reasonings, his intimate friendship, and his ways of life. He left with us an image (*imago*) that has been admired through the generations.

About the Translator

Simon M. Yiyang is a logician. He and his family are now living in Georgia, USA.

符号凡例

[...] 标识原文所没有的，为了中文意思通顺而补足的译文内容；

(...) 标识原文中出现，但因累赘为了中文语句通顺而可以删去的内容；注意与全角括号（）区分。

⟨...⟩ 标识原文没有，为了意思通顺而补充的拉丁文；

† 标识原文手抄稿中有疑难错误，学者无法解读复原的词；

21,9 古代手抄本遗留的，可能不一致的章、节号；本书脚注均采用节号。

Liber I

卷一

《左传·桓公十一年》：卜以决疑，不疑何卜？

LIBER PRIMVS

1.1 etus opinio est iam usque ab heroicis ducta temporibus, eaque et populi Romani et omnium gentium firmata consensu, versari quandam inter homines divinationem, quam Graeci μαντιϰήν appellant, id est praesensionem et scientiam rerum futurarum. magnifica quaedam res et salutaris, si modo est ulla, quaque proxime ad deorum vim natura mortalis possit accedere. itaque ut alia nos melius multa quam Graeci, sic huic praestantissimae rei nomen nostri a divis, Graeci, ut Plato[1] interpretatur, a furore duxerunt.

2 gentem quidem nullam video neque tam humanam atque doctam neque tam immanem atque barbaram, quae non significari futura et a quibusdam intellegi praedicique posse censeat. principio Assyrii[2], ut ab ultimis auctoritatem repetam, propter planitiem magnitudinemque regionum, quas incolebant, cum caelum ex omni parte patens atque apertum intuerentur, traiectiones motusque stellarum observitaverunt, quibus notatis, quid cuique significaretur memoriae prodiderunt[3]. qua in natione Chaldaei[4], non ex artis sed ex gentis vocabulo nominati, diuturna observatione siderum scientiam putantur effecisse, ut praedici posset quid cuique eventurum et quo quisque fato natus esset.

eandem artem etiam Aegyptii longinquitate temporum innumerabilibus paene saeculis consecuti putantur. Cilicum[5] autem et Pisidarum gens et his finitima Pamphylia, quibus nationibus praefuimus ipsi, volatibus avium cantibusque certissimis signis declarari res futuras putant.

3 quam vero Graecia coloniam misit in Aeoliam, Ioniam, Asiam, Siciliam, Italiam sine Pythio[6] aut Dodonaeo aut Hammonis oraculo?

---

[1] 通译柏拉图，古希腊著名的哲学家。参见其著Phaedrus篇224b。

[2] 亚述人在公元前20世纪左右开始在两河流域崛起，直到公元前612年帝国灭亡，统治了该地区一千多年。

[3] memoriae prodere是习惯用语，指用记录流传下来。

[4] 迦勒底，通常指新亚述帝国统治下在两河流域南方的部族。拉丁语中也用这个词指代占卜师或者占星师，所以作者专门解释了一下。

[5] 这里提到的三个部族都在小亚细亚南方。

[6] Delphi（德尔斐）的旧名为Pytho。

卷一

从英雄时代一直延续至今就有这样古老的观点，也因罗马人民与 **1,1**
所有族裔的共识所强化，[认为]存在着在凡人之间的某种"神言术"，
希腊人则称之为"灵知术"（μαντική），即对未来之事的预见与认知。
倘若果真有这事，那真是既伟大又有益，人类的本性也可以因此更
加接近于诸神的力量。而且如同我们在其他诸多方面都要胜于希腊
人，对这般最崇高之事，我们用"神明"为其命名，而希腊人，依照
Plato 的解释，则是由"狂热[1]"引义而来。

我所知所见，任何族裔，无论是温和文明或是凶残野蛮，都不会 2
不认为未来可以被昭示，可以被某些人所认识所预知。最开始是亚述
人——我想从最古远的例子说起——因其居住的地区平坦广阔，他们
仰望那四方延伸毫无遮挡的天空，观察群星的轨迹与运动；他们将其
记录，并流传下来关于每种星象所征兆之事的记载。而在迦勒底的国
度——这个名字不是因其技术而是由其族裔得名——他们被认为掌握
了由长期星象观测所得的知识，便能预知每个人的机遇，以及每个人
生来的命运。

而埃及人也被认为在几乎数不清的时代里，在历史长河中获得了
同样的技艺。而我自己统领过的 Cilicia 人、Pisidia 人以及与其毗邻
的 Pamphylia 人[2]，他们认为未来之事可以用最准确的信号——鸟儿
的飞行与歌声进行昭示。

希腊人在往 Aeolia[3]、Ionia[4]、Asia[5]、西西里或是意大利派遣殖 3
民地时，哪次没有通过 Pytho、Dodona[6] 或是 Hammon[7] 的神谕？希

---

[1]拉丁语中divinatio的词根来自divus；而希腊语的μαντική 一词的词根则
来自μανία，通常译为狂热、疯狂（mania），类似与中文语境的"灵性"状
态。本段中按照作者意图以词根翻译，分别译为"神言术"与"灵知术"，后
文大多通译为"预言术"。又按，《说文》：術：邑中道也；所以术不一定单
指"技术"，也可能指"道"，即"方法"。
[2]西塞罗在公元前51年到前50年担任Cilicia总督（proconsul，即执政官代
理）这里提到的三个部族都在其管辖范围。
[3]Aeolia应该指小亚细亚西北沿海地区。也有说指西西里附近的Aeolian群
岛，也叫Lipari群岛。
[4]Ionia指小亚细亚西部沿海地区。
[5]这里Asia是最狭义的意思，指Lydia周边区域，也在小亚细亚。
[6]Dodona有著名的Juppiter神谕。
[7]Hammon即埃及的Amon主神，古希腊人将其与Zeus即Juppiter混同。

aut quod bellum susceptum ab ea sine consilio deorum est?

2 nec unum genus est divinationis publice privatimque celebratum. nam, ut omittam ceteros populos, noster quam multa genera complexus est! principio huius Vrbis parens Romulus non solum auspicato urbem condidisse, sed ipse etiam optimus augur[1] fuisse traditur. deinde auguribus et reliqui reges usi, et exactis regibus, nihil publice sine auspiciis nec domi nec militiae gerebatur. cumque magna vis videretur esse et impetriendis consulendisque rebus et monstris interpretandis ac procurandis in haruspicum[2] disciplina, omnem hanc ex Etruria scientiam adhibebant, ne genus esset ullum divinationis, quod neglectum ab eis videretur.

4 et cum duobus modis animi sine ratione et scientia motu ipsi suo soluto et libero incitarentur, uno furente, altero somniante, furoris divinationem Sibyllinis[3] maxime versibus contineri arbitrati eorum decem interpretes delectos e civitate esse voluerunt. ex quo genere saepe hariolorum etiam et vatum[4] furibundas praedictiones, ut Octaviano bello Cornelii Culleoli, audiendas putaverunt. nec vero somnia graviora, si quae ad rem publicam pertinere visa sunt, a summo consilio neglecta sunt. quin etiam memoria nostra templum Iunonis Sospitae[5] L. Iulius, qui cum P. Rutilio consul fuit, de senatus sententia refecit ex Caeciliae, Baliarici filiae, somnio.

3,5 atque haec, ut ego arbitror, veteres rerum magis eventis moniti quam ratione docti probaverunt. philosophorum vero exquisita quaedam argumenta, cur esset vera divinatio, collecta sunt. e quibus, ut

---

[1]这里augur应该按照最原始的意思，理解为狭义的专门以飞鸟占卜的卜师。在罗马有官方的augur职位，作为Juppiter的祭司，主要以飞鸟进行占卜。

[2]这里haruspex是专门指用牺牲内脏进行占卜的卜师，暂译为"脏卜师"，不过他们也负责解读闪电与其他征兆。

[3]在罗马，Sibylla特指Cumae的女先知，官方保存了相传是她流传下来的卜书。参见卷二110-112节。

[4]hariolor指用灵性言语进行预知的卜师；vates指被神灵附身用诗句预言的卜师。这里作者似乎并未特别区分二者。

[5]罗马诸神通常会有尊号或者头衔，这里的Sospita就是女神Juno（即希腊神话Hera）的头衔，通常被理解为"保护者"。

腊人进行战争时，哪次又没有征求神明的指引？

在公共与私人[领域]，也不是只有一种类型的预言术(被实践)。2 就算忽略掉其他的族裔，我们[罗马人]就拥有多少种？首先，按照流传下来的说法，这罗马城之父 Romulus 不仅是以鸟兆建城[1]，而且他本人也是最优秀的鸟卜师。接下来，继任的王也都施行了鸟卜；而在驱逐了王之后，无论是内政还是军事，没有什么公共事务可以在没有鸟卜的情况下得以推行。而且，人们发现，无论是对[平常]事务的求占与求问，或是对灵异现象的解释与驱邪，脏卜的理论都非常有力，便从 Etruria[2] 引入了所有[这方面的]知识；这样一来，就不会有任何一种预言术被忽视。

因为在没有理性与知识的情况下，灵魂本身自由且无拘束的活 4 动，是有两种模式驱使：一个是灵乱[3]，另一个是[预知]梦[4]；人们相信，灵乱的预言绝大多都留存在 Sibylla [女先知]卜书的诗句中，于是决定在公民中遴选出十位诠释者。在这种预言中，大家也认为要听取预言家和先知的灵性预言，比如 Octavius 之战[5]中，Cornelius Culleolus 所作的那样。诚然，若是被视为与公共事务有联系，事态更严重的梦也不会被最高决策[6]所忽视。事实上，在我的记忆里，就有与 P. Rutilius 一起出任执政[7]的 L. Julius 依照元老院决议重建了保护者 Juno 的神庙[8]，便是源起于 Baliaricus[9] 之女 Caecilia 的梦。

然而我认为，古人认同这些[预言术]，更多的是因为其后果的警 3,5 示，而非理性的教导。的确，哲学家们搜罗了一些[证明]预言术为真

---

[1] 参见李维《罗马建国以来史》I.7。

[2] Etruria是古时候在罗马西北方，盘踞半岛中北部的强邻，后被罗马征服同化。

[3] 即本卷第1节的"狂热"、"狂乱"。

[4] 这里其实需要区别对待梦占与预知梦；前者是将梦进行解释，而后者的梦则是无需解释自明的；但作者似乎经常将其混淆。

[5] 公元前87年爆发了两位执政官Cn. Octavius与L. Cornelius Cinna之间的内战。但Culleolus具体的预言并未见记录。

[6] 这里大概指元老院。

[7] 查年表，事在公元前90年。

[8] 这座神庙位于罗马城西面，凯旋门之外。

[9] Q. Caecilius Metellus，前123年出任执政，在西班牙东面Baliaric群岛击溃海盗，所以被称为Baliaricus。其女Caecilia后来嫁给Sulla（苏拉）为妻。

de antiquissimis loquar, Colophonius Xenophanes[1] unus, qui deos esse diceret, divinationem funditus sustulit, reliqui vero omnes praeter Epicurum[2] balbutientem de natura deorum divinationem probaverunt, sed non uno modo. nam cum Socrates omnesque Socratici Zenoque[3] et ei qui ab eo essent profecti manerent in antiquorum philoso-phorum sententia vetere Academia[4] et Peripateticis[5] consentientibus; cumque huic rei magnam auctoritatem Pythagoras[6] iam ante tribuisset, qui etiam ipse augur vellet esse, plurimisque locis gravis auctor Democritus[7] praesensionem rerum futurarum comprobaret; Dicaearchus[8] Peripateticus cetera divinationis genera sustulit, somniorum et furoris reliquit; Cratippus quoque familiaris noster, quem ego parem summis Peripateticis iudico, eisdem rebus fidem tribuit, reliqua divinationis genera reiecit.

6   sed cum Stoici omnia fere illa defenderent, quod et Zeno in suis commentariis quasi semina quaedam sparsisset et ea Cleanthes[9] paulo uberiora fecisset, accessit acerrimo vir ingenio, Chrysippus[10], qui totam de divinatione duobus libris explicavit sententiam, uno praeterea de oraculis, uno de somniis; quem subsequens unum librum Babylonius Diogenes edidit, eius auditor, duo Antipater, quinque noster Posidonius. sed a Stoicis vel princeps eius disciplinae, Posidonii doctor, discipulus Antipatri, degeneravit Panaetius; nec tamen ausus est negare vim esse divinandi, sed dubitare se dixit. quod illi in aliqua re invitissimis Stoicis Stoico facere licuit, id nos ut in reliquis

---

[1]Xenophanes通译为色诺芬尼,古希腊哲学家,诗人,仅有一些残篇存世。他出生的Colophon在小亚细亚西海岸的Ionia。

[2]Epicurus通译伊壁鸠鲁,古希腊哲学家,著名的伊壁鸠鲁学派创始人。

[3]Zeno通译芝诺,这里指创建斯多葛学派(Stoicus),出身于塞浦路斯岛Citium的芝诺。

[4]指继承Plato柏拉图的学院派。这里用"老学院派"来区分亚里士多德的逍遥学派。

[5]指继承Aristoteles亚里士多德的逍遥学派(也译为漫步学派)。

[6]毕达哥拉斯,古希腊著名哲学家、数学家,推崇数字神秘主义。

[7]Democritus通译德谟克利特,是古希腊原子论的先驱。

[8]Dicaearchus是古希腊哲学家、地理学家;他是亚里士多德的学生。

[9]Cleanthes是古希腊拳击手、哲学家,Zeno的学生,Chrysippus的老师。

[10]Chrysippus是古希腊哲学家、逻辑学家;师徒三代便是斯多葛学院的前三代领袖。

的精妙论断。其中，要我说最古老的，除了来自 Colophon 的 Xene-
phanes 一人，他说神明存在，但彻底否决了预言术；剩下的所有人，
除了那对诸神本性胡说八道[1]的 Epicurus，都认可预言术，不过观点
并不唯一。比如无论是 Socrates[2]还是他的传人们，还有 Zeno 以及他
的追随者，都保留了与古代哲学家的观点，无论是老学院派还是逍
遥学派也都一致认同；而之前的 Pythagoras，自己也想成为鸟卜师，
他在这领域也有巨大的影响；而那位重量级的作者，Democritus，他
在很多地方都认同对未来事件的预测。逍遥学派的 Dicaearchus 则
是否决了其他各种预言术，只保留了[预知]梦与灵乱。而我熟知的
Cratippus[3]，个人认为是逍遥学派的顶尖人物，他也是相信同样的[预
知梦与灵乱]，而否决其余种类的预言术。

但是绝大多数的斯多葛学派[4]则是支持所有预言术：Zeno 在他的 6
笔记中[随处可见记载]如同播撒种子；而 Cleanthes 则使其稍稍成熟
一些；然后心思敏锐的 Chrysippus 着手研究，他用两卷书铺陈了关于
预言术的全部知识，除此之外，还有一卷讲神谕，一卷讲梦；他的学
生，来自巴比伦[5]的 Diogenes[6]写过一卷，Antipater[7]写过两卷，而我
认识的 Posidonius[8]则写过五卷。然而 Antipater 的学生，Posidonius
的老师，这个学派的首要人物 Panaetius[9]却游离于斯多葛派众人之
外；尽管他没有敢于否认预言之力的存在，却只说自己有所怀疑。
既然他作为斯多葛派可以在某些斯多葛派最无法忍受的方面进行质
疑，那我们在其他方面同样质疑，斯多葛派难道不会妥协？那对于

---

[1]Epicurus认为诸神存在，但不会参与人间的事务。参见作者《论诸神的
本性》全书各处。

[2]苏格拉底，古希腊著名哲学家。

[3]关于这位Cratippus，我们所知不多，基本上只在西塞罗本人的著作和私
信中提及。他是当时逍遥学派的哲学家，后在作者帮助下获得了罗马公民
权，而写这本书的时候，作者的儿子，小西塞罗应该在雅典跟随他学习。参
见《论义务》I.1。

[4]斯多葛学派的名字来自Zeno在雅典讲学的门廊 στοά，所以也被译为门
廊学派。

[5]Babylon即巴比伦，两河流域著名的城市，这里泛指巴比伦地区。

[6]这位Diogenes出生于巴比伦，是当时斯多葛派的领袖，曾经来过罗马。

[7]Antipater是来自小亚细亚Tarsus的哲学家，他是Diogenes的学生。

[8]Posidonius通译波希多尼，是当时希腊罗马世界的著名学者，几乎通晓
所有的领域。

[9]Panaetius也是古希腊斯多葛派哲学家。

rebus faciamus, a Stoicis non concedetur, praesertim cum id, de quo Panaetio non liquet, reliquis eiusdem disciplinae solis luce videatur clarius? sed haec quidem laus Academiae praestantissimi philosophi iudicio et testimonio[1] comprobata est.

7

4   etenim nobismet ipsis quaerentibus quid sit de divinatione iudicandum, quod a Carneade[2] multa acute et copiose contra Stoicos disputata sint, verentibusque ne temere vel falsae rei vel non satis cognitae assentiamur, faciendum videtur ut diligenter etiam atque etiam argumenta cum argumentis comparemus, ut fecimus in eis tribus libris quos *de Natura Deorum* scripsimus. nam cum omnibus in rebus temeritas in assentiendo errorque turpis est, tum in eo loco maxime in quo iudicandum est quantum auspiciis rebusque divinis religionique tribuamus; est enim periculum, ne aut neglectis iis impia fraude aut susceptis anili superstitione obligemur.

5.8   quibus de rebus et alias saepe et paulo accuratius nuper, cum essem cum Q. fratre in Tusculano[3], disputatum est. nam cum ambulandi causa in Lyceum venissemus (id enim superiori gymnasio nomen est),

"perlegi," inquit, "tuum paulo ante tertium *de Natura Deorum*, in quo disputatio Cottae[4], quamquam labefactavit sententiam meam, non funditus tamen sustulit."

"optime vero," inquam; "etenim ipse Cotta sic disputat ut Stoicorum magis argumenta confutet quam hominum deleat religionem."

tum Quintus: "dicitur quidem istuc," inquit, "a Cotta, et vero saepius, credo, ne communia iura migrare videatur; sed studio contra Stoicos disserendi deos mihi videtur funditus tollere.

9   eius rationi non sane desidero quid respondeam; satis enim defensa religio est in secundo libro a Lucilio, cuius disputatio tibi ipsi, ut in extremo tertio scribis, ad veritatem est visa propensior. sed, quod

---

[1]这两个词，iudicium主要指个人内心的判断，testimonium指各种证明证词，特别是书面的、记录下来的证据。

[2]Carneades是古希腊哲学家，学院派怀疑主义的创始人，极力反对斯多葛学派。

[3]Tusculum在罗马东南，Alba Longa以北，是一座重要的拉丁城市。西塞罗在这里有一座庄园，他在文中所指就是在Tusculum家中。

[4]《论诸神的本性》一书中对话的二人，C. Aurelius Cotta与Q. Lucilius Balbus，其中Cotta代表学院派，质疑Balbus代表的斯多葛主义。

Panaetius 来说不甚明晰的事情，对于其他同样[斯多葛]学派的学者来说，难道比起太阳的光芒还要清楚？而学院派这种[质疑的]优点，7 对某位最杰出的哲学家[1]来说，无论是以其判断还是以其证词而言，的确都是他所认同的。

诚然，(看来)在我们自己探究如何判断关于预言术的问题时——4 因为 Carneades 已经对斯多葛学派有了大量尖锐且丰富的论证，而且我们又担心会因为错误的事情或者因为没有足够的认识而草草下结论——必须要做到，一遍又一遍地拿论证与论证进行比较，正如我写《论诸神的本性》三卷书中所做的那样。因为在任何事情上，草率论断和谬误总是可耻的，特别是这种[影响]判断我们如何对待鸟卜、神事与宗教的情况；总是存在这样的风险，我们要么因忽视这些事情而犯下不敬[神]的罪过，要么像迷信的老太婆一样盲从[2]。

关于这些事情，在往日便常常有所辩论，而最近我与弟弟 Quin- 5.8 tus 在 Tusculum 家中稍微更细致地讨论了一下。就在我们走路去"吕刻昂[3]"（这是靠上方的健身馆的名字）的时候，

"不久之前，"他说，"我通读了你第三卷的《论诸神的本性》，其中 Cotta 的论断，虽然让我的观点有所动摇，但还是没有使其彻底颠覆。"

"那再好不过了，"我说，"因为 Cotta 的论断更多是为了反驳斯多葛主义者的论点，而非抹杀人类的宗教信仰。"

Quintus 接下来说，"Cotta 的确是这么说，而且还经常重复这事，我想，是为了看起来不至于远离公义；但是在我看来，他在竭力反驳斯多葛主义的同时，确实是彻底颠覆了神明。

针对他的推理，我真是想不出该如何回复；在第二卷中 Lucilius[4] 9 对宗教的辩护已经很足够了，而且对你自己来说，正如你在第三卷最后[5]说的，[Lucilius] 他的论断看起来更加接近真实。但是，在那

---

[1] 按照上下文，大概指Panaetius。
[2] 关于罗马人认为妇女迷信的观点，参见李维III.7.8。
[3] Lyceum一般音译为"吕刻昂"，一般指亚里士多德在雅典讲学的健身馆，这里是西塞罗给自己家庄园里的一处健身馆取的绰号。他给另一处靠下方的健身房取名Academia，即柏拉图的学院。
[4] 见前页注。
[5] 参见其文本最后一句。

praetermissum est in illis libris (credo, quia commodius arbitratus es separatim id quaeri deque eo disseri), id est de divinatione, quae est earum rerum, quae fortuitae putantur, praedictio atque praesensio. id, si placet, videamus quam habeat vim et quale sit. ego enim sic existimo, si sint ea genera divinandi vera, de quibus accepimus quaeque colimus, esse deos, vicissimque, si di sint, esse qui divinent."

6,10   "arcem tu quidem Stoicorum," inquam, "Quinte, defendis, siquidem ista sic reciprocantur, ut et, si divinatio sit, di sint et, si di sint, sit divinatio. quorum neutrum tam facile quam tu arbitraris conceditur. nam et natura significari futura sine deo possunt, et ut sint di potest fieri ut nulla ab eis divinatio generi humano tributa sit."

atque ille: "mihi vero," inquit, "satis est argumenti et esse deos et eos consulere rebus humanis, quod esse clara et perspicua divinationis genera iudico. de quibus quid ipse sentiam, si placet, exponam, ita tamen, si vacas animo neque habes aliquid, quod huic sermoni praevertendum putes."

11   "ego vero," inquam, "philosophiae, Quinte, semper vaco; hoc autem tempore, cum sit nihil aliud quod libenter agere possim, multo magis aveo audire de divinatione quid sentias."

"nihil," inquit, "equidem novi, nec quod praeter ceteros ipse sentiam; nam cum antiquissimam sententiam, tum omnium populorum et gentium consensu comprobatam sequor. duo sunt enim divinandi genera, quorum alterum artis est, alterum naturae.

12   quae est autem gens aut quae civitas quae non aut extispicum[1] aut monstra aut fulgora interpretantium, aut augurum, aut astrologorum[2], aut sortium[3] (ea enim fere artis sunt), aut somniorum aut vaticinationum[4] (haec enim duo naturalia putantur), praedictione moveatur? quarum quidem rerum eventa magis arbitror quam causas quaeri oportere. est enim vis et natura quaedam, quae tum observatis longo tempore significationibus, tum aliquo instinctu inflatuque divino futura praenuntiat.

---

[1]extispex也是指用内脏占卜的卜师。
[2]astrologus指用星象占卜的卜师。
[3]sors指用抽签进行占卜的技术，即中文语境的"摇签"。
[4]vaticinor指用疯狂灵性的言语进行占卜，暂译为"灵言"。

些书卷中忽略的部分（我相信，你是觉得单独研究并讨论这个问题会更加合适），是关于'预言术'，就是对那些被认为是随机的事件的预言与预知[1]。若是合适的话，我们可以审视一下它有何种力量，它又是什么样的本质。我的想法是这样的：若是我们继承并实践的那些[种类的]预言术为真，则神明存在；反之，若是神明存在，那就会有可以预言之人。"

"Quintus，"我说，"你的确是在为斯多葛的堡垒辩护，但只需要[保证你说的]这两事是互相[蕴含]的：即'若预言术存在，则神存在'和'若神存在，则预言术存在'。但其中认可任何一件都没有如你想象的那么简单。因为，在没有神明时，未来之事可以自然显兆，而神明亦可以存在，但他们可以不把任何预言术赐给人类一族。" 6.10

然后他说，"对我而言，正因为我觉得预言术[的存在]既清楚又明白，所以'诸神存在'和'神关心人间事务'的证明已经足够了。只要你有所空闲，而且也没有其他事情要比这个话题更为优先，若是可以的话，那我想陈述一下关于这些事情我自己的想法。"

"Quintus，"我说，"对于哲学，我是一直有空闲的；而且当下这时局[2]，也没有什么其他事情能让我乐意做的，我的确更愿意听一下你关于预言术的想法。" 11

"真的，"他说[3]，"我所知的并非是什么新鲜事，也不是什么跳脱常理的论调；我遵循的无非是最古老的观点，被所有族裔[的共识]所肯定之事。有两种预言术的类型，一种是属于技艺的，一种是属于自然的。

而且，哪有民族或者国家不被预言术所影响，无论是脏卜师，还是对灵异和闪电的解释，或是鸟卜师、占星师和摇签术（这些基本上属于技艺），或者是梦与灵言（这两种被认为是属于自然）？对于这些[预言术]，我觉得应该是探究它们的结果而不是原因。总是有一股自然之力[可以]预测未来，有时候是通过长时间可观测的征兆，有时候是通过某种神性的直觉与灵感[4]。 12

---

[1] 参见卷二13节。
[2] 作者开始写这本书的时候，恺撒正当政独裁；恺撒遇刺后，作者对草稿又稍微有所修改添加。
[3] 接下来直到本卷结尾第131节都是Quintus所说的话。
[4] inflatus本意是吹气，比如吹奏乐器；这里作者将其用作"神明向心灵吹

7 quare omittat urguere Carneades, quod faciebat etiam Panaetius requirens, Iuppiterne cornicem a laeva, corvum[1] ab dextera, canere iussisset. observata sunt haec tempore immenso et eventis animadversa et notata. nihil est autem quod non longinquitas temporum excipiente memoria prodendisque monumentis efficere atque assequi possit.

13 mirari licet quae sint animadversa a medicis herbarum genera, quae radicum ad morsus bestiarum, ad oculorum morbos, ad vulnera, quorum vim atque naturam ratio numquam explicavit, utilitate et ars est et inventor probatus.

age, ea, quae quamquam ex alio genere sunt, tamen divinationi sunt similiora, videamus:

> atque etiam ventos praemonstrat saepe futuros
> inflatum mare, cum subito penitusque tumescit,
> saxaque cana salis niveo spumata liquore
> tristificas certant Neptuno[2] reddere voces,
> aut densus stridor cum celso e vertice montis
> ortus adaugescit scopulorum saepe repulsus.[3]

8 atque his rerum praesensionibus *Prognostica* tua referta sunt. quis igitur elicere causas praesensionum potest? etsi video Boëthum Stoicum esse conatum, qui hactenus aliquid egit, ut earum rationem rerum explicaret, quae in mari caelove fierent.

14 illa vero cur eveniant, quis probabiliter dixerit?

> rava fulix[4] itidem fugiens e gurgite ponti
> nuntiat horribilis clamans instare procellas
> haud modicos tremulo fundens e gutture cantus.

气", 一般翻译为"灵感"。

[1] cornix一般指体型较小的乌鸦, 即英文crow; 而corvus指体型稍大的乌鸦, 即英文raven。

[2] Neptunus, 即希腊神话中海神Poseidon。

[3] 这里以及后文14-15节都是西塞罗翻译的古希腊诗人Aratus (阿拉托斯) 的作品Prognostica (又名Diosemeia), 主要讲用自然现象去预测天气, 但其翻译文本只有残篇保留下来, 大部分就在本书中。

[4] fulix即fulica, 指一种叫骨顶鸡的水鸟, 参见维吉尔《农事诗》I.363。而Aratus原文则是鹭。

所以就让 Carneades 消停一下，别去纠缠 Panaetius 也纠结过的 7 问题——神王 Juppiter 是否命令乌鸦在左边歌唱，让渡鸦在右边歌唱[1]。这些事情在漫长的时间中一直被观测到，也因为其结果而被认知、被记录。有记忆保存和记录流传，没有什么是悠长的时间不能完成、不能抵达的。

我们可以去惊讶，医生们知道哪些种类的草药，哪些根类可以治 13 疗野兽咬伤、眼疾、[刀剑]伤口，但我们却从未解释它们的力量与本质，无论是这技艺还是其始创者却都因其功效而受人称赞。

来吧，让我们看下[这几行]，虽然不属于其他[上述的]类别，却也跟预言术很类似：

> 狂风的预兆，大海的暴涨，
> 突然这深渊，激进而高昂，
> 苍白的礁石，雪色的白浪，
> 向着那海神，回应着凄凉；
> 或是厚重的嘶吼，
> 来自崇山的峰顶，愈发洪亮，
> 伴随着那海岸的回响[2]。

而且你[翻译]的《预象[3]》充斥着这些预测之事。谁又能抽丝剥 8 茧找出预知现象的起因？不过我见那斯多葛派的 Boëthus[4]尝试过，到目前为止，对大海与天空现象的起因做了一些解释。

但谁又能合理地说明，下面的事情是因何发生？　　　　　　14

> 飞翔的灰鹭逃离了大海的深渊，
> 颤抖的喉咙唱响了嘹亮的哭喊，
> 恐怖的宣告预示着风暴的苦难。

---

[1]鸟卜者，比如Dondona的男女祭司就用鸟叫声占卜，不同的鸟还以左右区别。怀疑论者的攻击是说，难道你认为神王要事无巨细，去命令鸟儿去哪里飞？

[2]本书中，诗歌的翻译并非完全依照原文，而是按照中文语感与押韵做了调整。

[3]其实就是《天气预报》。

[4]Boëthus是一位斯多葛派的哲学家，但只找到本书中关于他的记录。

　　saepe etiam pertriste canit de pectore carmen
　　et matutinis acredula[1] vocibus instat,
　　vocibus instat et assiduas iacit ore querellas,
　　cum primum gelidos rores Aurora[2] remittit.
　　fuscaque non numquam cursans per litora cornix
　　demersit caput et fluctum cervice recepit.

9,15　　videmus haec signa numquam fere mentientia nec tamen cur ita fiat videmus.

　　vos quoque signa videtis, aquai dulcis alumnae,
　　cum clamore paratis inanis fundere voces
　　absurdoque sono fontis et stagna cietis.

quis est qui ranunculos hoc videre suspicari possit? sed inest in ranunculis vis et natura quaedam significans aliquid per se ipsa satis certa, cognitioni autem hominum obscurior.

　　mollipedesque boves spectantes lumina caeli
　　naribus umiferum duxere ex aëre sucum.

non quaero cur, quoniam quid eveniat intellego.

　　iam vero semper viridis semperque gravata
　　lentiscus[3] triplici solita grandescere fetu
　　ter fruges fundens tria tempora monstrat arandi.

16　　nec hoc quidem quaero, cur haec arbor una ter floreat aut cur arandi maturitatem ad signum floris accommodet; hoc sum contentus, quod, etiamsi, cur quidque fiat, ignorem, quid fiat, intellego. pro omni igitur divinatione idem, quod pro rebus eis, quas commemoravi, respondebo.

---

[1] 对应希腊文 ὀλολυγών，我们只知道这是一种会叫的动物。
[2] Aurora，即曙光女神，希腊人称其为Eos。
[3] lentiscus是一种高大的灌木，叫乳香黄连木（Pistacia lentiscus），其树脂是名贵香料。

晨曦的夜莺发出了哀恸的歌声，
闷怨的胸中唱起了凄苦的悲鸣，
纤细的嘴里吐露着持续的抱怨——
曙光的女神驱散了寒露的冰冷。
漆黑的乌鸦穿梭在无边的海岸，
湿漉的头颅迎击那波涛的凶残。

我们见到的这些信号，它们几乎从来不会欺骗我们，但我们却不 9.15
知道为什么这样。

你们也见那伙伴[1]，留恋水塘的甜美，
它们空洞的嗓音，开启刺耳的歌会，
激起了山泉，荡漾了池水。

谁又能相信小青蛙们知道这些事？但确实在小青蛙那里有某种力
量或者本质，可以预示某种对它们来说足够确定而对人类却是隐晦不
明的事情。

牛群迈着轻柔的脚步，仰望着灿烂天穹，
鼻孔吸着潮湿的空气，[预示着倾盆大雨]。

我不去问为什么，然而我知道所发生的结果。

常青常盛的黄连木，
开花三度，结实三度，
昭示着三度的动土[2]！

我也不会去问，为什么就这一种树会三度开花，或者为什么它会 16
用开花标识适合耕作的时节；即使我不知道它为什么这样，但我依旧
非常满足于能知道它会这样。所以对于所有的预言术，我也就跟刚提
到的这些事情一样地进行回应。

---

[1]原文是"养女"，指池塘里的青蛙。
[2]原文是"三个的耕种时节"。

10 quid scammoneae[1] radix ad purgandum, quid aristolochia[2] ad morsus serpentium possit — quae nomen ex inventore repperit, rem ipsam inventor ex somnio — video, quod satis est; cur possit, nescio. sic ventorum et imbrium signa, quae dixi, rationem quam habeant, non satis perspicio; vim et eventum agnosco, scio, approbo. similiter, quid fissum in extis, quid fibra valeat, accipio; quae causa sit, nescio. atque horum quidem plena vita est; extis enim omnes fere utuntur. quid? de fulgurum vi dubitare num possumus? nonne cum multa alia mirabilia, tum illud in primis? cum Summanus in fastigio Iovis Optimi Maximi[3], qui tum erat fictilis, e caelo ictus esset nec usquam eius simulacri caput inveniretur, haruspices in Tiberim id depulsum esse dixerunt; idque inventum est eo loco qui est ab haruspicibus demonstratus.

11,17 sed quo potius utar aut auctore aut teste quam te? cuius edidici etiam versus, et lubenter quidem, quos in secundo de *Consulatu*[4] Urania[5] Musa pronuntiat:

> principio aetherio flammatus Iuppiter igni
> vertitur et totum conlustrat lumine mundum,
> menteque divina caelum terrasque petessit,
> quae penitus sensus hominum vitasque retentat[6]
> aetheris aeterni saepta atque inclusa cavernis.
> et, si stellarum motus cursusque vagantis
> nosse velis, quae sint signorum in sede locatae
> (quae verbo et falsis Graiorum vocibus errant,
> re vera certo lapsu spatioque feruntur),
> omnia iam cernes divina mente notata.

---

[1] 指Convolvulus scammonia，是一种旋花属的植物，翻译为药旋花。

[2] aristolochia指马兜铃属植物，有药效；一般认为，这个词在古希腊语中就是由 "好"（άριστος）和 "产床"（λοχεία）组合而成，所以作者专门提出了自己另外的看法。

[3] Optimus Maximus也是Juppiter的尊号，译为 "至尊至善"。这里指在罗马城中Capitolium山顶的Juppiter神庙，也是全城最重要的神庙。

[4] 全名De Consulatu Suo或Consulatus Suus，即《他的执政时期》，是西塞罗为自己前63年担任的执政时期作的诗，已佚，大部分残篇就在本书中。这段一直唱到了第22节。

[5] Urania是九位Muse（缪斯）女神之一，主管天文、占星术、神秘术。

[6] 这里retendo的意义不甚明了。

　　我知道药旋花的根有治疗的功效，而马兜铃则能处理蛇咬伤—— **10**
而这名字其实是来自其发现者，而那人也是从梦中得到这信息的——
这就够了；而为什么有效，我真是不知道。同样如此，我也不够完全
明白，之前提及的风雨的预兆是蕴含了什么道理；对于它们的效力和
结果，我承认，知道并且确信。与此类似，主内脏[1]上的裂痕，肝脏
分叶的预示，我都接受；而其原因，我真是不知道。生活中到处是这
样的事情；所有人也都用主内脏[占卜]。什么？我们还能质疑闪电的
威力吗？在众多的奇迹中，[下面]那件事难道不是首当其冲？就在至
尊至善的 Juppiter [神庙]最顶端，那'至高者[2]'的神像，当时还是
陶土制成[3]，被从天而降的闪电劈中，神像的头颅不知所踪，而脏卜
师们说它被带到了 Tiberis[4]河中；而人们就在那脏卜师所指的地方找
到了它。

　　但作为权威和证言，我哪里能找到比你更合适的呢？我曾荣幸，**11,17**
用心学过你的诗句，就是在《他的执政时期》中 Muse 女神 Urania
所咏唱的：

> 　焰光的天父，化身烈阳[5]，
> 　向整个世界，撒播明亮；
> 　苍穹之下[6]，圣灵[7]在天地间游荡，
> 　守护了感知之种，孕育了生命之光！
> 　你若明白行星的轨迹，星座的图景，
> 　那便是知晓了圣灵，它标记的所有事情——
> 　那希腊人的误称，"流浪之星"，
> 　其实轨迹与空间，都已确定[8]。

---

　　[1]exta不同于viscera（下水），主要指心肺肝这些被认为更高级的内脏，而
不包括肠胃。脏卜师占卜只能用主内脏；而fissum指灼烧后肝脏上的裂痕。
　　[2]Summanus应该是Juppiter的尊号，一种理解是"至高者"，另一种认为
是夜间的闪电之神。
　　[3]这里暗示此时神像应该是更高级的材料（铜或者大理石）制成。
　　[4]通译泰伯河或者台伯河，是流经罗马的主要河流。
　　[5]原文是"苍穹的火光"。
　　[6]原文是"在以太的禁锢与约束之下"。
　　[7]原文divina mens，即神圣的精神。
　　[8]这里西塞罗认为行星的运动其实也是有规律的。

18   nam primum astrorum volucris te consule motus
        concursusque gravis stellarum ardore micantis
        tu quoque, cum tumulos Albano[1] in monte nivalis
        lustrasti et laeto mactasti lacte Latinas,
        vidisti et claro tremulos ardore cometas[2],
        multaque misceri nocturna strage putasti,
        quod ferme dirum in tempus cecidere Latinae,
        eum claram speciem concreto lumine luna
        abdidit et subito stellanti nocte perempta est.
        quid vero Phoebi fax[3], tristis nuntia belli,
        quae magnum ad columen flammato ardore volabat,
        praecipitis caeli partis obitusque petessens?
        aut cum terribili perculsus fulmine civis
        luce serenanti vitalia lumina liquit?
        aut cum se gravido tremefecit corpore tellus?
        iam vero variae nocturno tempore visae
        terribiles formae bellum motusque monebant,
        multaque per terras vates oracla furenti
        pectore fundebant tristis minitantia casus,

19?   atque ea, quae lapsu tandem cecidere vetusto,
        haec fore perpetuis signis clarisque frequentans
        ipse deum genitor caelo terrisque canebat.

12   nunc ea, Torquato[4] quae quondam et consule Cotta[5]
        Lydius[6] ediderat Tyrrhenae[7] gentis haruspex,
        omnia fixa tuus glomerans determinat annus.

---

[1]Albanus山，罗马的母国Alba Longa的所在地。

[2]cometes指彗星，这里是复数，很可能指的是流星雨。一说指北极光。

[3]Phoebus是Apollo的别名。这里fax Phoebi指代某种发光天体，比如彗星或者火流星。

[4]torquatus原意是项链，他们家族早年的独裁官T. Manlius Torquatus，将单挑战胜的高卢敌人带血的项链挂在身上，因此得名。参见李维VII.10。

[5]指前65年，即西塞罗执政的两年前，L. Manlius Torquatus与L. Aurelius Cotta，在本来当选的P. Cornelius Sulla与P. Autronius Paetus贿选一事败露之后替补为执政官。

[6]传统认为Etruria人来自小亚细亚的Lydia，这里Lydius也是指代Etruria。

[7]具体词源存疑。指代Etruria。比如Tyrrhenus海也是由此得名。

你为执政，星辰飞动，重光摇影[1]，   18
还是你，在 Albanus 雪白的山巅，
拉丁的祭典[2]，乳汁的奉献，
火光明亮，流星满天，
你思量这是夜袭[3]的预言，
拉丁祭的时节，凶兆频现，
满月之光，清澈亮眼，
突然消失在繁星之间[4]。
惨烈战事的信使，Pheobus 的光辉，
它飞跃穿顶，带着烈火之尾，
为何向着落日，迎头下坠？
或那位罗马公民，被恐怖的闪电击中，
在晴朗的日子留下生命之光？
或是膨胀的大地，开始发颤？
夜晚时分，各色恐怖的谜团，
昭示着无尽的战争与骚乱；
各地的灵言家都倾吐着神谕，
诉说着坠落悲惨的深渊；
悠长的时日终能应验，   197
众神之父[5]清晰而持久的预言，
那是他亲自咏唱在天地之间。

那时，Torquantus 和 Cotta 执政的当年，   12
Lydia 的后裔，所说的先见，
Etruria 的脏卜师，所作的预言，
而今，在你的这一年全部实现。

---

[1]前64年12月25日前后火土合星；前63年3月1日前后火木合星。考虑古罗马历法与现代历法的偏差，这两次合星很可能都在西塞罗执政期间。

[2]拉丁祭是每年在Albanus山上举行的，作为维持拉丁同盟的重要仪式。一般由新当选的执政官主祭，洒出羊奶，屠宰牺牲。

[3]指Catelline（喀提林）的阴谋。

[4]可能指月食。查天文历，前64年12月17日半影食，前63年5月14日偏食，都与"消失不见"不太吻合，存疑。

[5]指Juppiter。

nam pater altitonans stellanti nixus Olympo
ipse suos quondam tumulos ac templa petivit
et Capitolinis iniecit sedibus ignis.
tum species ex aere vetus venerataque Nattae[1]
concidit, elapsaeque vetusto numine leges,
et divom simulacra peremit fulminis ardor.
hic silvestris erat Romani nominis altrix,
Martia, quae parvos Mavortis[2] semine natos
uberibus gravidis vitali rore rigabat;
quae tum cum pueris flammato fulminis ictu
concidit atque avolsa pedum vestigia liquit.
tum quis non artis scripta ac monumenta volutans
voces tristificas chartis promebat Etruscis?
omnes civili generosa stirpe profectam
vitare ingentem cladem pestemque monebant,
vel legum exitium constanti voce ferebant,
templa deumque adeo flammis Vrbemque iubebant
eripere et stragem horribilem caedemque vereri;
atque haec fixa gravi fato ac fundata teneri,
ni prius excelsum ad columen formata decore
sancta Iovis species claros spectaret in ortus;
tum fore ut occultos populus sanctusque senatus
cernere conatus posset, si solis ad ortum
conversa inde patrum sedes populique videret.
haec tardata diu species multumque morata,
consule te, tandem celsa est in sede locata,
atque una fixi ac signati temporis hora
Iuppiter excelsa clarabat sceptra columna,
et clades patriae flamma ferroque parata
vocibus Allobrogum[3] patribus populoque patebat.

20 (line marker)
21 (line marker)

---

[1] Natta查不到具体信息，参见卷二45-47节。
[2] Mavors，即掌握战局之人，作为战神Mars的别名。相传Mars的双胞胎儿子Romanus与Remus是被狼养大的。这里"来自森林的乳母"即是指狼。
[3] Allobrox是古高卢的一个部落名。

奔雷的天父，从繁星的奥林匹斯，

给自己的庙宇，降下神雷，

将 Capitolium 的圣殿，用烈焰焚毁。

而当古老庄严的 Natta 之像倒塌，

律法[1]随着远古的神力埋葬，

神像随着烈焰的奔雷消亡。

森林之母，沉甸的乳房，

哺育了战神子嗣的希望，

造就了罗马一族的荣光；

与男孩们一起被闪电击中[2]，

遗留下她的足迹重重。

你若将术法的书卷与记录翻看，

谁能忽视 Etruria 预言的悲惨？

所有人都在警告毁灭与灾难的巨大，

起因是那来自贵族的门阀，

持续的预警，法律会被践踏，

要拯救烈火中神庙和罗马，

要敬畏可怕的苦难与屠杀；

这事被悲惨的命运固定束缚——

除非建起神圣 Juppiter 的华美塑像，

在高台之上，注视着太阳升起的东方；

为了让神圣的元老院与人民了解阴谋——

他要面朝太阳升起的方向，

看着元老院与人民的家园。

这神像历经一再耽搁拖延，

在你担任执政时终于立在高台之巅，

而就在那预告标明的时点，

Juppiter 的权杖，闪耀在高柱之间，

告诉元老与平民，来自高卢的预言，

警告烈火与铁剑，威胁国家的政变[3]。

20

21

---

[1] 参见卷二 47 节。指十二铜法表。

[2] 相传 Romanus 是被闪电击中而消失的，这里关于狼母与双子雕像被闪电击中的传说则不知出处。

[3] 西塞罗第一篇反对 Catelline 喀提林的演说地就在 Juppiter 神庙。

13   rite igitur veteres[1], quorum monumenta tenetis,
qui populos urbisque modo ac virtute regebant.
rite etiam vestri, quorum pietasque fidesque
praestitit et longe vicit sapientia cunctos,
praecipue coluere vigenti numine divos.
haec adeo penitus cura videre sagaci,
otia qui studiis lacti tenuere decoris,

22   inque Academia umbrifera nitidoque Lyceo[2]
fuderunt claras fecundi pectoris artis.
e quibus ereptum primo iam a flore iuventae
te patria in media virtutum mole locavit.
tu tamen anxiferas curas requiete relaxas,
quod patriae vacat, id studiis nobisque sacrasti.

tu igitur animum poteris inducere contra ea, quae a me disputantur de divinatione, dicere, qui et gesseris ea, quae gessisti, et ea, quae pronuntiavi, accuratissime scripseris?

23   quid? quaeris, Carneades, cur haec ita fiant aut qua arte perspici possint? nescire me fateor, evenire autem te ipsum dico videre. 'casu,' inquis. itane vero? quicquam potest casu esse factum, quod omnes habet in se numeros veritatis? quattuor tali iacti casu Venerium efficiunt; num etiam centum Venerios, si quadringentos talos ieceris, casu futuros putas? aspersa temere pigmenta in tabula oris liniamenta efficere possunt; num etiam *Veneris Coae*[3] pulchritudinem effici posse aspersione fortuita putas? sus rostro si humi 'A' litteram impresserit, num propterea suspicari poteris *Andromacham Ennii*[4] ab ea posse describi?

fingebat Carneades in Chiorum[5] lapicidinis saxo diffisso caput ex-

---

[1]这里的veteres跟下文的vestri应该分别指的是古代[外国]人和罗马人。

[2]Academia是柏拉图教学的学院；Lyceum是亚里士多德授课的健身馆。

[3]Cos又作Kos，位于爱琴海东南。著名的画家Apelles被认为出生于此。而这里Venus Coae指的是古典时期最著名的画作Venus Anadyomene（跃出海面的Venus）。

[4]Q. Ennius是活跃在公元前二世纪的罗马诗人，被认为是罗马史诗的先驱。*Andromacha*是他描写特洛伊战争中Hector的妻子Andromacha的诗，仅剩残篇。

[5]Chios是爱琴海东面的一个岛。

所以，你见到的记录里，   13
古代人便是依照宗教礼仪，
用美德与谦卑统治城市与人民；
信仰虔诚无比，智慧卓越超群，
你们罗马人也是依照宗教礼仪，
最是崇敬神通广大的诸位神明。
闲暇的学者，专注研究荣光，
敏锐的他们，便有如此信仰，
学院的树荫，吕刻昂的明堂，   22
成熟的心智，把耀眼的学说宣讲。
你青春年少，求知若渴，
祖国派你到这学习美德[1]。
你放下焦虑，卸下疑惑，
不在家乡，投身研学，心向神国[2]。

那么，作为完成这些事迹的本人，也作为我朗读段落最仔细的作者，你能否用心去反驳一下我关于预言术的这些论证？

什么？Carneades[3]，你问这些事情为什么会这样，又如何能被理 23
解？我承认我不知道，但要我说，你自己也知道这些事情都是存在的。'纯属偶然，'你这样说。真是如此吗？如果一件事情蕴含了如此众多的真实，那它还可能是偶然的吗？四个骰子可以掷出 Venus[4]，那你觉得你投四百个骰子，靠偶然能出来一百个 Venus 吗？将颜料随意洒在画板上可以画出脸部线条；但你觉得这样随意挥洒能画出《跃出海面的 Venus》的美丽动人吗？猪用鼻子在地上可以拱出字母 A，但你就因此会相信它可以写出 Ennius 的《Andromacha》吗？

Carneades[5] 假想过，在 Chios 岛的石码头上劈开一块石头，出现

---

[1] 原文是"到美德的聚集中心"。西塞罗早年曾到雅典等地留学。
[2] 原文是"我们"，这段话是女神所述，所以是指神明。
[3] 见本卷第7节注。这里是Quintus假想质疑Carneades的对话。
[4] 这里的骰子（tali）是用羊的指骨做的，近似是长条形的长方体。所以头尾两面几乎不可能立住，而周边的四面分别刻上了I, III, IV, VI作为四面骰子。每次投出四个骰子，如果正好每个数字都出现一次，就是算"Venus"（如果四面概率一样，则Venus概率接近十分之一，但实际概率更小），算是最大。作者后面这句的意思应该是投一百次，每次都出Venus。
[5] 之前是Quintus假想跟Carneades对话，但说着说着（可能是作者写错了）就变回到跟Marcus的对话了。

titisse Panisci[1]; credo, aliquam non dissimilem figuram, sed certe non talem ut eam factam a Scopa[2] diceres. sic enim se profecto res habet, ut numquam perfecte veritatem casus imitetur.

14.24 'at non numquam ea, quae praedicta sunt minus eveniunt.' quae tandem id ars non habet? earum dico artium, quae coniectura[3] continentur et sunt opinabiles. an medicine ars non putanda est? quam tamen multa fallunt. quid? gubernatores nonne falluntur? an Achivorum[4] exercitus et tot navium rectores non ita profecti sunt ab Ilio[5], ut 'profectione laeti piscium lasciviam intuerentur,' ut ait Pacuvius[6], 'nec tuendi satietas capere posset'?'

> interea prope iam occidente sole inhorrescit mare,
> tenebrae conduplicantur noctisque et nimbum occaecat nigror.

num igitur tot clarissimorum ducum regumque naufragium sustulit artem gubernandi? aut num imperatorum scientia nihil est, quia summus imperator nuper fugit amisso exercitu? aut num propterea nulla est rei publicae gerendae ratio atque prudentia, quia multa Cn. Pompeium[7], quaedam M. Catonem[8], non nulla etiam te ipsum fefellerunt? similis est haruspicum responsio omnisque opinabilis divinatio; coniectura enim nititur, ultra quam progredi non potest.

25 ea fallit fortasse non numquam, sed tamen ad veritatem saepissime derigit; est enim ab omni aeternitate repetita, in qua cum paene innumerabiliter res eodem modo evenirent isdem signis antegressis, ars est effecta eadem saepe animadvertendo ac notando.

15 auspicia vero vestra quam constant! quae quidem nunc a Romanis auguribus ignorantur (bona hoc tua venia dixerim), a Cilicibus, Pamphyliis, Pisidis, Lyciis tenentur.

---

[1]Paniscus意指小Pan神，一说是类似Pan的小神。

[2]Scopas是古希腊著名雕塑家。

[3]在占卜领域，coniectura（猜想）指的是对征兆带猜想性质的解释。

[4]这个词来自神话时代的人物Achaeus。希腊Achaea地区的人们以他为始祖；这里则是指代所有希腊人。

[5]Ilium是特洛伊的别名。

[6]M. Pacuvius是之前Ennius的外甥，著名诗人，下面这段是留存的残篇。

[7]即庞培，著名的军事家，政治家，与恺撒和克拉苏结成前三巨头。

[8]M. Porcius Cato Uticensis，即小加图，共和国末期的政治家与演说家。

了 Paniscus 的头像。我相信，那石头或许会有点像，但绝对不会让你说得像 Scopas 的作品一样。很明显事实就是如此：偶然从来不会完美复现真实[1]。

'但并非没有发生过那种，所预言的事情没有应验的情况。'哪 **14.24** 种技艺不会这样呢——我所说的技艺，就是依赖解释，依托于个人观点的。然而，医学不被认为是技艺吗？医学又犯了多少错误！舵手不会犯错吗？又或者，当希腊人的军队和众多战舰的舵手离开特洛伊时，难道不是——按照 Pacuvius 所说——'看着欢乐的鱼群愉快地启航'，而且'怎么看都看不够'？

> 与此同时，太阳落山，大海激荡，
> 夜色与暴雨，让黑暗成倍地增长，
> 黑暗，让船迷失了方向。

这海难带走了如此众多最为光辉的领袖与国王，难道就能否决掌舵的技艺吗？又或者最近一位最杰出的将领吃了败仗，军队溃散而逃亡[2]，那就认为领军的技艺不存在吗？又或者，[在治国理政方面]，就因为 Cn. Pompeius 犯了很多错误，M. Cato 犯了一些错误，而你自己也不是没有犯过错误，那就说用理性与审慎治理国家是不可能的？对于脏卜术以及所有依托假设观点的预言术，回应都是类同的；只要依托于假设解释，便不能超越这个范畴。

这样也许会犯错，但更多时候则是引导我们到达真理；自洪荒以 25 来就一直重复，几乎无数次相同的事情，发生之前总有相同的征兆，经过认知和记录，便同样经常地创造出了技艺。

你们那时的鸟卜技艺[3]真是可靠！这些现在却被罗马鸟卜师所忽 **15** 视（请恕我直言），而被 Cilicia 人、Pamphylia 人、Pisidia 人和 Lycia[4] 人保留了下来。

---

[1] 即，偶然不能代替真理。

[2] 大概指前48年，Cn. Pompeius Magnus（庞培）在与 C. Julius Caesar（恺撒）的内战中失利。

[3] 这里的 auspex 与 augur 应该都是鸟卜师。两者原意都是以飞鸟占卜的卜师，都可以引申为其他各种占卜师。一般文献中以 augur 出现居多；而后文 augur 指的是罗马官方的鸟卜师。西塞罗本人在前53年担任官方鸟卜师。

[4] Lycia 在小亚细亚南部，参见本卷第2节。

26 nam quid ego hospitem nostrum, clarissimum atque optimum virum, Deiotarum[1] regem, commemorem, qui nihil umquam nisi auspicato gerit? qui cum ex itinere quodam proposito et constituto revertisset aquilae admonitus volatu, conclave illud, ubi erat mansurus,
si ire perrexisset, proxima nocte corruit.

27 itaque, ut ex ipso audiebam, persaepe revertit ex itinere, cum iam
progressus esset multorum dierum viam. cuius quidem hoc praeclaris-
simum est, quod, posteaquam a Caesare tetrarchia[2] et regno pecuni-
aque multatus est, negat se tamen eorum auspiciorum, quae sibi ad
Pompeium proficiscenti secunda evenerint, paenitere; senatus enim
auctoritatem et populi Romani libertatem atque imperii dignitatem
suis armis esse defensam, sibique eas aves, quibus auctoribus officium et fidem secutus esset, bene consuluisse; antiquiorem enim sibi
fuisse possessionibus suis gloriam. ille mihi videtur igitur vere augu-
rari.

nam nostri quidem magistratus auspiciis utuntur coactis; necesse
est enim offa obiecta cadere frustum ex pulli ore cum pascitur.

28 quod autem scriptum habetis hinc tripudium[3] fieri, si ex ea quid
in solum ceciderit, hoc quoque, quod dixi, coactum tripudium solistimum dicitis. itaque multa auguria, multa auspicia, quod Cato ille
sapiens queritur, neglegentia collegi amissa plane et deserta sunt.

16 nihil fere quondam maioris rei nisi auspicato ne privatim quidem
gerebatur, quod etiam nunc nuptiarum auspices declarant, qui, re
omissa, nomen tantum tenent. nam ut nunc extis (quamquam id ipsum aliquanto minus quam olim), sic tum avibus magnae res inpetriri
solebant. itaque, sinistra[4] dum non exquirimus, in dira et in vitiosa[5]
incurrimus.

---

[1] Deiotarus与庞培恺撒等人同时代，是位于小亚细亚中部Galatia的一位部落首领，与罗马保持友好同盟关系，后在罗马支持下担任Galatia的国王。这个名字（神圣的公牛）应该是拉丁语意译的。

[2] tetrarchia在这里指的是当地的部落首领，小领主。

[3] tripudium是小鸡占卜中的专业术语，意同"吉兆"，而后面的tripudium solistimum则是"大吉之兆"，参见卷二72节中的解释。

[4] 占卜上左右的解释，作者卷二81节会提到。

[5] dira与vitiosa两者也都是占卜术语，其中dira程度最深，类似于"大凶"，而vitiosa则是一般的凶兆，类似于"不幸"。当然，这句里面两个词都是泛指凶兆。

我为何还要提下我们的客人，最精明最杰出的人物，凡事都要先 26
占卜一下的'神牛王'Deiotarus？一次，他事先计划安排好了旅行
线路，却因为飞鹰的警示掉头折返，然而如果他继续前行，本来要入
住的房间，却在当晚倒塌了。

同样地，我之前还听他自己说过，他经常在行程已经过了很多天 27
的时候还是掉头折返。而他在这件事情上真是最为可贵：就在他被
Caesar 惩罚剥夺了领主权、王位[1]以及财富之后，他却说不后悔自己
的那次鸟卜，让他自己出发去追随 Pompeius[2]；[他说]他守护的是元
老院的权威、罗马人民的自由与国家主权[3]的尊严，而那些鸟儿指导
他遵从义务、遵守信用，这卦便是好的；[还说]他的名誉远比他的财
富更为重要。所以我觉得，他的占卜是真实可信的。

反观我们的官员却是利用'人造的'占卜；给小鸡[4]喂饱之后，
自然就会有小面团从它嘴里掉出来。

根据你所记录下来的，只要有东西从[小鸡]嘴里掉到地上，就是 28
吉兆了，那同样我所说的'人造的'吉兆，你却说是大吉之兆。正如
智者 Cato[5]所抱怨的那样，很多的鸟术和占卜术就是这样因为鸟卜
师团的忽视而彻底地荒废[甚至]消亡了。

从前任何重大事情，甚至是私人活动，都是在鸟卜后才推行的，16
就比如现在我们说的'婚礼卜师[6]'，尽管[占卜]事情已经不做了，名
字却保留了下来。现在我们在重大事情上都是用脏卜（而比起以前还
是稍微少用了），而之前则习惯是用鸟卜。就这样，我们故意规避掉
相左的预言，却落入了凶兆与不幸的深渊。

---

[1]这里他其实只损失了部分的领土。西塞罗还专门为Deotarus写过辩护词
pro Rege Deiotaro。

[2]根据恺撒《内战记》III.4.3记录，Deiotarus带领了600骑兵参战。

[3]这里imperium指的是执政官、独裁官以及后期地方总督的"统治大权"，
也按文本不同，译为主权或者威权。

[4]用小鸡占卜事，参见卷二72-73节。

[5]即老加图，M. Porcius Cato，小加图的曾祖父，著名政治家、演说家、
散文作家。

[6]即婚礼的主持人、证婚人，类似于后世的教会牧师证婚。

29   ut P. Claudius, Appii Caeci filius, eiusque collega L. Iunius classis
maximas perdiderunt, cum vitio[1] navigassent. quod eodem modo
evenit Agamemnoni; qui, cum Achivi coepissent

> inter se strepere aperteque artem obterere extispicum,
> solvere imperat secundo rumore adversaque avi.

sed quid vetera? M. Crasso[2] quid acciderit, videmus, dirarum ob-
nuntiatione[3] neglecta. in quo Appius[4], collega tuus, bonus augur, ut
ex te audire soleo, non satis scienter virum bonum et civem egregium
censor[5] C. Ateium notavit[6], quod ementitum auspicia subscriberet.
esto; fuerit hoc censoris, si iudicabat ementitum; at illud minime auguris, quod adscripsit ob eam causam populum Romanum calamitatem maximam cepisse. si enim ea causa calamitatis fuit, non est in
eo culpa, qui obnuntiavit, sed in eo, qui non paruit. veram enim fuisse
obnuntiationem, ut ait idem augur et censor, exitus approbavit; quae
si falsa fuisset, nullam afferre potuisset causam calamitatis. etenim
dirae, sicut cetera auspicia, ut omina, ut signa, non causas afferunt,
cur quid eveniat, sed nuntiant eventura, nisi provideris.

30   non igitur obnuntiatio Atei causam finxit calamitatis, sed signo
obiecto monuit Crassum, quid eventurum esset, nisi cavisset. ita aut
illa obnuntiatio nihil valuit, aut si, ut Appius iudicat, valuit, id valuit
ut peccatum haereat non in eo qui monuerit, sed in eo qui non obtem-
perarit.

17   quid? lituus[7] iste vester quod clarissimum est insigne auguratus,
unde vobis est traditus? nempe eo Romulus regiones direxit tum cum
Vrbem condidit. qui quidem Romuli lituus, id est incurvum et leviter a
summo inflexum bacillum, quod ab eius litui quo canitur similitudine

---

[1]这里vitium是占卜术语，指占卜中发现不吉利的凶兆。

[2]M. Licinius Crassus，通译克拉苏，前三巨头之一。在担任叙利亚总督时，在与Parthia（安息）战争中身亡，彻底改变了三巨头互相制衡的局面。

[3]obnuntiatio也是占卜术语，指的是宣布凶兆。

[4]指Appius Claudius Pulcher，前54年担任执政官。

[5]censor，监察官，负责人口普查，道德风评，监管财政等工作。

[6]noto这里特指监察官的一项职权，谴责某人并使其受辱、污名化。

[7]lituus是卜师用的弯木杖，参见李维I.18，第二位王Numa就是受lituus占卜许可而获得王位，暂译为"礼土之杖"。

Appius [Claudius] Caecus 之子 P. Claudius[1] 与他的同僚 L. Junius 29
损失了大量船只部队，就是因为他们在凶兆下出航。同样的事情也让
Agamemnon[2] 碰上了；就是他，当希腊人开始——

> 藐视卜师的技巧，私语窃窃，群情骚骚，
> 无视鸟儿的警告，顺从流言，下令起锚。

但为什么要追溯古代？我们亲眼见到，那无视凶兆预警的 M.
Crassus 所发生的事情。就在这事上，你的同僚 Appius——我常听你
说他是位优秀的鸟卜师——作为监察官，在不明真相的情况下谴责了
优秀公民、好人 C. Ateius[3]，就是因为他声称[Ateius]占卜作假[4]。这
样就算了；如果他认为占卜作假，作为监察官[进行谴责]这也是正当
的；但那作为鸟卜师，宣称就是因为这个原因罗马人民才遭受了最
严重的灾难，就非常不正当了。[因为]如果那[卜卦]真的是灾难的原
因，宣布它的人就没有过错，反而是忽视它的人才有过错。按照鸟卜
师兼监察官所说，那结果确实印证了宣布凶兆为真；若其为假，那便
不可能[是]导致灾难的起因。事实上，大凶之兆，以及其他的鸟兆、
征兆和信号，都不会是导致事情发生的起因，而只是宣告说，如果你
不重视，就会发生[灾难]。

所以说，并不是 Ateius 的凶兆宣告造成了灾难的起因，而是用 30
立竿见影的信号警示 Crassus，除非他提前防范，不然就会产生后果。
因此，要么是凶兆宣告纯属无效，要么如果按 Appius 所判决的那样，
它是有效的，那么它所谓的有效，其实就是说错误是归于没有遵从它
的人，而不是归于提出它的人。

那这事呢？就说你们那根名叫"礼土之杖（lituus）"的木杖，那 17
是鸟卜师团最耀眼的标志了，又是从哪传到你们手里的？众所周
知，Romulus 建立罗马城的时候，就是拿它划定了区域。事实上，
Romulus 的礼土之杖是一根头上略微弯曲的木杖，因为跟吹奏的号角

---

[1]第一次布匿战争期间，前249年的执政官P. Claudius Pulcher 与L. Junius
Pullus带着军队出海，被迦太基海军几乎全歼。
[2]通译阿伽门农，特洛伊战争希腊方的主帅，Mycenae的王；战后被其妻
与情夫杀害。
[3]Ateius时任护民官。
[4]实际的占卜主持人并不是Ateius，但他在旁观仪式时可以进行宣布凶兆，
即obnuntio。参见卷二71-72节。

nomen invenit, cum situs esset in Curia Saliorum[1], quae est in Palatio, eaque deflagravisset, inventus est integer.

31 quid? multis annis post Romulum Prisco regnante Tarquinio[2] quis veterum scriptorum non loquitur, quae sit ab Atto Navio[3] per lituum regionum facta discriptio? qui cum propter paupertatem sues puer pasceret, una ex iis amissa vovisse dicitur, si recuperasset, uvam se deo daturum, quae maxima esset in vinea; itaque sue inventa ad meridiem spectans in vinea media dicitur constitisse, cumque in quattuor partis vineam divisisset trisque partis aves abdixissent[4], quarta parte, quae erat reliqua, in regiones distributa, mirabili magnitudine uvam, ut scriptum videmus, invenit.

qua re celebrata cum vicini omnes ad eum de rebus suis referrent, erat in magno nomine et gloria.

32 ex quo factum est, ut eum ad se rex Priscus arcesseret. cuius cum temptaret scientiam auguratus, dixit ei cogitare se quiddam; id possetne fieri consuluit. ille, augurio acto, posse respondit. Tarquinius autem dixit se cogitasse cotem[5] novacula posse praecidi. tum Attum iussisse experiri. ita cotem in Comitium[6] allatam, inspectante et rege et populo, novacula esse discissam. ex eo evenit ut et Tarquinius augure Atto Navio uteretur et populus de suis rebus ad eum referret.

33 cotem autem illam et novaculam defossam in comitio supraque impositum puteal[7] accepimus.

negemus omnia, comburamus annales, ficta haec esse dicamus, quidvis denique potius quam deos res humanas curare fateamur. quid? quod scriptum apud te est de Ti. Graccho[8], nonne et augurum et

---

[1]Salii祭祀团供奉战神Mars，一共有两个，分别参见李维I.20和I.27。

[2]Tarquinius Priscus，相传是罗马第五代王。

[3]Attus Navius是传说中的卜师，参见李维I.36。

[4]abdīco（不是abdico）是占卜术语，指出现凶兆，鸟儿拒绝完成指定事项。

[5]cos可以是燧石或者磨刀石或者各种硬的石头。

[6]Comitium是元老院（Curia Hostilia）外面古代罗马民众进行立法投票等活动的露天场所，就在Forum （广场）边上。暂译为"大会场"。

[7]puteal本意指的是水井周边高出地面的井栏（井圈）。这里泛指任何类似的石台结构。

[8]Ti. Sempronius Gracchus是著名的格拉古兄弟的父亲，前177年和前163年担任执政官，文中说的事情是他主持次年，即前162年执政官选举的时候出的意外情况。

（也叫lituus）很像而得名；之前它被安放在 Palatium[1] 山上 Salii 祭司团大殿内，而大殿焚毁[2]之后，它被找到时却毫发无伤。

那这事呢？哪个古代作家不会提起，在 Romulus 之后的很多年，31 Tarquinius Priscus 王统治时期，由 Attus Navius 用礼土之杖（lituus）划分区域[的故事]？相传，他小时候因为贫穷而当猪倌；一次猪群里丢了一只猪，他便立誓，如果能找回，他就将葡萄园里最大的葡萄献给神明[3]；就在猪找到之后，传说他停在葡萄园的中央，面朝日中[4]，而当他将葡萄园分成四块[区域]，其中三块被飞鸟所厌恶，剩下的第四块，他又另外划分了区域，[如此类推递进]，依照我们见到的记载，终于找到了一颗奇迹般硕大的葡萄。

这事被广泛传播，所有的邻居都找他咨询各自的事情，于是他声名大振，荣耀无限。

由于这件事情，Tarquinius Priscus 王召他到身边。当王试探他的鸟卜技术时，对他说自己在想某件事情，而他则要问出这事是否能做到。他在进行了鸟卜之后，回答说可以。然而 Tarquinius 却说自己所想的是用剃刀切开磨刀石。之后他便命令 Attus 去证明此事。于是磨刀石被拿到大会场上，就在王和民众的注视之下，被他用剃刀劈开了。由此，Tarquinius 启用 Attus Navius 为鸟卜师，而民众则一直找他咨询各自的事情。

而且我们知道，那块磨刀石与剃刀都被埋在了大会场[5]，在上面还放置了石台。

就让我们否决掉这一切，让我们把年鉴都烧掉，让我们指责这些都是编造的故事，让我们承认任何事情也不要承认神明会关心人间的事务。还有什么呢？你的书中[6]写的关于 Ti. Gracchus 的事情，难道不

---

[1]Palatium山位于罗马城最中央，相传是Romulus初建城时所在地；帝国时期成为皇宫所在。

[2]大概指高卢人入侵时的事情，参见李维卷五。

[3]他这里的意思不是说一颗葡萄有多贵重，而是说要在整个葡萄园里找到那颗最大的非常费时费力，所以用来敬神。按照现代计算复杂性理论，如果全部搜索一遍，需要的时间是$O(n)$，而按照文中的步骤，在Oracle（神谕）的帮助下，需要的时间是$O(\log n)$。这个故事里已经有了非常朴素的程序复杂性概念。

[4]即南方。

[5]根据李维记载，在当时元老院的右侧。

[6]比如《论诸神的本性》II.10-11。

haruspicum comprobat disciplinam? qui cum tabernaculum vitio cepisset imprudens, quod inauspicato pomerium[1] transgressus esset,
co-mitia consulibus rogandis habuit. nota res est et a te ipso mandata
monumentis. sed et ipse augur Ti. Gracchus auspiciorum auctoritatem confessione errati sui comprobavit; et haruspicum disciplinae
magna accessit auctoritas, qui recentibus comitiis in senatum intro-
ducti negaverunt iustum comitiorum rogatorem fuisse.

18,34   eis igitur assentior, qui duo genera divinationum esse dixerunt,
unum, quod particeps esset artis, alterum, quod arte careret. est
enim ars in eis qui novas res coniectura persequuntur, veteres observatione didicerunt. carent autem arte ei qui, non ratione aut coniectura observatis ac notatis signis, sed concitatione quadam animi aut
soluto liberoque motu, futura praesentiunt, quod et somniantibus
saepe contingit et non numquam vaticinantibus per furorem, ut Bacis
Boeotius[2], ut Epimenides Cres[3], ut Sibylla Erythraea[4]. cuius generis
oracula etiam habenda sunt, non ea, quae aequatis sortibus ducuntur, sed illa, quae instinctu divino afflatuque funduntur; etsi ipsa sors
contemnenda non est, si auctoritatem habet vetustatis, ut eae sunt
sortes, quas e terra editas accepimus; quae tamen ductae ut in rem
apte cadant, fieri credo posse divinitus. quorum omnium interpretes,
ut grammatici poëtarum, proxime ad eorum, quos interpretantur, divinationem videntur accedere.

35   quae est igitur ista calliditas res vetustate robustas calumniando
velle pervertere? non reperio causam. latet fortasse obscuritate in-
voluta natura; non enim me deus ista scire, sed his tantum modo uti
voluit. utar igitur nec adducar aut in extis totam Etruriam delirare

---

[1]pomerium，城界，是一个非常重要的，具有宗教意义的法律概念。严
格意义上讲，城界指的是城墙内，绕城一周的狭窄土地，并不一定与城墙走
向重合。城界之内即是罗马城（Vrbs）；城界之外，包括城墙，都是城所属之
物。公民在城界之内具有社会属性，在城界之物具有军事属性。而这也体现
在执政官选举上，因为执政官理论上是军事长官，所以其选举必须在城界外
举行。而执政官的束棒在城界内也会移除斧子，代表在城界外无可抗辩的生
杀大权。参见李维I.26及I.44。

[2]Boeotia是希腊中部的一个地区。

[3]Cres即克里特岛。

[4]Erythrae是Ionia地区的一座城镇，有一座Apollo的神谕院。

是印证了鸟卜和脏卜的学术存在吗？他在没有察觉的情况下，错误地使用了帐篷[1]——即非法地越过了城界——却举行了执政官选举大会。这事众所周知，而且你自己也做过记录。而自己也是鸟卜师的 Ti. Gracchus 也用承认自己错误的方式证明了鸟卜的权威性；脏卜师一系的权威也大大增强——他们在选举之后便被引见给元老院，并否决了选举大会的合法性。

所以我同意那些认为有两种预言术的观点：一种是有技艺参与，**18**,34 另一种则是没有技艺。通过观察学习旧的事物，通过假设解释追寻新的事物，这便是有技艺在其中了。那些没有技艺的，就是没有依据那些通过观察与记录信号所得到的假设与理由，而是通过某种心灵的悸动，或者通过自由无拘束的情绪来预知未来的，经常是在梦中出现，或是通过灵乱而进行预言，比如 Boeotia 的 Bacis，克里特岛的 Epimenides 以及 Erythrae 的 Sibylla[2]。这一种类[的预言术]里还得算上神谕，但不是那种平等抽签的，而是那种由神性的直觉与灵感[3]的流露；不过抽签本身并不被轻视，只要它本身是有远古的来源，如我们所得知的那些从大地里生出的神签[4]那样。然而我还是相信，在神性指引下，还是可以抽出符合事情的签。所有这些[自然预言]的解释者，如同语言学家解释诗人一样，看来是最接近他们所解释的[神性]其所指的预言。

那么，想要去推翻这从古至今见证的牢固事实，是不是有点自作 35 聪明了呢？[你说]，'我还是不明白因果。'也许[预言的]本性把自己包裹起来，藏到了隐晦之处；神明不想让我知道为什么，只是想让我以这些方式去用它们。所以，我会用，而且我不会认为整个 Etruria

---

[1] tabernaculum本意是帐篷；tabernaculum capare指占卜师支起帐篷，开始占卜，是各种选举大会前重要的准备工作。如果没有进行占卜，或者如文中所指，没有遵从宗教法律而进行占卜，那这次选举便是inauspicato，即非法、违反宗教法，那就得不到诸神的庇佑。

[2] 这三位都是古代的预言家。

[3] 即本卷12节的"吹气"。

[4] 参见卷二第86节。

aut eandem gentem in fulguribus errare aut fallaciter portenta interpretari, cum terrae saepe fremitus, saepe mugitus, saepe motus multa
nostrae rei publicae, multa ceteris civitatibus gravia et vera praedix-
erint.

36 quid? qui irridetur, partus hic mulae nonne, quia fetus extitit in
sterilitate naturae, praedictus est ab haruspicibus incredibilis partus
malorum?

quid? Ti. Gracchus P.f.[1], qui bis consul et censor fuit, idemque et
summus augur et vir sapiens civisque praestans, nonne, ut C. Gracchus, filius eius, scriptum reliquit, duobus anguibus domi comprehensis haruspices convocavit? qui cum respondissent, si marem emisis-
set, uxori brevi tempore esse moriendum, si feminam, ipsi, aequius
esse censuit se maturam oppetere mortem quam P. Africani[2] filiam
adulescentem; feminam emisit, ipse paucis post diebus est mortuus.

19 irrideamus haruspices, vanos, futiles esse dicamus, quorumque disciplinam et sapientissimus vir et eventus ac res comprobavit, contemnamus; contemnamus etiam Babylonios, et eos, qui e Caucaso[3]
caeli signa servantes numeris stellarum cursus persequuntur. con-
demnemus, inquam, hos aut stultitiae aut vanitatis aut impudentiae,
qui quadringenta septuaginta milia annorum, ut ipsi dicunt, monumentis comprehensa continent, et mentiri iudicemus, nec saeculorum
reliquorum iudicium quod de ipsis futurum sit pertimescere.

37 age, barbari vani atque fallaces; num etiam Graiorum historia men-
tita est? quae Croeso[4] Pythius Apollo, ut de naturali divinatione
dicam, quae Atheniensibus, quae Lacedaemoniis[5], quae Tegeatis[6],

---

[1]按罗马名规则，X.f.Y.n. 即X的儿子，Y的孙子。这位Ti. Gracchus就是前
文33节中搞错占卜仪式的那位。所以这整段文本可能有所混杂。

[2]P. Cornelius Scipio Africanus，通译大西庇阿，罗马军事家、政治家，第
二次布匿战争中的主要将领。

[3]Caucasus，通译高加索山。巴比伦国境应该没有到过现代所指的高加
索，这里所指的应该是另外一座山，或者是作者误信了他人记录。

[4]Croesus是Lydia的国王，以财富闻名。他与Delphi神庙关系甚好，捐献
了许多礼物。

[5]Sparta即斯巴达，其古名为Lacedaemon；相传Lacedaemon是Zeus之子，
娶了名叫Sparta的公主，当上了当地的国王。

[6]Tegea是位于Arcadia（阿卡迪亚）中部的一个古代城邦。

在脏卜这事上都是傻子，也不会认为同样的 Etruria 人，在闪电一事上都弄错了，更不会认为征兆被欺骗性地解读——因为大地经常轰鸣，经常低吼，经常震动，都给我们罗马以及其他的国家，预警了很多真实且严重的事态[1]。

那这事呢？本性应该是不育的母骡[2]产仔，被脏卜师预测为巨大 36
灾难的先兆，难道要嘲笑这事吗？

还有这事呢？那 Publius 之子，Ti. Gracchus，做过监察官和两度的执政官，本人也是最顶尖的鸟卜师，睿智而杰出的公民，根据他的儿子，C. Gracchus[3] 所留下的记录，在家中出现两条蛇的时候，他不是也召来脏卜师进行解释？他收到答复说，如果释放那条公的，妻子就会在短时间内去世，而放那条母的，死的就是他自己，他寻思让年事已高的自己去面对死亡，比起韶华仍在的 P. Africanus 之女[4]要更为公平；于是他释放了母蛇，自己在短短几天内就去世了。

就让我们嘲笑脏卜师，让我们说他们是空谈无用的，让我们鄙视 19
那些被最聪明的人所认可、被[其预言的]结果与事情所证实的理论；也让我们鄙视巴比伦人，还有那些在高加索山上，用数学观测天空信号、追寻星辰运行之人。对于那些自己宣称，留存了四十七万年[天文观测]记录[5]的人，我说，就让我们鄙视他们，说他们愚蠢、空谈、无耻，让我们判断说他们撒谎，也不要惧怕未来的世代对我们自己的判断。

来吧，[就让我们说]这些野蛮人都是空谈骗人的；然而希腊的历 37
史也是虚假的吗？说起自然的预言，谁不知道那 Pytho[6] 的 Apollo 给 Croesus 王，给雅典人，给斯巴达人，给 Tegea 人，给 Argos[7] 人，给

---

[1] 这句前后文字逻辑不通，疑似有缺文。

[2] 骡子是驴马杂交所生，因为染色体不配对的问题本来不能生育。但现实中母骡有极小概率可以怀孕产仔，特别在古代会被认为是某种征兆。

[3] 这就是著名的格拉古兄弟中的弟弟。

[4] 相传，Ti. Gracchus 在48岁时娶了18岁的妻子Cornelia，据此推算他去世时妻子才36岁。Cornelia 则精通文学，在丈夫去世后独自生活，养育子女，死后成为罗马人民追寻的榜样。

[5] 当然，这个数字明显是夸大的，但的确巴比伦人（迦勒底人）有很深厚的天文观测记录历史。

[6] 即Delphi。

[7] Argos位于伯罗奔尼撒半岛东部。

quae Argivis, quae Corinthiis[1] respondent, quis ignorat? collegit innumerabilia oracula Chrysippus nec ullum sine locuplete auctore atque teste; quae, quia nota tibi sunt, relinquo; defendo unum hoc:
num-quam illud oraculum Delphis tam celebre et tam clarum fuisset neque tantis donis refertum omnium populorum atque regum,
nisi omnis aetas oraculorum illorum veritatem esset experta. idem
38 iam diu non facit. ut igitur nunc minore gloria est, quia minus oraculorum veritas excellit, sic tum nisi summa veritate in tanta gloria
non fuisset. potest autem vis illa terrae quae mentem Pythiae[2] divino afflatu concitabat evanuisse vetustate, ut quosdam evanuisse et
exaruisse amnes aut in alium cursum contortos et deflexos videmus.
sed ut vis acciderit, magna enim quaestio est, modo maneat id quod
negari non potest, nisi omnem historiam perverterimus, multis saeclis
verax fuisse id oraculum.

20,39   sed omittamus oracula; veniamus ad somnia. de quibus disputans
Chrysippus, multis et minutis somniis colligendis, facit idem quod
Antipater ea conquirens, quae Antiphontis[3] interpretatione explicata
declarant illa quidem acumen interpretis, sed exemplis grandioribus
decuit uti. Dionysii[4] mater, eius qui Syracosiorum[5] tyrannus fuit,
ut scriptum apud Philistum[6] est, et doctum hominem et diligentem
et aequalem temporum illorum, cum praegnans hunc ipsum Diony-
sium alvo contineret, somniavit se peperisse satyriscum. huic interpretes portentorum, qui Galeotae tum in Sicilia nominabantur, responderunt, ut ait Philistus, eum, quem illa peperisset, clarissimum
Graeciae diuturna cum fortuna fore.

40   num te ad fabulas revoco vel nostrorum vel Graecorum poëtarum?
narrat enim et apud Ennium Vestalis illa:

> excita cum tremulis anus attulit artubus lumen,
> talia tum memorat lacrimans exterrita somno:

---

[1] Corinthus即科林斯，在伯罗奔尼撒半岛东北陆峡处，盛产铜器。
[2] Pythia，即德尔斐神庙的女祭司。
[3] Antiphon是第一位写著梦的解析的学者。但他具体的身份不明。
[4] Dionysius，西西里岛上的僭主。
[5] Syracusae即英文Syracuse，通译叙拉古，是西西里岛上重要的城市。
[6] Philistus是与Dionysius同时代的作家，具体信息不明。

科林斯人的那些答复？Chrysippus 就收集了无数的神谕，没有任何一件缺少充足的证人与证词；因为你熟知这些事情，我就不再赘述了；但我就论辩一项：若不是在所有的年代里那些神谕总是检验无误，那德尔斐的神谕院也不会如此闻名如此耀眼，更不会堆满了来自所有族裔所有国王如此众多的礼物。同样的神谕院，好久没有像这样了。正 38
如同它现在荣光不再，是因为神谕的准确性大大降低，同样地，之前若不是[神谕]极其精准，就不会有如此的荣光。也有可能，那用神圣灵气激起 Pythia 女祭司精神的大地之力因为岁月长久而消散了，如同我们见到，河流也会干枯消亡，或是改道迂回，流到其他路线了。然而无论你想怎么解释它（这也的确是个很大的疑问），只有这点无法否认：除非我们把所有的历史全部推翻，这神谕院在很长的一段岁月里都是准确无误的。

就让我们先放下神谕，来说说梦吧。Chrysippus 为了研究它们，20.39
如同 Antipater 一样，收集了很多小梦，用 Antiphon 的解析理论解释，的确说明了解梦者的敏锐，但他更应该用更宏大知名的事例。那位 Syracusae 的僭主，Dionysius，根据与他同时期、学问严谨的 Philistus 写到，在他的母亲肚子里怀着他时，梦到自己生出了一个小 satyr[1]。根据 Philistus 所说，这征兆的解说者，当时在西西里被称为 Galeotae[2]，她们回复她说，她将要生的小孩，会在希腊世界[3]耀眼无比，财富无限，持久不衰。

我要不要再跟你说下我们罗马诗人或是希腊诗人[传颂]的故事？ 40
比如 Ennius[4] 就说过那位 Vesta[5] 女祭司：

> 梦中惊起，女仆端来颤抖的灯影，
> 泪眼婆娑，茫然记起恐怖的梦境：

---

[1] satyr是神话中羊头人身的怪兽，相传是酒神Dionysus的随从，这里satyriscus就是类似Paniscus，即小satyr。

[2] Galeotae这个词似乎只在这里出现过，按照文中理解应该是类似卜师女巫等的解灵者。

[3] 当时意大利南部与西西里都属于希腊的殖民地，即"大希腊"。

[4] 参见本卷第23节注。

[5] Vesta是罗马重要的炉灶女神，广场边上就有她的神庙，圣火永不熄灭。相传Romulus与Remus之母Rhea Silvia（Ilia）就是一位Vesta的女祭司。这些女祭司终身不婚，在罗马有极高的地位，与执政官队伍碰到时执政官需要让路。

'Eurydica[1] prognata, pater quam noster amavit,
vires vitaque corpus meum nunc deserit omne.
nam me visus homo pulcher per amoena salicta
et ripas raptare locosque novos; ita sola
postilla, germana soror, errare videbar
tardaque vestigare et quaerere te neque posse
corde capessere; semita nulla pedem stabilibat.
41   exin compellare pater me voce videtur
his verbis: "o gnata, tibi sunt ante gerendae
aerumnae, post ex fluvio fortuna resistet."
haec effatus pater, germana, repente recessit
nec sese dedit in conspectum corde cupitus,
quamquam multa manus ad caeli caerula templa
tendebam lacrumans et blanda voce vocabam.
vix aegro tum corde meo me somnus reliquit.'

21.42   haec, etiamsi ficta sunt a poëta, non absunt tamen a consuetudine
somniorum. sit sane etiam illud commenticium, quo Priamus[2] est
conturbatus, quia

mater gravida parere se ardentem facem
visa est in somnis Hecuba; quo facto pater
rex ipse Priamus somnio mentis metu
perculsus curis sumptus suspirantibus
exsacrificabat hostiis balantibus.
tum coniecturam postulat pacem petens,
ut se edoceret, obsecrans Apollinem,
quo sese vertant tantae sortes somnium.
ibi ex oraclo voce divina edidit
Apollo, puerum, primus Priamo qui foret
postilla natus, temperaret tollere;
eum esse exitium Troiae, pestem Pergamo[3].

---

[1]Eurydice这里是她呼喊的 "姐妹" 之母，按后文理解是Aeneas之妻。
[2]Priamus是特洛伊战争时特洛伊的王。特洛伊方Hector与Paris的父亲，
王后Hecuba的丈夫。
[3]Pergamum是小亚细亚Mysia地区的一座城市，在特洛伊南方不远。

'我们的父亲所爱惜，Eurydica的后裔，
所有的气力与生命，离开了我的躯体。
宜人的林间河畔，英俊潇洒的美男，
把我整个人掳走，带到陌生的彼岸；
你是我真正的姐妹，见到我在独自来回，
步伐迟缓心若死灰，没法追上你的甜美！
眼前没有道路，脚步没法稳住；
父亲[1]的声音响起，对着女儿道出：   41
"要先忍受无尽的痛苦，
然后留下河水[2]的祝福。"
说完这些，父亲的身影突然消失不见，
心中追索，他却再也没有出现在眼前；
我双手伸向蔚蓝的天穹，
轻声呼喊，泪水狂涌——
沉睡，离去匆匆，
却无法带走心中的苦痛！'

这些事情，即使是诗人虚构的，在平常梦中也不是不会出现。而 **21**.42
下面的故事大概也是虚构的，Priamus 王被惊扰，是因为——

母亲 Hecuba，身怀六甲，迷入梦乡，
见自己生下火炬的光亮，
父王 Priamus，忧心哀叹，冥思苦想，
为此梦献祭肥美的羔羊。
追寻安宁，他向 Apollo 求解，
指导自己，如此梦境的强烈。
神谕传来 Apollo 神圣的判决：
之后所生的男孩[3]，首个 Priamus 的骨血，
不能养大，因为他是——
Pergamum 的覆灭，特洛伊的浩劫。

---

[1]这里的罗马建国传说中，Romulus兄弟是Aeneas的孙子。所以这里的父亲就是指Aeneas。后来人们发现两者时代相隔太大，于是又在中间插入了十几代的王，演变成了李维I.2-6的版本。

[2]即Tiberis河，相传Romulus兄弟二人在婴儿时被遗弃在河中漂流。

[3]意即后来掳走Helena导致特洛伊战争的王子Paris。

43   sint haec, ut dixi, somnia fabularum, hisque adiungatur etiam Ae-
neae[1] somnium, quod in nostri Fabi Pictoris[2] Graecis annalibus eius
modi est, ut omnia, quae ab Aenea gesta sunt quaeque illi acciderunt,
ea fuerint, quae ei secundum quietem visa sunt.

22   sed propiora videamus. cuiusnam modi est Superbi Tarquini[3] somnium, de quo in *Bruto* Acci[4] loquitur ipse?

44   quom iam quieti corpus nocturno impetu
        dedi sopore placans artus languidos,
        visust in somnis pastor ad me appellere
        pecus lanigerum eximia puchritudine;
        duos consanguineos arietes inde eligi
        praeclarioremque alterum immolare me;
        deinde eius germanum cornibus conitier,
        in me arietare, eoque ictu me ad casum dari;
        exin prostratum terra, graviter saucium,
        resupinum in caelo contueri maximum ac
        mirificum facinus: dextrorsum orbem flammeum
        radiatum solis liquier cursu novo.

45   eius igitur somnii a coniectoribus quae sit interpretatio facta, videamus:

        rex, quae in vita usurpant homines, cogitant, curant, vident,
        quaeque aiunt vigilantes agitantque, ea si cui in somno accidunt,
        minus mirum est; sed in re tanta haud temere visa se offerunt.
        proin vide ne, quem tu esse hebetem deputes aeque ac pecus,
        is sapientia munitum pectus egregie gerat
        teque regno expellat. nam id quod de sole ostentum est tibi,

---

[1]Aeneas，罗马人追认的先祖，特洛伊的王族，战后逃至意大利。参见维
吉尔同名史诗。

[2]Q. Fabius Pictor 是首个罗马历史学家，用希腊文写著《年鉴》。

[3]Tarquinius Superbus，即罗马的最后一代王，后被革命推翻。

[4]指L. Accius，又作Attius。罗马早期的诗人，其作品有不少残篇留世。

这些事情，按我之前所说，都算是编造的梦；其中也得算上 43
Aeneas 的梦，就是在我们那位 Fabius Pictor 希腊文的年鉴中所记录
的，也是这样的模式，就是 Aeneas 所作为所遭遇之事，都是跟他自
己在沉睡中所见到的吻合。

但且让我们看下离得更近的例子。在 Accius 写的《Brutus》里，22
傲慢王 Tarquinius 自己说的梦境又是什么模式？

> 夜幕降临，我躺下倦怠的身体，   44
> 睡意来袭，疲惫的四肢得以休息；
> 梦中的牧人，[身穿羊皮]，
> 产毛的羊群，异常美丽。
> 我从中选出两只同胞的公羊，
> 把更漂亮的那只进行献祭[1]，
> 而它的兄弟，犄角把我顶起，
> 公羊的撞击，让我摔倒在地。
> 我在地上仰倒，奄奄一息，
> 盯着天上，最惊人的奇迹：
> 闪耀的火球，清楚地向右偏移，
> 太阳的荣光，开始了新的巡礼。

让我们看下解梦者对此的解释吧：   45

> 吾王，人们在日常生活中所知所虑所见，
> 在清醒活动时所说，在梦中遇上，算不上奇观；
> 但如此重大的事情，在梦中显露，则绝非偶然。
> 要提防那头羊，你以为的愚钝[2]之人，
> 他智慧过人，却城府极深，
> 会把你赶下王座，[让你潦倒困顿]!

---

[1]这里"被献祭"的那只可能指罗马驱逐了王族后第一任执政官L. Junius
Brutus的兄弟，被Tarquinius杀害。参见李维I.56。

[2]brutus意为"愚钝"。

populo commutationem rerum portendit fore
perpropinquam. haec bene verruncent populo. nam quod -
                                    - ad dexteram
cepit cursum ab laeva signum praepotens, pulcherrime
auguratum est rem Romanam publicam sumam fore.

23.46   age nunc ad externa redeamus. matrem Phalaridis[1] scribit Ponticus Heraclides[2], doctus vir, auditor et discipulus Platonis, visam esse
videre in somnis simulacra deorum, quae ipsa domi consecravisset;
ex eis Mercurium[3] e patera[4], quam dextera manu teneret, sanguinem
visum esse fundere; qui cum terram attigisset, refervescere videretur sic, ut tota domus sanguine redundaret. quod matris somnium
inmanis fili crudelitas comprobavit.

quid ego, quae magi Cyro[5] illi principi interpretati sint, ex Dinonis[6]
Persicis proferam? nam cum dormienti ei sol ad pedes visus esset,
ter eum scribit frustra appetivisse manibus, cum se convolvens sol
elaberetur et abiret; ei magos dixisse, quod genus sapientium et doc-
torum habebatur in Persis, ex triplici appetitione solis triginta annos
Cyrum regnaturum esse portendi. quod ita contigit; nam ad septua-
gesimum pervenit, cum quadraginta natus annos regnare coepisset.

47   est profecto quiddam etiam in barbaris gentibus praesentiens atque
divinans, siquidem ad mortem proficiscens Callanus[7] Indus, cum in-
scenderet in rogum ardentem, 'o praeclarum discessum,' inquit, 'e
vita, cum, ut Herculi contigit, mortali corpore cremato in lucem animus excesserit!' cumque Alexander eum rogaret, si quid vellet, ut
diceret, 'optime,' inquit; 'propediem te videbo.' quod ita contigit;

---

[1]Phalaris是西西里岛上城邦Agrigentum的僭主。
[2]Heraclides是古希腊哲学家、天文学家。他最早提出了地球由西向东的
自转，也可能是最早提出日心说的学者。他出生于黑海南岸的Pontus地区，
所以被称为Heraclides Ponticus。
[3]Mercurius（英文Mercury），商业之神，即希腊神话Hermes。
[4]patera是一种小碟子，放置在神像上，表示将上面供奉之物如酒奶等献
给神明。
[5]Cyrus，通译居鲁士或者塞鲁士，波斯帝国的创建者。
[6]Dinon，古希腊的历史学家，曾写过波斯历史，仅存残篇。
[7]Callanus又作Calanus。

你见到那太阳，
预示不久人心会有转变——
这对民众可是好事连连！
强力的征兆，从左向右[1]摇摆，
伟大的预言，最华美的姿态，
吾国罗马，君临四海！

　　现在让我们回到外国的例子。Pontus 的 Heraclides 是 Plato 的(学 **23**,46
生兼)弟子，其人颇有学问，他曾记载，Phalaris 的母亲，在梦中见
到自己在家中供奉的神像；而其中 Mercurius 的右手拿着的小碟中，
(看起来)涌出了鲜血。而当这血碰到地面，就如同沸腾了一般，整个
房子被鲜血所淹没。其子的惨无人道[2]的确是证实了母亲的梦兆。

　　我为何还要提起，在 Dinon 的波斯[历史]书中，魔术士们[3]给那
位君主[4] Cyrus 的解梦？根据他的记载，Cyrus 在睡觉的时候见到太阳
在自己脚边，他三次想拿手去抓它，却一直抓不住，然后太阳便自行
滚动离开并消失了；那些在波斯被认为是代表智慧与学问的魔术士们
对他说，三次去抓太阳，是预兆着 Cyrus 三十年的统治。而后发生的
事情也正是如此：他四十岁开始统治，活到了七十岁。

　　那野蛮人的族裔中，也是确实是有预知与预言之术，比如印度的 47
Callanus，邻近死亡之时，正走上熊熊燃烧的火堆，'噢，这闪耀的生
命终点！'他说，'正如 Herculus[5] 一般，在火光中燃尽这凡躯，让灵
魂升华！'当 Alexander[6] 询问他是否还有什么想说的，'我很好，'他
说，'不久就会跟你再见！'而这事果真就发生了；在短短的几天后，

---

[1]一般来说，左代表凶，右代表吉。
[2]Phalaris曾经食婴，而且将反对者放入空心铜牛进行炮烙。
[3]magus是波斯国内及其周边的一种术士，知晓天文、草药与占卜，后演
变成英语magician即魔术师。这里暂译为魔术士。
[4]这里作者用的是princeps，即首脑人物。而波斯帝国君主的正式称谓应
该是"万王之王"。
[5]相传成十二伟业的大英雄Herculus也是自焚升天的。
[6]通译亚历山大，即亚历山大大帝，马其顿国王，古代最著名的征服者。

nam Babylone paucis post diebus Alexander est mortuus. discedo parumper a somniis, ad quae mox revertar. qua nocte templum Ephesiae[1] Dianae[2] deflagravit, eadem constat ex Olympiade[3] natum esse Alexandrum, atque, ubi lucere coepisset, clamitasse magos pestem ac perniciem Asiae proxima nocte natam. haec de Indis et magis.

24,48 redeamus ad somnia. Hannibalem Coelius[4] scribit, cum columnam auream, quae esset in fano Iunonis Laciniae[5], auferre vellet dubitaretque, utrum ea solida esset an extrinsecus inaurata, perterebravisse; cumque solidam invenisset, statuisse tollere; ei secundum quietem visam esse Iunonem praedicere, ne id faceret, minarique, si fecisset, se curaturam, ut eum quoque oculum, quo bene videret, amitteret. idque ab homine acuto non esse neglectum; itaque ex eo auro quod exterebratum esset buculam curasse faciendam et eam in summa columna collocavisse.

49 hoc item in Sileni[6], quem Coelius sequitur, Graeca historia est (is autem diligentissime res Hannibalis persecutus est): Hannibalem, cum cepisset Saguntum[7], visum esse in somnis a Iove in deorum concilium vocari; quo cum venisset, Iovem imperavisse, ut Italiae bellum inferret, ducemque ei unum e concilio datum, quo illum utentem cum exercitu progredi coepisse; tum ei ducem illum praecepisse, ne respiceret; illum autem id diutius facere non potuisse elatumque cupiditate respexisse; tum visam beluam vastam et immanem circumplicatam serpentibus quacumque incederet omnia arbusta, virgulta, tecta pervertere; et eum admiratum quaesisse de deo quodnam illud esset tale monstrum, et deum respondisse vastitatem esse Italiae, praecepisseque, ut pergeret protinus, quid retro atque a tergo fieret ne laboraret.

---

[1]Ephesus位于小亚细亚的Ionia，以Artemis的神庙与信仰闻名。

[2]Diana，即希腊神话Artemis，掌管狩猎的女神，Apollo的双胞胎姐姐。

[3]Olympias是希腊西部Epirus的公主，后来嫁给马其顿国王，生下了亚历山大。

[4]应该指L. Coelius Antipater，公元前二世纪的罗马历史学家。

[5]Lacinium是位于意大利南部一块突出的小半岛，现名Capo Colonna，至今仍有神庙遗迹留存。

[6]Silenus Calatinus，生活在西西里岛的希腊历史学家。

[7]Saguntum在西班牙东部沿海，当时是罗马的同盟。第二次布匿战争在此爆发。参见李维XXI.7。

Alexander 就在巴比伦去世了。我稍微说偏题了，等下马上回到说梦。大家公认的，就在 Ephesus 的 Diana 神庙焚毁的当晚，Olympias 生下了 Alexander，而当破晓时分，魔术士们则在那里大喊，说亚细亚[1]的灾难与毁灭在昨晚降临。这就说完了印度与魔法士的事情。

让我们回到梦里[2]。Coelius 曾写到，Hannibal[3] 想拿走 Lacinium 的 Juno[4] 神庙中一根黄金的柱子[5]，不确定是否是纯金或者镀金，他就把柱子钻开；当发现是纯金的，他便决定带走；当晚睡梦中 Juno 便来显灵，告诫他，让他不要拿，而且警告说，如果他拿了，她自己将确保，他那只还能看得见的眼睛[6]，也会失去光明。聪明的人不会无视这般的[警告]；他还用钻出的碎金块，命人铸造了一头小牛，安放在柱子的顶上。 **24.48**

类似的，接下来这个故事出现在 Silenus 希腊文的历史书中（而他是最热衷研究 Hannibal 历史的，Coelius 也是援引他[的记录]）：Hannibal 在攻取了 Saguntum 之后，梦中见到自己被 Juppiter 召唤到众神会议上；当他来到会议，Juppiter 便发布旨令，让他征讨意大利，而且给他一位出席会议的向导，他便用这位向导，与部队一起开始了行军。然后向导警告他，让他不能回头看；但他没法坚持住太久，终于在欲望引导下，回眸一看；他见到一只巨大而凶残的怪兽，周身缠绕着毒蛇，无论它走到哪里，那里的大树、灌木以及房屋都纷纷倒下；他惊愕万分，询问神明那巨大的怪兽是什么，神明回答说，这便是意大利的毁灭，而且让他立刻继续向前行军，不要担心之前以及他背后所发生的一切[7]。 **49**

---

[1] 这里的 Asia 应该是广义的亚洲概念。

[2] 原文如此。当然，他的意思应该是回到关于梦的话题。

[3] Hannibal，通译汉尼拔，著名军事家，第二次布匿战争中迦太基方的主将。

[4] Juno，即天后 Hera，是迦太基的守护神。

[5] 原文是 columna，即立柱、柱子或者类似形状的物体。按照文中叙述与常理判断，不会是很粗的那种承重柱，也不会轻到可以直接顺走。金柱的存在亦见于李维 XXIV.3，但李维并未提及汉尼拔钻金柱之事。

[6] 相传汉尼拔在跨越阿尔卑斯山的时候失去了右眼。

[7] 汉尼拔在进入意大利之后就如同此神谕，横冲直撞，义无反顾地向前冲，造成了极大的破坏。关于他的梦，很可能是其宣传手段，参见李维 XXI.28。

50   apud Agathoclem[1] scriptum in historia est Hamilcarem[2] Karthaginiensem[3], cum oppugnaret Syracusas, visum esse audire vocem, se postridie cenaturum Syracusis; cum autem is dies illuxisset, magnam seditionem in castris eius inter Poenos[4] et Siculos[5] milites esse factam; quod cum sensissent Syracusani, improviso eos in castra irrupisse, Hamilcaremque ab eis vivum esse sublatum. ita res somnium comprobavit.

plena exemplorum est historia, tum referta vita communis.

51   at vero P. Decius[6] ille Q. f., qui primus e Deciis consul fuit, cum esset tribunus militum, M. Valerio A. Cornelio consulibus, a Samnitibusque[7] premeretur noster exercitus, cum pericula proeliorum iniret audacius monereturque, ut cautior esset, dixit, quod extat in annalibus, sibi in somnis visum esse, cum in mediis hostibus versaretur, occidere cum maxima gloria. et tum quidem incolumis exercitum obsidione liberavit; post triennium autem, cum consul esset, devovit se et in aciem Latinorum irrupit armatus. quo eius facto superati sunt et deleti Latini; cuius mors ita gloriosa fuit, ut eandem concupisceret filius.

52   sed veniamus nunc, si placet, ad somnia philosophorum.

25   est apud Platonem Socrates[8], cum esset in custodia publica, dicens Critoni[9], suo familiari, sibi post tertium diem esse moriendum; vidisse enim se in somnis pulchritudine eximia feminam, quae se nomine appellans, diceret Homericum quendam eius modi versum:

tertia te Phthiae[10] tempestas laeta locabit.

---

[1]Agathocles这里是一位历史学家，我们所知甚少。

[2]Hamilcar是一位迦太基将领。

[3]即迦太基，罗马在地中海西部最主要的竞争对手。

[4]Poeni即迦太基人，这个词来源于Phoenice，即腓尼基。罗马人认为迦太基人是腓尼基人的后代。

[5]Siculi即西西里人，这里指军营中的盟军。

[6]P. Decius是前340年执政官。最著名的事件是他自己在战场上的devotio，即用牺牲自己的性命为代价向诸神祈求战争胜利。参见李维VIII.9。

[7]Samnites，通译萨莫奈人，居住在罗马的东面，后逐渐被罗马消灭。

[8]Socrates，通译苏格拉底，柏拉图的老师。

[9]Crito是一位雅典的富人，苏格拉底的朋友。

[10]Phthia在希腊中部，是大英雄Achilles的故乡。

而在 Agathocles 所记载的历史中，迦太基的 Hamilcar 在攻击 50
Syracusae 时，梦中听到一个声音，说自己第二天将在 Syracusae [城
内]吃饭；当第二天破晓时，在军营内迦太基军与西西里[盟]军却发
生了严重的争斗；Syracusae 人发现了这事，便突袭冲入了大营，把
Hamilcar 活捉掳走了。如此发生的事件也算是梦兆的印证。

历史中充满了这样的事例；而日常生活中也是如此。

而真实发生的，Decius 家最早担任执政官的 Quintus 之子，P. 51
Decius，他在 M. Valerius 与 A. Cornelius 担任执政官的那年[1]任职军
务官[2]；当时我们罗马军被 Samnites 军压得很紧，他无畏地冲入战场
的危局，而当被提醒说要谨慎一些，他便回答说——这事就在年鉴上
——他在梦中见到，自己在敌人中间冲杀，带着至高的荣耀战死。那
时，他在敌人的围攻中脱身，毫发无伤，而三年之后，他自己做执政
官时，奉献[3]了自己，全副武装冲入了 Latini 军[4]的锋线。因为他的所
作所为，Latini 军被压制消灭；而他的去世如此荣耀无限，以至于其
子也是渴望效仿[5]。

若是可以的话，现在让我们看下哲学家的梦。 52

根据 Plato 所记，Socrates 在监狱[6]的时候，跟他的朋友 Crito 说，25
自己三天后就会去世；因为自己梦到一位美貌非常的女子，呼喊着自
己的名字，念着 Homerus[7] 的这句诗：

三天后，我就将回到丰饶的 Phthia[8]。

---

[1]前343年。

[2]tribunus militum，军务官，一般一个军团设六位，位阶高于百夫长。

[3]即devotio，参见前页注。

[4]即第二次拉丁战争中反叛罗马的拉丁同盟。

[5]他的儿子，P. Decius P.f.四次担任执政官，而在第四次对战Samnites与高
卢人联军时，作为执政官奉献了自己。参见李维X.28。

[6]原文custodia publica，即公共的拘留所。

[7]Homerus，通译荷马，传说中荷马史诗的作者。

[8]参见《伊利亚特》IX.363。这里是按照原文译出。拉丁译文是"三天后，
在Phthia愉快地见到你"。原文中是Achilles说不想打仗，就想回家乡。而苏
格拉底则是将死亡比喻成回家。

quod, ut est dictum, sic scribitur contigisse. Xenophon Socraticus (qui vir et quantus!) in ea militia, qua cum Cyro Minore[1] perfunctus est, sua scribit somnia, quorum eventus mirabiles exstiterunt. mentiri Xenophontem an delirare dicemus?

53

quid? singulari vir ingenio Aristoteles et paene divino ipsene errat an alios vult errare, cum scribit Eudemum Cyprium[2], familiarem suum, iter in Macedoniam[3] facientem Pheras[4] venisse, quae erat urbs in Thessalia[5] tum admodum nobilis, ab Alexandro autem tyranno crudeli dominatu tenebatur; in eo igitur oppido ita graviter aegrum Eudemum fuisse, ut omnes medici diffiderent; ei visum in quiete egregia facie iuvenem dicere fore ut perbrevi convalesceret, paucisque diebus interiturum Alexandrum tyrannum, ipsum autem Eudemum quinquennio post domum esse rediturum. atque ita quidem prima statim scribit Aristoteles consecuta, et convaluisse Eudemum, et ab uxoris fratribus interfectum tyrannum; quinto autem anno exeunte, cum esset spes ex illo somnio in Cyprum ilium ex Sicilia esse rediturum, proeliantem eum ad Syracusas occidisse; ex quo ita illud somnium esse interpretatum, ut, cum animus Eudemi e corpore excesserit, tum domum revertisse videatur.

54

adiungamus philosophis doctissimum hominem, poëtam quidem divinum, Sophoclem[6]; qui, cum ex aede Herculis patera aurea gravis subrepta esset, in somnis vidit ipsum deum dicentem, qui id fecisset. quod semel ille iterumque neglexit. ubi idem saepius, ascendit in Areopagum, detulit rem; Areopagitae comprehendi iubent eum, qui a Sophocle erat nominatus; is, quaestione adhibita, confessus est pateramque rettulit. quo facto fanum illud Indicis Herculis nominatum est.

---

[1]Cyrus Minor，通译小居鲁士，大流士二世（Dareus II）之子，试图叛乱篡位，但兵败被杀。

[2]Cyprius，即塞浦路斯岛。

[3]Macedonia，即马其顿。

[4]Pherae指色萨利的一座城市。

[5]Thessalia通译色萨利，在希腊中部。

[6]Sophocles，通译索福克勒斯，希腊著名悲剧作家。

按照记载，这事也如他所说就这样发生了。那位 Socrates 的弟子 Xenophon[1]（这是何等的人物！）在跟随小 Cyrus 作战时，记录了自己的梦[2]，也都奇迹般地实现了。难道我们要说 Xenephon 是撒谎，或是疯了？ 53

　　那这事呢？[关于下面要说的事情]，那位接近神圣、独一无二的智者 Aristoteles，是他自己犯错了，还是他故意让人弄错？他记录下，他的朋友，来自塞浦路斯的 Eudemus[3]，在去马其顿的路上来到了 Pherae，当时是色萨利相当著名的城市，却在僭主 Alexander[4] 的残酷统治之下；然而在那城里，Eudemus 生了场大病，而所有的医生也都绝望无比；就在睡梦中，一个容貌超然的年轻人说，他不日即将痊愈，而几天后僭主 Alexander 也将消亡，Eudemus 自己则在五年之期后回家。Aristoteles 记载说，前面两件事情很快就应验了，Eudemus 康复，而僭主也被其妻的兄弟们所杀；五年之期过去，他仍有希望按照那梦所说，从西西里回到塞浦路斯，然而却在 Syracusae 的战斗中死了；由此，那个梦便可以如此解释，即视为 Eudemus 的灵魂离体，回到了家乡。

　　在这些哲学家里，让我们再加上那位最博学的人，称得上神圣的诗人 Sophocles；当时，Herculus 神庙一个很重的金碟[5]被偷了，而他在梦中见到神明跟自己说话，[指出]是谁偷的。他却一而再地忽视这事。同样的事情还是一直发生，他便登上战神山法庭[6]，报告了此事；法官们下令逮捕了 Sophocles 指名的那人；他被审讯之后便承认了[罪行]，交还了碟子。因为这事，这神庙就被称为"告密者"Herculus 神庙。 54

---

[1]Xenophon，通译色诺芬，苏格拉底的弟子，军事家，历史学家。他著名的《远征记》记述了自己在小居鲁士被杀后，带领群龙无首的希腊远征雇佣军游走波斯帝国腹地，最后回到希腊的传奇经历。

[2]事见《远征记》III.1.11（闪电）与IV.3.8（枷锁），但这两个例子都有"解释"的成分。

[3]Eudemus的事迹无从考证。这个故事的原始出处也已经佚失。

[4]这位Alexander是Pherae当地的僭主，也被称为Pheraeus。

[5]参见本卷46节注。

[6]Areopagus（战神山，音译为亚略巴古）是雅典卫城边上的一座小山头，古典时期作为议事会和最高法院。相传战神Ares曾因杀害海神Poseidon之子Halirrhothius而在此接受众神审判。

26,55　　sed quid ego Graecorum? nescio quo modo me magis nostra delectant. omnes hoc historici, Fabii[1], Gellii[2], sed proxime Coelius: cum bello Latino Ludi Votivi Maximi primum fierent, civitas ad arma repente est excitata, itaque ludis intermissis instaurativi constituti sunt. qui ante quam fierent, cumque iam populus consedisset, servus per circum cum virgis caederetur furcam ferens ductus est. exin cuidam rustico Romano dormienti visus est venire, qui diceret praesulem sibi non placuisse ludis, idque ab eodem iussum esse eum senatui nuntiare; illum non esse ausum. iterum esse idem iussum et monitum, ne vim suam experiri vellet; ne tum quidem esse ausum. exin filium eius esse mortuum, eandem in somnis admonitionem fuisse tertiam. tum illum etiam debilem factum rem ad amicos detulisse, quorum de sententia lecticula in Curiam esse delatum, cumque senatui somnium enarravisset, pedibus suis salvum domum revertisse. itaque somnio comprobato a senatu ludos illos iterum instauratos memoriae proditum est.

56　　C. vero Gracchus multis dixit, ut scriptum apud eundem Coelium est, sibi in somnis quaesturam[3] petenti Ti. fratrem visum esse dicere, quam vellet cunctaretur, tamen eodem sibi leto, quo ipse interisset, esse pereundum. hoc, ante quam tribunus plebi[4] C. Gracchus factus esset, et se audisse scribit Coelius et dixisse illum multis. quo somnio quid inveniri potest certius?

27　　quid? illa duo somnia, quae creberrime commemorantur a Stoicis, quis tandem potest contemnere? unum de Simonide: qui cum ignotum quendam proiectum mortuum vidisset eumque humavisset, haberetque in animo navem conscendere, moneri visus est, ne id faceret, ab eo, quem sepultura affecerat; si navigasset, eum naufragio esse periturum; itaque Simonidem redisse, perisse ceteros, qui tum navigassent.

57　　alterum ita traditum clarum admodum somnium: cum duo quidam

---

[1] Fabius Pictor，著名历史学家。

[2] Cn. Gellius，是Fabius Pictor之后的一位历史学家。这里的复数大概是说他们两个家族也出了其他不那么知名的史学家或者是记录者。也有可能指的是"类似Fabius和Gellius之类的人"这样的意思。

[3] quaestor是罗马的财务官，负责监管财政与国库，也负责调查犯罪。

[4] tribunus plebi，罗马的平民护民官，是平民派的主要民选长官。

但是我为什么要去找希腊的事例？我不知道为什么，但我们罗马 **26**.55
的例子更加吸引我。所有的历史学家，[包括] Fabius 和 Gellius，还
有最近的 Coelius[1]，他们都提到了这件事：在 Latini 战争期间，还愿
的大赛会首度举办，但国家突然爆发了战争，所以人们决定重办中断
的赛会[2]。在赛会开始之前，民众已经入座时，一个带着枷锁的奴
隶，被鞭打着领进了竞技场。之后，似乎某位[神明]来到了一位乡下
罗马人的睡梦中，说赛会的"领舞者"让他不悦，同样那位还命令此
人向元老院报告此事；但那人却不敢去。同样的命令[在梦中]再次发
生，而且他还警告说，不要试图试探他的力量；然而那人还是不敢
去。之后，他的儿子便死了；而同样的警告第三次出现在梦中，他自
己也被折腾地无力起身，便向朋友们坦白了此事；在朋友们的主意
下，他被用担架抬到了元老院[3]，向元老们全盘托出了梦的事情，然
后便安然无恙地自己双脚走回了家。根据记载，这梦被元老院所承
认，而那次赛会也再度重办。

同样在 Coelius 的记录中，C. Gracchus[4]对很多人说过，在他竞 56
选财务官的时候，其兄长 Tiberius 来到梦中对他说，无论他怎么想拖
延，都会面临跟自己完全一样的死亡。这事发生在 C. Gracchus 担任
护民官之前，而且 Coelius 写到，他自己听 [Gaius] 说过，而且他也
说给很多人听过。还有什么梦比这个更确凿的呢？

还有这事呢？对于下面斯多葛派学者一直反复提到的两个梦，谁 **27**
又能轻视它们呢？第一个是关于 Simonides[5]的：他曾见到一不知名
的死人，暴尸路边，便将其安葬；[之后]他(心中)想要登船，就[在梦
中]见到，他葬下的那人，来警告他不要上船；如果出航，就会遭
海难而死；Simonides 于是便返回了，而其余出航的人则都死了。

另一个流传下来的梦则是非常有名：两个 Arcadia 来的朋友一起 57

---

[1]历史学家Coelius Antipater，参见本卷48节。

[2]赛会重办一事，也见于李维II.36，但李维并未提及是战争导致。

[3]即Curia Hostilia，相传是第三位王Tullus Hostilius所建。后毁于民众骚
乱引发的火灾。

[4]著名的格拉古兄弟中的弟弟。兄弟二人都是死在护民官任上，死于元老
派之手。

[5]Simonides，通译西莫尼德斯，古希腊的抒情诗人。

Arcades familiares iter una facerent et Megaram[1] venissent, alterum
ad cauponem devertisse, ad hospitem alterum. qui ut cenati quiescer-
ent, concubia nocte visum esse in somnis ei, qui erat in hospitio, illum
alterum orare, ut subveniret, quod sibi a caupone interitus pararetur;
eum primo perterritum somnio surrexisse; dein cum se collegisset
idque visum pro nihilo habendum esse duxisset, recubuisse; tum ei
dormienti eundem illum visum esse rogare, ut, quoniam sibi vivo non
subvenisset, mortem suam ne inultam esse pateretur; se interfectum
in plaustrum a caupone esse coniectum et supra stercus iniectum; petere, ut mane ad portam adesset, prius quam plaustrum ex oppido
exiret. hoc vero eum somnio commotum mane bubulco praesto ad
portam fuisse, quaesisse ex eo, quid esset in plaustro; illum perterritum fugisse, mortuum erutum esse, cauponem re patefacta poenas
28 dedisse. quid hoc somnio dici potest divinius?

58 sed quid aut plura aut vetera quaerimus? saepe tibi meum nar-
ravi, saepe ex te audivi tuum somnium: me, cum Asiae proconsul[2]
praeessem, vidisse in quiete, cum tu equo advectus ad quandam magni
fluminis ripam provectus subito atque delapsus in flumen nusquam
apparuisses, me contremuisse timore perterritum; tum te repente laetum exstitisse eodemque equo adversam ascendisse ripam, nosque
inter nos esse complexos. facilis coniectura huius somnii, mihique a
peritis in Asia praedictum est fore eos eventus rerum, qui acciderunt.

59 venio nunc ad tuum. audivi equidem ex te ipso, sed mihi saepius
noster Sallustius[3] narravit, cum in illa fuga nobis gloriosa, patriae
calamitosa, in villa quadam campi Atinatis[4] maneres magnamque
partem noctis vigilasses, ad lucem denique arcte et graviter dormire
te coepisse. itaque, quamquam iter instaret, se tamen silentium fieri
iussisse neque esse passum te excitari; cum autem experrectus esses
hora secunda fere, te sibi somnium narravisse: visum tibi esse, cum in
locis solis maestus errares, C. Marium cum fascibus[5] laureatis[6] quae-

---

[1]Megara古城在雅典西面不远处。
[2]前61至前59年。但应该是propraetor，可能是作者混用了。
[3]一说是作者的朋友Cn. Sallustius，一说是他的门客或者奴隶。
[4]有两处可能的地点，第一处在在罗马东面约120公里处，至今仍叫这个
名字；第二处在罗马东南300公里，现在叫Atena。
[5]fascis，即束棒，标志执政官与独裁官的威权（imperium）。
[6]月桂象征凯旋。

赶路，来到了 Megara，一人找了旅店，而另一人则找人家[1]投宿。他们吃饱饭就睡觉了；而在夜深人静时，那投宿人家的在梦中见到，另一位来找他求助，说旅店老板给自己准备了死亡；他被这梦惊醒起身；等他缓过神，觉得这梦中影像毫无意义，便重新睡下了；之后，他在梦中又见到了同一人，他来质问说，既然不能来帮助活着的自己，那至少不能让自己死不瞑目[2]；[他说]自己被旅店老板杀害，扔到了一辆板车上，上面还被盖上了粪便；还恳求说，让他在早晨板车出城之前，到城门口[守候]。实实在在地被这梦所震惊，他便在早晨在城门口等到了[拉着板车的]耕夫，询问他车上装着什么；那人惊惧之下竟逃跑了；死者被找出，事情曝光之后旅店老板也受到了[应有的]惩罚。还有什么梦比这个更神奇的？

28

而我们为什么要找更多或者是古代的事例？我经常对你说我的梦，也经常听你说你的梦：我之前在 Asia 担任总督的时候，就在梦中看见，你骑着马，在一条大河的岸边前行，突然摔进了河里，再也见不到了；我真是惊惧万分；然后突然你连人带马在对岸跃出，我们互相拥抱[庆祝]。这个梦的解释很简单，而在 Asia 的时候专家们就跟我说了这些要发生的事情，而之后也真就如此发生了[3]。

我来说下你的梦。当然我是听你自己说的，不过更经常是听我们的 Sallustius 谈起，就在那场流亡中——对我们来说是荣耀，对祖国却是灾难——你在 Atina 平原的一处庄园停留，几乎彻夜难眠，最后直到天亮才开始实实在在地陷入沉眠。之后，虽然行程紧张，但他自己[4]仍下令保持安静，不让你受到惊扰；不过第二个小时[5]的时候你就醒了，便对他说起了梦境：你在梦中见到，自己忧伤地在某处独自游荡，而 C. Marius[6]带着装饰着月桂的束棒，问你为何悲伤，当你说自

58

59

---

[1] caupo的意思是收钱留宿的主人家，即旅店或者民宿；而hospes则是不收钱留宿的主人家，有可能是朋友，也可能是陌生人家。

[2] 原文是"不能忍受自己的死得不到复仇"。

[3] 前58年，因之前西塞罗在担任执政官时在没有审判的情况下处决了喀特林阴谋的一些组织者；在被护民官针对时无处躲藏，被迫流亡了。又在第二年被元老院投票召回。

[4] 即Sallustius。

[5] 从日出到日落划分成十二个小时。

[6] C. Marius是古罗马政治家、军事家，史无前例地七次担任执政官，在各个方向上领导罗马军队取得了辉煌的胜利。他的家乡与西塞罗出生地相距不到10公里，可以理解为同乡关系。他在第七任执政官时去世，当时西塞

rere ex te, quid tristis esses, cumque tu te patria vi pulsum esse
dixisses, prehendisse eum dextram tuam et bono animo te iussisse
esse lictorique[1] proximo tradidisse, ut te in monumentum suum deduceret, et dixisse in eo tibi salutem fore. tum et se exclamasse Sallustius narrat reditum tibi celerem et gloriosum paratum, et te ipsum visum somnio delectari. nam illud mihi ipsi celeriter nuntiatum
est ut audivisses in monumento Mari de tuo reditu magnificentissi-
mum illud senatus consultum esse factum referente[2] optimo et claris-
simo viro consule, idque frequentissimo theatro incredibili clamore
et plausu comprobatum, dixisse te nihil illo Atinati somnio fieri posse
divinius.

29,60　　at multa falso. immo obscura fortasse nobis. sed sint falsa quaedam;
contra vera quid dicimus? quae quidem multo plura evenirent, si ad
quietem integri iremus. nunc onusti cibo et vino perturbata et confusa cernimus. vide, quid Socrates in Platonis Politia[3] loquatur. dicit
enim:

> 'cum dormientibus ea pars animi, quae mentis et rationis
> sit particeps, sopita langueat; illa autem, in qua feritas
> quaedam sit atque agrestis immanitas, cum sit immoder-
> ato tumefacta potu atque pastu, exsultare eam in somno
> immoderateque iactari. itaque huic omnia visa obiciun-
> tur a mente ac ratione vacua, ut aut cum matre corpus
> miscere videatur aut cum quovis alio vel homine vel deo,
> saepe belua, atque etiam trucidare aliquem et impie cru-
> entari multaque facere impure atque taetre cum temeri-
> tate et impudentia.

61　　　at qui salubri et moderato cultu atque victu quieti se
　　　tradiderit ea parte animi, quae mentis et consili est, agi-
　　　tata et erecta saturataque bonarum cogitationum epulis,
　　　eaque parte animi, quae voluptate alitur, nec inopia ene-

罗20岁。所以西塞罗青少年时代是怀着对Marius的崇敬与羡慕长大的。

[1]lictor，即束棒侍从或者译为刀斧手，是执政官或独裁官的随身侍卫，持
有象征威权的束棒。相传是起源于Romulus时代。

[2]referre这里术语，指在元老院提起动议。

[3]这里Politia指的就是柏拉图的《理想国》或译《国家篇》。

己被暴力驱逐出祖国，他便握住你的右手，命你抖擞精神，将你托付给最近的束棒侍从，让他带领你去他的纪念神庙[1]，还说在那里你会找到救赎。Sallustius 说自己当时大喊了出来，说[神明]为你准备了迅速而荣耀的回归，而你自己也是因为这梦而欣喜。就当你听说在 Marius 的纪念神庙里，由最优秀最杰出的执政官[2]动议，通过了那件关于将你召回、最伟大的元老院决议，而后在最拥挤的剧院，以难以置信的欢呼与掌声获得拥护[3]，我自己便很快听说了[关于梦的]那件事，而你也说没有任何事情比起在 Atina 的那场梦要更为神奇。

'但很多梦是假的。'的确，[梦]可能对我们来说很隐晦。但纵 **29**.60 使有些是假的，对于真的我们又该如何评价？如果我们正常地进入睡眠，那就会有更多的[真梦]。但若暴饮暴食，我们就会感知到混乱与嘈杂的梦境。你看，Plato 的《理想国》中 Socrates 的说法。他是这样说的[4]：

> '在睡眠中，控制精神与理性的那部分灵魂，因为沉眠而变得迟钝；而带着某种野性和粗俗兽性的那部分，在暴饮暴食下，在睡眠中激发了出来，横冲直撞。在没有了精神与理性的情况下，所有的影像都会由此显露给那部分，比如梦到身体与母亲交媾，或是与其他人类、神明、常常还有与野兽[交欢]，还会滥杀[无辜]，沾满不洁的鲜血，以及在鲁莽与放肆的控制下，做出各种卑鄙无耻之事。

> 但若一个人饮食节制，生活规律，睡眠健康，那他控制 61 精神与思虑的那部分灵魂，便会被激发激活，被有益的精神食粮所填饱；而被愉悦所给养的那部分灵魂，既不

---

[1]大概指Marius建的荣耀与勇气神庙（Aedes Honoris et Virtutis），具体位置有争议，后来元老院在此通过了召回西塞罗的决议。参见西塞罗*pro P. Sestio* 54,116。

[2]指前57年当时的执政官P. Cornelius Lentulus Spinther。

[3]元老院通过决议之后，会向民众宣布，而民众欢呼鼓掌以示拥护。

[4]这段引自《理想国》571c-e，去掉了人物对话过程，只摘取了对话内容。这里我们按照拉丁译文翻译。

cta nec satietate affluenti (quorum utrumque praestringere aciem mentis solet, sive deest naturae quidpiam sive abundat atque affluit), illa etiam tertia parte animi, in qua irarum existit ardor, sedata atque restincta, tum eveniet duabus animi temerariis partibus compressis, ut illa tertia pars rationis et mentis eluceat et se vegetam ad somniandum acremque praebeat, tum ei visa quietis occurrent tranquilla atque veracia.'

haec verba ipsa Platonis expressi.

30,62 Epicurum[1] igitur audiemus potius? namque Carneades concertationis studio modo ait hoc, modo illud ait. 'ille ait quod sentit.' sentit autem nihil umquam elegans, nihil decorum. hunc ergo antepones Platoni et Socrati qui ut rationem non redderent, auctoritate tamen hos minutos philosophos vincerent? iubet igitur Plato sic ad somnum proficisci corporibus affectis, ut nihil sit quod errorem animis perturbationemque afferat. ex quo etiam Pythagoricis interdictum putatur ne faba[2] vescerentur, quod habet inflationem magnam is cibus tranquillitati mentis quaerenti vera contrariam.

63 cum ergo est somno sevocatus animus a societate et a contagione corporis, tum meminit praeteritorum, praesentia cernit, futura praevidet; iacet enim corpus dormientis ut mortui, viget autem et vivit animus. quod multo magis faciet post mortem, cum omnino corpore excesserit. itaque appropinquante morte multo est divinior. nam et id ipsum vident, qui sunt morbo gravi et mortifero affecti, instare mortem; itaque eis occurrunt plerumque imagines mortuorum, tumque vel maxime laudi student; eosque, qui secus quam decuit, vixerunt, peccatorum suorum tum maxime paenitet.

64 divinare autem morientes illo etiam exemplo confirmat Posidonius, quod affert, Rhodium quendam morientem sex aequales nominasse et dixisse, qui primus eorum, qui secundus, qui deinde deinceps moriturus esset. sed tribus modis censet deorum appulsu homines somniare: uno, quod praevideat animus ipse per sese, quippe qui deorum cog-

---

[1] 伊壁鸠鲁，参见本卷第5节注。
[2] faba即蚕豆（Vicia faba）。

会被饥渴所折磨，也不会被富足所充斥（对自然而言，
无论是不足还是富余，两者都会让精神的刀锋变得愚
钝）；而那愤怒之火寄宿的第三部分，被熄灭而变得温
和；而当这轻率的[后]两部分都被压制，那理性与精神
的第三个部分[1]就会闪耀无比，在睡眠中保持着活力与敏
锐，而这睡梦也会变得平静而真实。'

我是将 Plato 的这些话概况了一下[2]。

我们更应该去听 Epicurus 的吗？热爱辩论的 Carneades 总是在 **30,62**
说这说那。'他是想什么就说什么。'但他想的，既没有品味，又不够
高贵。你为何偏爱他，而不是 Plato 与 Socrates？即使他们也没有给
出[梦的]理性分析，但至少比那些微不足道的哲学家要权威？Plato
建议说，睡觉之前要将身体充分准备好，使得无论是谬误还是混乱都
不能侵袭灵魂。人们认为，正因为如此，那些 Pythagoras 学派的人
才会禁止食用蚕豆，因为它会导致严重胀气，这种食物跟追求真实的
平静心灵背道而驰。

于是，在睡梦中，灵魂被从与身体的接触与联合中(被召唤)分离 **63**
出来，便能记忆过去，感知现在，并预见未来；睡着的人，身体像死
人一样躺着，但灵魂却活力满满，生气十足。而当死后，灵魂完全地
离开了身体，这效果便更加明显。同样，越接近死亡，[灵魂所看到
的]也就越神奇。那些重病缠身或者病入膏肓的人，他们往往能见到
死神降临；一般来说，亡者的影像会向他们显现，然后他们会特别热
衷于赞美；而且，那些为人处世不够正直的家伙们，[会]特别后悔自
己犯下的错误。

Posidonius 引用了那个事例来证明将死之人有预言能力；说有个 **64**
罗得岛[3]的某个将死之人，指名了六个同龄者，并说出其中谁会先死，
谁是第二个，以及而后的一个又一个。他认为凡人在睡梦中接触神明
有三种模式：其一，因为灵魂与神明生来的联系而自发地预见；其

---

[1]即前文第一部分。
[2]作者对原文稍微作了下改动，读起来其实比原文清晰不少。
[3]Rhodos，通译罗得岛，是希腊最东边的大岛；岛上曾有著名的太阳
神Helios神像，是七大奇迹之一，

natione teneatur; altero, quod plenus aër sit immortalium animorum,
in quibus tamquam insignitae notae veritatis appareant; tertio, quod
ipsi di cum dormientibus colloquantur. idque, ut modo dixi, facilius
evenit appropinquante morte, ut animi futura augurentur.

65   ex quo et illud est Callani[1], de quo ante dixi, et Homerici Hectoris,
qui moriens propinquam Achilli mortem denuntiat.

31   neque enim illud verbum temere consuetudo approbavisset, si ea
res nulla esset omnino:

$$\text{praesagibat animus frustra me ire, cum exirem domo}^2.$$

sagire enim sentire acute est; ex quo sagae anus, quia multa scire
volunt, et sagaces dicti canes. is igitur, qui ante sagit, quam oblata
res est, dicitur praesagire, id est futura ante sentire.

66   inest igitur in animis praesagitio extrinsecus iniecta atque inclusa
divinitus. ea, si exarsit acrius, furor appellatur, cum a corpore animus
abstractus divino instinctu concitatur.

H.   sed quid oculis rabere visa est derepente ardentibus?[3]
ubi illa paulo ante sapiens, virginalis modestia?

C.   mater, optima tu multo mulier melior mulierum,
missa sum superstitiosis hariolationibus;
nam me Apollo fatis fandis dementem invitam ciet.
virgines vero aequalis, patris mei meum factum pudet,
optumi vir. mea mater, tui me miseret, mei piget.
optumam progeniem Priamo peperisti extra me; hoc dolet,
med obesse, illos prodesse, me obstare, illos obsequi.

o poëma tenerum et moratum atque molle! sed hoc minus ad rem;
67 illud, quod volumus, expressum est, ut vaticinari furor vera soleat.

---

[1]参见本卷47节。
[2]这句取自著名喜剧作家T. Maccius Plautus的作品*Aulularia*，通译《一坛
黄金》，第二幕2.1。
[3]传统上认为，这段对话的二人是特洛伊王后Hecuba与其女Cassandra，
后者被认为有预言的能力。

二，空气中本就充满了不死的灵魂，对其而言真实的征兆如同烙印一般清晰；其三，是诸神自己向沉睡者讲述。而这事，即灵魂能预知未来，按我之前所说(的模式)，在临近死亡的时候更加容易发生。

属于这类的例子，比如我之前说过的 Callanus，以及 Homerus 笔下的 Hector，在临死前向 Achilles 宣布了他逼近的死期[1]。 65

如果预言一事毫无根据，那我们习惯用语里，不会无端地产生 'praesagire' 这样的词，[比如]： 31

> 当我离家时，灵魂预感到自己走向虚无。

'sagire' 指的是敏锐地感知；由此，老女人被称为 'saga[2]'，是因为她们都想知道很多事情，而狗被形容为 'sagax[3]'。那所以，在事情发生之前就提前 'sagire'，就被称为 'praesagire[4]'，即对未来的提前感知。

所以说，灵魂中存在着预知之力，它是外来注入的，是某种神性所包含的。如果它燃烧得更猛烈一些，当灵魂被抽离身体，被神圣的直觉所摄动，就被称为'灵乱'。 66

H. 为何突然如此疯狂，为何突然两眼火光？
哪里有智慧的流淌，哪里有少女的模样？

C. 母亲，你是女人中最高贵的女王，
我则是被这迷乱的预言之力捆绑，
Apollo 让我传播命运，把我逼入疯狂！
姐妹们，我的行为，让最高贵的父亲感到羞愧，
我的母亲，我对你感到同情，对自己感到懊悔。
你诞下 Priamus 最优秀的子嗣，除了我——这让我伤悲，
他们有用，我是累赘，他们服从，我却违背！

这是多么温柔纤细而又贴切的诗歌！不过跟我们的话题关系不大，哈哈；但我想表达，在灵乱中常能见到真实的预言。 67

---

[1] 参见《伊利亚特》XXII.358-360。
[2] 即女巫。
[3] 即敏锐。
[4] "prae-"这个词根就是表示在时间或空间上往前、提前的意思。

C. adest, adest fax obvoluta sanguine atque incendio!
multos annos latuit; cives, ferte opem et restinguite.

deus inclusus corpore humano iam, non Cassandra, loquitur:

D. iamque mari magno classis cita
texitur; exitium examen rapit;
adveniet, fera velivolantibus
navibus complebit manus litora.

32,68 tragoedias loqui videor et fabulas. at ex te ipso non commenticiam rem, sed factam eiusdem generis audivi: C. Coponium[1] ad te venisse Dyrrhachium[2], cum praetorio[3] imperio classi Rhodiae praeesset, cumprime hominem prudentem atque doctum, eumque dixisse remigem quendam e quinqueremi Rhodiorum vaticinatum madefactum iri minus xxx diebus Graeciam sanguine, rapinas Dyrrhachi et conscensionem in naves cum fuga fugientibusque miserabilem respectum incendiorum fore; sed Rhodiorum classi propinquum reditum ac domum itionem dari; tum neque te ipsum non esse commotum Marcumque Varronem et M. Catonem, qui tum ibi erant, doctos homines, vehementer esse perterritos; paucis sane post diebus ex Pharsalia[4] fuga venisse Labienum[5]; qui cum interitum exercitus nuntiavisset, reliqua vaticinationis brevi esse confecta.

69 nam et ex horreis direptum effusumque frumentum vias omnis angiportusque constraverat, et naves subito perterriti metu conscendistis, et noctu ad oppidum respicientes flagrantis onerarias quas incenderant milites, quia sequi noluerant, videbatis; postremo a Rhodia classe deserti verum vatem fuisse sensistis.

70 exposui quam brevissime potui somni et furoris oracula, quae carere arte dixeram. quorum amborum generum una ratio est, qua Cratippus noster uti solet, animos hominum quadam ex parte extrinsecus

---

[1] C. Coponius是当时的政客。
[2] 在今阿尔巴尼亚的Durrës。
[3] praetor是原来执政官consul在共和国初期的称谓，后来变为执政官的副手，根据其职能不同也译为裁判官、民选官、政务官等。
[4] Pharsalius是恺撒与庞培爆发决定战的地方。
[5] T. Atius Labienus，曾在恺撒帐下任职，后叛离到庞培处。

C. 来了，来了，
　　鲜血的火炬，被烈焰包裹！
　　他潜伏多年[1]，独自生活；
　　同胞们，快来帮忙灭火！

接下来则不是 Cassandra，而是神明以人类的形态说的：

D. 深邃的大海编织着快船，
　　它迅速袭来无尽的灾难；
　　它会扬起那鼓胀的风帆，
　　凶残的军队充斥着海岸。

我看起来都在说悲剧与故事。但从你自己那里听说来的同类 32.68
型[的预言]，不是杜撰而是事实：那位既聪明又有学问的杰出人士，
C. Coponius，以副执政的身份统领罗得岛的船队，来到 Dyrrhachium
你这里，他说在罗得岛舰队中某个五桨舰[2]的桨手，预言说三十天内，
希腊会被鲜血浸染，Dyrrhachium 会发生劫掠，而人们望着背后火
光冲天的悲惨景象，纷纷登船逃离；但罗得岛的舰队便很快可以
回家了；之后，你自己也并非毫无触动，而与你一道，博学的 M.
Varro[3] 与 M. Cato[4] 则是惊惧异常；短短几天之后，那个 Labienus 就
从 Pharsalius 逃了回来，报告了军队失利，而剩下的预言也很快实现
了。

谷仓被劫掠，谷子洒遍了大街小巷，你们在这突然而来的恐惧中 69
登船，夜色中回看小镇，见到因不愿意跟随而被士兵放火焚烧的商
船；被罗得岛的舰队抛弃的你们终于知道这预言成真了。

我已经尽可能简略地阐述了关于梦境和灵乱的预言，就是我之前 70
说的没有技艺的那种。这两种[可以]用同一个理由解释，我们认识的
Cratippus[5] 也经常用[这套说辞]：人类的灵魂有一部分被从外界剥离

---

[1] 指Paris，曾在Ida山放牧，参见本卷42节Hecuba的梦。
[2] quinqueremis或作quinqueres是一种大型主力战舰，所谓的五桨，指的
是一个桨位一共安排了五个桨手，但具体的规制不明。
[3] M. Terentius Varro，是当时罗马著名的学者。
[4] 即小加图。
[5] 参见本卷第5节。

esse tractos et haustos (ex quo intellegitur esse extra divinum animum, humanus unde ducatur); humani autem animi eam partem,
quae sensum, quae motum, quae appetitum habeat, non esse ab ac-
tione corporis seiugatam; quae autem pars animi rationis atque intel-
legentiae sit particeps, eam tum maxime vigere, cum plurimum absit
a corpore.

71 itaque, expositis exemplis verarum vaticinationum et somniorum,
Cratippus solet rationem concludere hoc modo: 'si sine oculis non
potest exstare officium et munus oculorum, possunt autem aliquando
oculi non fungi suo munere, qui vel semel ita est usus oculis ut vera
cerneret, is habet sensum oculorum vera cernentium. item igitur, si
sine divinatione non potest officium et munus divinationis exstare,
potest autem quis, cum divinationem habeat, errare aliquando nec
vera cernere, satis est ad confirmandam divinationem semel aliquid
esse ita divinatum ut nihil fortuito cecidisse videatur; sunt autem eius
generis innumerabilia; esse igitur divinationem confitendum est.'

33.72 quae vero aut coniectura explicantur aut eventis animadversa ac
notata sunt, ea genera divinandi, ut supra dixi, non naturalia, sed
artificiosa dicuntur; in quo haruspices, augures coniectoresque[1] nu-
merantur. haec improbantur a Peripateticis, a Stoicis defenduntur.
quorum alia sunt posita in monumentis et disciplina, quod Etruscorum declarant et haruspicini et fulgurales et rituales libri, vestri etiam
augurales; alia autem subito ex tempore coniectura explicantur, ut
apud Homerum Calchas, qui ex passerum numero belli Troiani annos auguratus est; et ut in Sullae scriptum *Historia* videmus, quod te
inspectante factum est, ut, cum ille in agro Nolano[2] immolaret ante
praetorium[3], ab infima ara subito anguis emergeret, cum quidem C.
Postumius haruspex oraret ilium ut in expeditionem exercitum educ-
eret; id cum Sulla fecisset, tum ante oppidum Nolam fortissima Sam-
nitium castra cepit.

73 facta coniectura etiam in Dionysio est paulo ante quam regnare
coepit; qui, cum per agrum Leontinum iter faciens, equum ipse demi-

---

[1] 这里的coniector指解释奇观等不明事物的卜师，特别是解梦者，亦即梦
占术士。如果更笼统地译法，可以称为"解兆师"，即解释征兆的卜师。

[2] Nola是那不勒斯周边Campania地区的一个小镇，至今仍叫这个名字。

[3] praetorium指军营的主帅大帐。

抽取（从这里，应该理解为存在[某种]外在的神圣灵魂，从那里把人类[的灵魂]抽走）；掌握感知、运动与欲望的那部分人类灵魂，并不会与身体的行为分离；而那部分负责理性与智慧的灵魂，则是在最远离身体的时候最为活跃。

于是，Cratippus 在阐述完真实的预言与梦境之后，就(习惯 71 于)这样总结[他的]理论[1]：'如果没有眼睛，就不可能有眼睛的[视觉]功能与用途，但可能有时候眼睛会无法实现其功能，而人哪怕就一次用过眼睛感知真实，那他就有了用眼睛去感知真实的感觉。同理可知，如果没有预言术就不可能有预言术的[预知]功能与用途，但就算某人有预言术，有时候也会失误而感知不到真实，那要证明预言术[存在]，就只需要发生过一次，那种无法用偶然解释的预言术。事实上，各种类型的预言术数不胜数，所以预言术就应该被承认。'

而那些需要假设解释的，或者通过事件而认知并记录的，这些种 **33,72** 类的预言术，据我之前所说，不是自然的，而是有技艺的；包含在这类里的比如有鸟卜师、脏卜师和解兆师。逍遥学派不承认这些卜师，而斯多葛学派则是为其辩护。其中有些是基于记录与学习，比如 Etruria 关于脏卜、闪电与秘仪的卜书所展示的那样，还有你们的鸟卜，还有一些则是突然临时起意的解释，比如 Homerus 笔下的 Calchas[2]，他用麻雀的数量预言了特洛伊战事的时间[3]；还有比如我们所知在 Sulla[4] 写的《历史[5]》里，你也是亲眼所见，当他在 Nola 的田地里，在军营大帐前进行牺牲时，祭坛的底下突然冒出一条蛇，而脏卜师 C. Postumius[6] 要求他带领军队马上行军；Sulla 照做了，并立马夺取了 Nola 小镇前 Samnites 人最坚固的军营。

Dionysius[7] 在他开始统治的不久前也发生过征兆解释的事例，当 73 他在 Leontini[8] 的平原上赶路，自己让一匹马下到河里，马儿却沉入

---

[1] 下面这段讨论，参见卷二107-109节。
[2] Calchas是特洛伊战争希腊方最主要的预言家。
[3] 事见《伊利亚特》II.326-329，参见卷二63-64节。
[4] L. Cornelius Sulla Felix，通译苏拉，共和国后期著名军事家、政治家，恢复了百年未实行的独裁官制度。
[5] 应该指他的自传。
[6] C. Postumius是苏拉的占卜师，具体信息不详。
[7] 西西里岛的僭主，参见本卷39节。
[8] Leontini是西西里岛上一座很古老的城市。

sisset in flumen, submersus equus voraginibus non exstitit; quem cum maxima contentione non potuisset extrahere, discessit, ut ait Philistus, aegre ferens. cum autem aliquantum progressus esset, subito exaudivit hinnitum respexitque et equum alacrem laetus aspexit, cuius in iuba examen apium consederat. quod ostentum habuit hanc vim, ut Dionysius paucis post diebus regnare coeperit.

34,74 quid? Lacedaemoniis paulo ante Leuctricam calamitatem quae significatio facta est, cum in Herculis fano arma sonuerunt Herculisque simulacrum multo sudore manavit! at eodem tempore Thebis[1], ut ait Callisthenes, in templo Herculis valvae clausae repagulis subito se ipsae aperuerunt, armaque quae fixa in parietibus fuerant ea sunt humi inventa. cumque eodem tempore apud Lebadiam[2] Trophonio[3] res divina fieret, gallos gallinaceos in eo loco sic assidue canere coepisse, ut nihil intermitterent; tum augures dixisse Boeotios Thebanorum esse victoriam, propterea quod avis illa victa silere soleret, canere, si vicisset.

75 eademque tempestate multis signis Lacedaemoniis Leuctricae pugnae calamitas denuntiabatur. namque et Lysandri, qui Lacedaemoniorum clarissimus fuerat, statuae, quae Delphis stabat, in capite corona subito exstitit ex asperis herbis et agrestibus; stellaeque aureae, quae Delphis erant a Lacedaemoniis positae post navalem illam victoriam Lysandri, qua Athenienses conciderunt, qua in pugna quia Castor et Pollux cum Lacedaemoniorum classe visi esse dicebantur; eorum insignia deorum, stellae aureae, quas dixi, Delphis positae paulo ante Leuctricam pugnam deciderunt, neque repertae sunt.

76 maximum vero illud portentum isdem Spartiatis fuit, quod, cum oraculum ab Iove Dodonaeo petivissent de victoria sciscitantes, legatique vas illud in quo inerant sortes collocavissent, simia, quam rex Molossorum in deliciis habebat, et sortes ipsas et cetera, quae erant ad sortem parata, disturbavit et aliud alio dissipavit. tum ea, quae praeposita erat oraculo, sacerdos dixisse dicitur de salute Lacedaemoniis esse non de victoria cogitandum.

---

[1]Thebes，一般译为底比斯或者忒拜，在希腊中部。
[2]Lebadia是Boeotia地区的小镇，在Helicon山附近。
[3]Trophonius是传说中德尔斐神庙的建立者，又被称为Zeus Trophonius。在Lebadia某处山洞中的Trophonius神庙与神谕在Boeotia地区有很大影响。

漩涡，没有出来；按 Philistus 所说，尽管他使出了最大的努力，还是没能把它拽出，便郁郁地离开了。他向前走了一小会，突然清楚地听见马嘶声，回头一看，高兴地看见马儿生龙活虎，马鬃上还停着一大群的蜜蜂。这个预兆的威力如此之大，Dionysius 在几年后就开始了统治。

那这事呢？就在 Leuctra[1]的灾难不久之前，就有征兆显现给斯 **34.74** 巴达人了，在 Herculus 的神殿里，武器装甲发出声响，而 Herculus 的神像也在突突冒汗！而同一时间在 Thebes，据 Callisthenes[2]所说，在 Herculus 神庙，用门闩关上的门突然自己打开了，而本来固定在墙上的武器装甲也都到了地上。也在同一时间，在 Lebadia 举行了供奉 Trophonius 的神事活动，而整个地区的公鸡都开始持续高歌不停；Boeotia 的鸟卜师们便说，胜利属于 Thebes，因为鸟儿在被打败时，便会沉默，若是胜利，则是欢歌。

而同一时间，Leuctra 战役的灾难也以很多征兆的形式告知给斯 75 巴达人。比如当时最知名的斯巴达人 Lysander[3]的雕像，就竖立在德尔斐，在他头上突然出现了粗枝野草的头冠。还有，在 Lysander 那场击溃雅典人的海战胜利之后 —— 人们还说看见在战役中 Castor 与 Pollux[4]在斯巴达的船上 —— 斯巴达人在德尔斐放置了黄金之星。这[两位]神明的标志，就是我说的放在德尔斐的黄金之星，在 Leuctra 战役前不久坠落了下来，而且再也没有找到。

同样给斯巴达人的征兆里，最大的是这个：他们向 Dodona 的 76 Juppiter 征求神谕，询问关于[战局]胜利之事，而当大使们[5]将准备好了签的罐子放置妥当，Molossia[6]的王圈养宠物里的一只猩猩，[跑进来]打翻了罐子，还打乱了其他为抽签准备的东西，还把所有的东西都到处乱扔。相传，那时主持神谕的女祭司们就说，斯巴达人应该考虑的是安危而不是胜败了。

---

[1]Leuctra是希腊中部Boeotia地区的一座小城，前371年，斯巴达人在此地被Thebes人打败。

[2]Callisthenes是古希腊的哲学家、历史学家，亚里士多德的外甥孙与学生。

[3]Lysander，通译吕山德，著名的斯巴达将领，曾占领雅典。

[4]Castor与Pullux就是双子座兄弟，他们被奉为马术之神。

[5]即，斯巴达派往神谕院求签的大使。

[6]通译莫洛西亚，属于Eprius的一部分。Dodona位于其境内。

35.77 quid? bello Punico secundo nonne C. Flaminius consul iterum neglexit signa rerum futurarum magna cum clade rei publicae? qui
exercitu lustrato[1] cum Arretium versus castra movisset et contra Hannibalem legiones duceret, et ipse et equus eius ante signum Iovis
Statoris[2] sine causa repente concidit, nec eam rem habuit religioni
obiecto signo, ut peritis videbatur, ne committeret proelium. idem
cum tripudio auspicaretur, pullarius[3] diem proeli committendi differebat. tum Flaminius ex eo quaesivit, si ne postea quidem pulli
pascerentur, quid faciendum censeret. cum ille quiescendum respondisset, Flaminius: 'praeclara vero auspicia, si esurientibus pullis res
geri poterit, saturis nihil geretur!' itaque signa convelli et se sequi
iussit. quo tempore cum signifer primi hastati[4] signum non posset movere loco, nec quicquam proficeretur, plures cum accederent,
Flaminius, re nuntiata, suo more, neglexit. itaque tribus eis horis
concisus exercitus atque ipse interfectus est.

78 magnum illud etiam, quod addidit Coelius, eo tempore ipso, cum
hoc calamitosum proelium fieret, tantos terrae motus in Liguribus,
Gallia compluribusque insulis totaque in Italia factos esse, ut multa
oppida conruerint, multis locis labes factae sint terraeque desederint
fluminaque in contrarias partes fluxerint atque in amnes mare in-
fluxerit.

36 fiunt certae divinationum coniecturae a peritis. Midae illi Phrygi,
cum puer esset, dormienti formicae in os tritici grana congesserunt.
divitissumum fore praedictum est; quod evenit. at Platoni cum in
cunis parvulo dormienti apes in labellis consedissent, responsum est
singulari illum suavitate orationis fore. ita futura eloquentia provisa
in infante est.

79 quid? amores ac deliciae tuae, Roscius, num aut ipse aut pro eo
Lanuvium totum mentiebatur? qui cum esset in cunabulis educare-
turque in Solonio[5], qui est campus agri Lanuvini, noctu lumine ap-

---

[1]动词lustrare指的是用牺牲进行祭祀，净化军队，祈求诸神保佑。

[2]Stator是Juppiter的尊号，译为"定军者"，参见李维I.12。

[3]pullarius这里指的是专门用于占卜的鸡的饲养者。

[4]hastatus本意指长矛手，引申为军阵的第一排长矛兵；而这里primus hastatus是primus ordo hastatus的简写，即第一队长矛兵。

[5]Solonium是Lanuvium周边的地区。

那这事呢？就在第二次布匿战争期间，第二度担任执政官的 **35**.**77** G. Flaminius[1] 不是忽视了未来(事件)的信号，导致了国家的重大灾难？他在净化完军队后，拔起营寨向 Arretium[2] 进军，领导军团对抗 Hannibal 之时，却自己突然连人带马毫无理由地摔倒在'定军者' Juppiter 的神像前；然而他却没有把这事当成宗教上呈现的征兆——正如专家们的看法，要避免进行战斗。同样是他在占鸟卜求吉兆时，鸡的饲养者认为应该择日再战，而 Flaminius 却问他说，若是之后小鸡还是不肯吃食，那他觉得该如何是好？他回答说需要休整，Flaminius 便说：'真是厉害的鸟卜！饿着的小鸡可以做事，饱的什么都干不了！'于是他便下令拔出军旗随他进军。而那时，第一队长矛兵里的旗手却没法拔起军旗，好多人来帮忙却还是无果，Flaminius 听到了这事的报告，却如同他平时的作风，忽略了。三个小时后，军队分崩离析，他自己也被杀了。

Coelius[3] 还加上了一件大事，就在战场上发生灾难的同时，在 **78** Liguria[4]，高卢，还有诸多岛屿，以及意大利全境，都发生了剧烈的地震，以至于很多城镇都被夷为废墟，很多地方发生了崩塌，大地沉陷，以及河水倒流，海水倒灌到了河里。

专家们也会给出准确的预言与[征兆的]解释。比如 Phrygia[5] 的 **36** Midas[6]，在他还是小孩时，睡觉的时候蚂蚁把他嘴里堆满了麦粒。预言说他会成为最富有的人；而结果正是如此。而 Plato 还是婴儿的时候，在摇篮里睡觉，蜜蜂停到了他的嘴唇上，[卜师]答复说，他将来会有独一无二甜蜜的言谈。这未来的口才在婴儿时便被预见了。

那这事呢？你那喜爱的好朋友 Roscius[7]，是他自己撒谎，还是整 **79** 个 Lanuvium[8] 为他撒谎？当他还在摇篮里时，是在 Lanuvium 农村的

---

[1] C. Flaminius Nepos，前223年与前217年执政官，率军在Arretium附近的Trasimenus湖被汉尼拔伏击，罗马军队死伤无数。参见李维XXII.4-7。

[2] Arretium原来是Etruria人重要的城镇，现名Arezzo。

[3] 即，前文引自Coelius的历史书。

[4] Liguria，通译利古里亚，在意大利北部，高卢南部。

[5] Phrygia，通译弗里吉亚，位于小亚细亚中部。

[6] Midas是传说中Phrygia的国王，能将碰到的东西变成金子。

[7] 指Q. Roscius Gallus，一个来自Lanuvium的喜剧演员。西塞罗曾为他写过辩护词 *pro Roscio Comoedo*。

[8] Lanuvium是罗马东南的一座小城。

posito experrecta nutrix animadvertit puerum dormientem circumplicatum serpentis amplexu. quo aspectu exterrita clamorem sustulit. pater autem Rosci ad haruspices rettulit, qui responderunt nihil illo puero clarius, nihil nobilius fore. atque hanc speciem Pasiteles caelavit argento et noster expressit Archias versibus.

quid igitur expectamus? an dum in foro nobiscum di immortales, dum in viis versentur, dum domi? qui quidem ipsi se nobis non offerunt, vim autem suam longe lateque diffundunt, quam tum terrae cavernis includunt, tum hominum naturis implicant. nam terrae vis Pythiam Delphis incitabat, naturae Sibyllam. quid enim? non videmus quam sint varia terrarum genera? ex quibus et mortifera quaedam pars est, ut et Ampsancti[1] in Hirpinis[2] et in Asia Plutonia, quae vidimus, et sunt partes agrorum aliae pestilentes, aliae salubres, aliae, quae acuta ingenia gignant, aliae, quae retusa; quae omnia fiunt et ex caeli varietate et ex disparili aspiratione terrarum.

80   fit etiam saepe specie quadam, saepe vocum gravitate et cantibus ut pellantur animi vehementius, saepe etiam cura et timore, qualis est illa

> flexanima tamquam lymphata aut Bacchi[3] sacris
> commota in tumulis Teucrum[4] commemorans suum.

37   atque etiam illa concitatio declarat vim in animis esse divinam. negat enim sine furore Democritus quemquam poëtam magnum esse posse, quod idem dicit Plato. quem, si placet, appellet furorem, dum modo is furor ita laudetur, ut in Phaedro Platonis laudatus est. quid? vestra oratio in causis, quid ipsa actio potest esse vehemens et gravis et copiosa, nisi est animus ipse commotior? equidem etiam in te saepe vidi et, ut ad leviora veniamus, in Aesopo[5], familiari tuo, tan-

---

[1] Ampsanctus湖，因为挥发的有毒硫化氢气体而被认为是地狱入口。

[2] Hirpini人，普遍被认为是Samnites人的一支。

[3] Bacchus，即酒神Dionysus。这里酒神秘仪即Bacchanalia，是一种神秘的酗酒聚会，通常只有女性参加。

[4] 一说Teucer是特洛伊公主Hesione的儿子，特洛伊国王Priamus的外甥，Hector与Paris的表兄弟。另一说Teucer是远古时代特洛伊地区的国王，这里便是指代特洛伊。

[5] Aesopus是作者的朋友，一位悲剧演员。

平原地区 Solonium 长大，夜里醒来的乳母在灯下发现，这睡着的男孩被蛇缠绕着。被这景象所惊吓，她大声地喊了出来。而 Roscius 的父亲则是询问了脏卜师，他们回答说，没有人会比这男孩更出名更闪耀。Pasiteles[1]把这一场景雕刻在银子上，而我们的 Archias[2]则是将其写成诗歌。

我们还在期待什么？要等到不朽的神明跟我们来到广场上，来到大街上，来到家里面？他们自己从不向我们显露真身，只是广泛地散播他们的力量，[这些力量]有时候是孕育在大地的洞穴之中，有时候是包含于人类的本性之内。比如德尔斐的 Pythia 女祭司是通过大地之力获得启迪，而 Sibylla 女预言家则是通过自然。还有这事呢？我们难道不知道，大地有各种各样的类型？其中就有些部分是致命的，比如我们见过的 Hirpini 的 Ampsanctus 湖，或是亚细亚的 Plutonia[3]，还有些田地，一些部分是带着瘟疫的，另一些则是健康的，一些能孕育敏锐的心智，另一些则是愚钝；所有这些都是源自于天时的不同与地气的差异。

灵魂经常在影像作用下，也经常在响亮的声音与音乐的作用下，[80]会被更加狂暴地激发；也经常在焦虑与恐惧作用下，以至于——

她被酒神的秘仪搅得心智狂乱，
在山岗上回忆着特洛伊的凄惨[4]。

这种灵动便说明了灵魂中存在着神圣的力量。Democritus[5]认为[37]没有灵乱便没有伟大的诗人，而 Plato 也说过同样的话。就让他家[预言]为'灵乱'吧，只要他像在 *Phaedrus* 篇里称赞灵乱一样称赞它[6]。那这事呢？你在法律案件中的演说词，若不是你自己的灵魂被激发了，哪里可以这么强而有力，这么丰富多彩？我在你身上常常能够看到——再比如我们可以说一个更轻微的例子，你的朋友，那个

---

[1]Pasiteles是来自希腊的著名雕刻家。

[2]A. Licinius Archias是来自希腊的诗人。西塞罗为其写过辩护词*pro Archia Poeta*。

[3]这个词来自冥王Pluto 即希腊神话Hades，但具体位置不明，一说在小亚细亚的Hierapolis。

[4]根据Varro在*de Lingua Latina* 7.87所记，所引的这两句是Pacuvius的悲剧诗，具体内容尚有争议。

[5]德谟克里特，参见本卷第5节。

[6]参见Phaedrus篇224a。

tum ardorem vultuum atque motuum, ut eum vis quaedam abstraxisse a sensu mentis videretur.

81   obiciuntur etiam saepe formae quae reapse nullae sunt, speciem autem offerunt; quod contigisse Brenno[1] dicitur eiusque Gallicis copiis, cum fano Apollinis Delphici nefarium bellum intulisset. tum enim ferunt ex oraclo ecfatam esse Pythiam:

> ego providebo rem istam et albae virgines.

ex quo factum ut viderentur virgines ferre arma contra et nive Gallorum obrueretur exercitus.

38   Aristoteles quidem eos etiam, qui valetudinis vitio furerent et melancholici dicerentur, censebat habere aliquid in animis praesagiens atque divinum. ego autem haud scio an nec cardiacis[2] hoc tribuendum sit nec phreneticis; animi enim integri non vitiosi est corporis divinatio.

82   quam quidem esse re vera hac Stoicorum ratione concluditur: 'si sunt di neque ante declarant hominibus quae futura sint, aut non diligunt homines, aut quid eventurum sit ignorant, aut existimant nihil interesse hominum scire quid sit futurum, aut non censent esse suae maiestatis praesignificare hominibus quae sunt futura, aut ea ne ipsi quidem di significare possunt. at neque non diligunt nos (sunt enim benefici generique hominum amici); neque ignorant ea quae ab ipsis constituta et designata sunt; neque nostra nihil interest scire ea, quae eventura sunt (erimus enim cautiores si sciemus); neque hoc alienum ducunt maiestate sua (nihil est enim beneficentia praes-

83   tantius); neque non possunt futura praenoscere. non igitur sunt di nec significant futura; sunt autem di, significant ergo; et non, si significant, nullas vias dant nobis ad significationis scientiam (frustra enim significarent); nec, si dant vias, non est divinatio; est igitur divinatio.'

39,84   hac ratione et Chrysippus et Diogenes et Antipater utitur. quid est igitur cur dubitandum sit quin sint ea quae disputavi verissima, si ratio mecum facit, si eventa, si populi, si nationes, si Graeci, si barbari, si maiores etiam nostri, si denique hoc semper ita putatum est, si

---

[1]Brennus这里是一位高卢人的首领，带兵攻入了希腊。
[2]这个词cardiacus既可以是心脏也可以指胃（烧心），这里的意思存疑。

Aesopus [也是如此]——他显得如此热烈如此动情，以至于看起来某种力量把他从精神的知觉中抽离了。

[预言]里经常会有"象征物"出现，它们不是真实的存在，而只 81 是形象；比如传说中发生在 Brennus 以及他的高卢军队身上；他们不敬地向德尔斐 Apollo 神庙发起了进攻，当时 Pythia 女祭司在神谕院里如此宣告：

> 本座与白色少女们会关照此事。

由此的结果是，高卢的军队被大雪压垮，宛若武装的少女们在与之对抗。

Aristoteles 认为，那些因为健康恶化而狂乱的人，即被称为'黑 38 胆汁型[1]'的人，在灵魂里会有某种预感与预言能力。而我倒是不觉得这事归因于那些有烧心问题或者疯癫之人；预言术是隶属于完整的灵魂，而非病态的身体。

根据下面的斯多葛派推理可以证明预言术存在[2]：'如果神明存 82 在，而且他们不将未来之事显示给人们，则要么或者是他们不偏爱我们，或者是因为他们不知道未来发生之事，或者是他们认为就算人们知道未来也毫无差别，或者他们认为让人们提前知道未来有损他们的尊严，又或者神明他们自己也不能显露征兆。但是他们绝非不偏爱我们（因为他们仁慈，而且是人类的朋友），他们也绝非不知道自己的造物与设计，我们能知道结果的话，也绝非毫无差别（因为我们若是知道便会更加审慎），这也绝不会有损他们的尊严（没有什么比仁慈更加重要的了），更绝非是他们不懂得如何预示未来。于是，神明存 83 在且不用征兆显示未来是不可能的；但神明存在，所以他们会给出征兆；而若他们给出征兆，就不会不给我们任何理解征兆的途径（不然这些征兆就是无用的）；若他们给了我们这些途径，那就不会不存在预言术；于是乎，预言术存在。'

这就是 Chrysippus、Diogenes 与 Antipater 采用的推理。那么为 39.84 什么要去怀疑我所论证的这些是确真无误的？在我这一边的有这推理过程，有各种事件，各个民族，各个国家，希腊人，野蛮人，还有我

---

[1] 古希腊的医学理论认为，人身上有四种体液：血液，黏液，黄胆汁与黑胆汁。如果体液不平衡就会引起疾病。

[2] 参见卷二101-106节讨论。

summi philosophi, si poëtae, si sapientissimi viri, qui res publicas con-
stituerunt, qui Vrbes condiderunt? an, dum bestiae loquantur exspec-
tamus? hominum consentiente auctoritate contenti non sumus?

85 nec vero quicquam aliud affertur cur ea quae dico divinandi genera
nulla sint, nisi, quod difficile dictu videtur, quae cuiusque divinationis
ratio, quae causa sit. 'quid enim habet haruspex, cur pulmo incisus
etiam in bonis extis dirimat tempus et proferat diem?' 'quid augur,
cur a dextra corvus, a sinistra cornix, faciat ratum?' 'quid astrologus
cur stella Iovis aut Veneris coniuncta cum luna ad ortus puerorum
salutaris sit, Saturni Martisve contraria?' 'cur autem deus dormientes
nos moneat, vigilantes neglegat?' 'quid deinde causae est cur Cassandra furens futura prospiciat, Priamus sapiens hoc idem facere non
queat?'

86 cur fiat quidque, quaeris. recte omnino; sed non nunc id agitur; fiat
necne fiat, id quaeritur. ut, si magnetem lapidem esse dicam qui ferrum ad se adliciat et attrahat, rationem cur id fiat, afferre nequeam,
fieri omnino neges. quod idem facis in divinatione, quam et cernimus ipsi et audimus et legimus et a patribus accepimus. neque ante
philosophiam patefactam, quae nuper inventa est, hac de re communis vita dubitavit, et, posteaquam philosophia processit, nemo aliter
philosophus sensit, in quo modo esset auctoritas.

87 dixi de Pythagora, de Democrito, de Socrate, excepi de antiquis
praeter Xenophanem neminem; adiunxi veterem Academiam, Peri-
pateticos, Stoicos; unus dissentit Epicurus. quid vero hoc turpius,
quam quod idem nullam censet gratuitam esse virtutem?

40 quis est autem quem non moveat clarissimis monumentis testata
consignataque antiquitas? Calchantem[1] augurem scribit Homerus
longe optimum, eumque ducem classium fuisse ad Ilium, auspiciorum credo scientia, non locorum.

88 Amphilochus[2] et Mopsus[3] Argivorum reges fuerunt, sed eidem augures, eique urbis in ora maritima Ciliciae Graecas condiderunt; atque

---

[1]特洛伊战争时希腊方的预言家，参见本卷72节。
[2]传说中，Amphilochus是Alcmaeon与著名女预言家Manto之子，他建立
了Argos Amphilochicum。
[3]Mopsus是Apollo与Manto之子，相传他建立了Cilicia的一些城市，包括
后来兄弟俩争夺的Mallus。

们的先祖，还有一直以来的公论，还有最顶尖的哲学家，还有诗人，还有建立了罗马城，创建了共和国的最英明的人们。或者，我们还在等野兽们开口支持吗？全人类共识的权威难道还不够吗？

那现在没有其他任何的理由来说为什么我所说的预言术类型不 85 存在了，就只剩下说，因为看起来很难去说明白这预言术的道理，还有它的原因。[你会问，]'那为什么在脏卜师占卜的时候，见到肺脏有裂，即使其他主脏器完好，也会推迟时间，择日再卜？''为什么鸟卜师认为，渡鸦在右边，乌鸦在左边[1]，便是吉兆？''为什么占星师觉得，在男孩子出生时，木星或者金星与月亮合星便是吉兆，反之土星或者火星便是凶兆？''为什么神明要在我们睡觉的时候提醒我们，而不是我们醒着的时候？''为什么那狂乱的 Cassandra 能看到未来，而智慧的 Priamus 却不能预见同样的事情？'

你问为什么每种[预言之事]会发生。这完全没问题；但是现在讨 86 论的不是这个；我们探讨的是，[预言]会发生还是不会发生。比如，假设我说磁铁是某种能把铁向自己吸引拉拽的石头，但我没法说出为什么这会发生的理由，你却完全否定了它会发生。对于我们自己看到过、听到过、读到过、也从祖先那里继承来的预言术，你也是同样对待。就在新近发明的哲学出现之前，在日常生活中没有人怀疑过预言术，而且，就算在哲学出现之后，也没有任何权威的哲学家不这么认为。

我已经介绍了 Pythagoras，Democritus 和 Socrates [的看法]，除 87 了 Xenophanes[2]，我没有遗漏掉任何一位先哲；我也加上了旧学院派、逍遥派、斯多葛派；只有 Epricurus 他一个人看法不一样——还有什么比认为不存在无偿的品德更加无耻的呢？

只要有最清晰的记录予以证实确认，谁还不会被祖先[的事例]所 40 说服呢？Homerus 写到，Calchas 是远超他人，最优秀的鸟卜师，而且他在特洛伊还是舰队的领导者，我相信是因其占卜知识，而非其地理知识。

Amphilochus 与 Mopsus 都做过希腊人的国王，他们也都是占卜 88 师，在 Cilicia 沿海建立过希腊的城市；还有比他们更早的 Amphia-

---

[1] 参见本卷第12节。
[2] 他完全否定预言术，参见本卷第5节。

etiam ante hos Amphiaraus[1] et Tiresias[2] non humiles et obscuri neque eorum similes, ut apud Ennium est,

> qui sui quaestus causa fictas suscitant sententias.

sed clari et praestantes viri, qui avibus et signis admoniti futura dicebant; quorum de altero etiam apud inferos Homerus ait 'solum sapere, ceteros umbrarum vagari modo'; Amphiaraum autem sic honoravit fama Graeciae, deus ut haberetur, atque ut ab eius solo, in quo est humatus, oracla peterentur.

89 quid? Asiae rex Priamus nonne et Helenum filium et Cassandram filiam divinantes habebat, alterum auguriis, alteram mentis incitatione et permotione divina? quo in genere Marcios[3] quosdam fratres, nobili loco natos, apud maiores nostros fuisse scriptum videmus. quid? Polyidum Corinthium nonne Homerus et aliis multa et filio ad Troiam proficiscenti mortem praedixisse commemorat? omnino apud veteres, qui rerum potiebantur, iidem auguria tenebant; ut enim sapere, sic divinare regale ducebant. ut testis est nostra civitas, in qua et reges augures et postea privati eodem sacerdotio praediti rem publicam religionum auctoritate rexerunt.

41,90 eaque divinationum ratio ne in barbaris quidem gentibus neglecta est, siquidem et in Gallia Druidae[4] sunt, e quibus ipse Divitiacum Aeduum[5], hospitem tuum laudatoremque, cognovi, qui et naturae rationem, quam φυσιολογίαν Graeci appellant, notam esse sibi profitebatur et partim auguriis, partim coniectura, quae essent futura, dicebat. et in Persis augurantur et divinant magi, qui congregantur in fano commentandi causa atque inter se conloquendi, quod etiam idem vos quondam facere Nonis solebatis.

91 nec quisquam rex Persarum potest esse, qui non ante magorum disciplinam scientiamque perceperit. licet autem videre et genera

---

[1] Amphiaraus也是著名预言家，Alcmaeon的父亲。
[2] Tiresias是著名的盲人预言家，曾被变为女性。他是Manto的父亲，所以他们俩是前面二人的祖父外祖父。
[3] 很可能是罗马第四位王即Ancus Marcius的后代，所以说出身高贵。
[4] 即德鲁伊，高卢与不列颠部落中的祭司。
[5] Aedui又作Haedui，是亲近罗马的一个高卢部落。

raus 与 Tiresia，他们既不卑微也不默默无闻，也不是类似于 Ennius 所说的那种——

> 他们为了私利，编织了谎言。

他们是杰出而闪耀的人物，用飞鸟和示警的征兆来预言未来；其中一位就算[死后]在地狱里面，也如 Homerus 所说，'只有他一人聪慧，其他人都是游荡的阴影[1]'；而 Amphiaraus 在希腊如此声名远播，荣耀无限，被当成了神明，以至于人们到他下葬之所寻求神谕。

那这事呢？那亚细亚的王 Priamus 不是有一子 Helenus[2]和一女 89 Cassandra 都会预言术？一位是通过鸟卜，另一位则是通过激发的精神与神性的灵动？我们也见到记录，在我们的先祖里，也有那出身高贵的 Marcius 兄弟属于这一类。还有呢，Homerus 不是记载了那 Corinthus 的 Polyidus[3]，曾经预言自己的儿子，以及其他很多人，远征特洛伊会遭难？在古代，基本上主事之人都是掌握了占卜术的；如同人们认为拥有智慧是为王之道，同样，能够预言也是为王之道。我们罗马便是例证，之前国王是鸟卜师，而后普通人也可以担任圣职，以宗教的权威领导国家[4]。

而预言术一事甚至在野蛮人的族群里也不会被忽视，在高 41,90 卢就有德鲁伊祭司，而其中那位我认识的 Aedui 部落的 Divitiacus，你的客人和支持者，他说自己精通希腊人称之为'自然现象学'（φυσιολογία）的'自然之理'，而且会通过鸟兆与解释来预言未来发生之事。而在波斯，魔术士们会进行鸟卜与预言，他们在神所集合，学习理论，互相探讨，正如你们[鸟卜师团]经常在壬日[5]进行的活动一样。

[而在波斯]，没有任何人可以在不先学习魔术士的理论与知识的 91 情况下做波斯国王。我们也看到，很多族裔与国家也对这知识乐此不

---

[1] 指Tiresias，参见《奥德赛》X.495。
[2] Helenus也是特洛伊王Priamus与王后Hecuba之子。
[3] 参见《伊利亚特》XIII.663-665。
[4] 即rex sacrificulus，王事祭司，继承了王的宗教职能。参见李维II.2。
[5] Nonae，是罗马日历中每个月三个主要日期之一。意思是望日前的第九日，暂译为'壬日'。参见附录。

quaedam et nationes huic scientiae deditas. Telmessus[1] in Caria[2] est, qua in urbe excellit haruspicum disciplina; itemque Elis in Peloponneso[3] familias duas certas habet, Iamidarum unam, alteram Clutidarum, haruspicinae nobilitate praestantes. in Syria Chaldaei cognitione astrorum sollertiaque ingeniorum antecellunt.

92 Etruria autem de caelo tacta[4] scientissime animadvertit eademque interpretatur, quid quibusque ostendatur monstris atque portentis. quocirca bene apud maiores nostros senatus tum, cum florebat imperium, decrevit, ut de principum filiis sex singulis Etruriae populis in disciplinam traderentur, ne ars tanta propter tenuitatem hominum a religionis auctoritate abduceretur ad mercedem atque quaestum. Phryges autem et Pisidae et Cilices et Arabum natio avium significationibus plurimum obtemperant, quod idem factitatum in Vmbria accepimus.

42,93 ac mihi quidem videntur e locis quoque ipsis, qui a quibusque incolebantur, divinationum opportunitates esse ductae. etenim Aegyptii et Babylonii in camporum patentium aequoribus habitantes, cum ex terra nihil emineret, quod contemplationi caeli officere posset, omnem curam in siderum cognitione posuerunt. Etrusci autem, quod religione imbuti studiosius et crebrius hostias immolabant, extorum cognitioni se maxime dediderunt, quodque propter aëris crassitudinem de caelo apud eos multa fiebant, et quod ob eandem causam multa inusitata partim e caelo, alia ex terra oriebantur, quaedam etiam ex hominum pecudumve conceptu et satu, ostentorum exercitatissimi interpretes exstiterunt. quorum quidem vim, ut tu soles dicere, verba ipsa prudenter a maioribus posita declarant. quia enim ostendunt, portendunt, monstrant, praedicunt, ostenta, portenta, monstra, prodigia dicuntur.

94 Arabes autem et Phryges et Cilices, quod pastu pecudum maxime utuntur campos et montes, hieme et aestate peragrantes, propterea facilius cantus avium et volatus notaverunt; eademque et Pisidiae causa fuit et huic nostrae Vmbriae. tum Caria tota praecipueque

---

[1]Telmessus是Caria的一座城市。
[2]Caria是小亚细亚的西南沿海地区。
[3]即希腊西南的伯罗奔尼撒半岛。
[4]de caelo tactus/a/um 即"从天上打下的东西",经常用来表示闪电。

疲。在 Caria 的 Telmessus，城里面脏卜的学问非常流行；同样在伯罗奔尼撒的 Elis[1]，有两个固定的家族，其一是 Iamidae[2]，另一个是 Clutidae[3]，以脏卜术而闻名。在叙利亚[4]，迦勒底人以天文知识与头脑灵活而著称。

还有 Etruria 人，他们最懂得天罚之物，以及同样的，对显露的 92 奇观与征兆的解释。这便是为什么在我们先祖的时代，当时的元老院在罗马统治权茁壮发展时，英明地决议，在首脑人物的子嗣中选出六人分别去各个 Etruria 部落学习知识[5]，免得如此技艺不至于因为人们的贫穷而从宗教权威沦落到[追求]金钱与利益。而 Phrygia 人、Pisidia 人、Cilicia 人以及阿拉伯人大多都是遵从飞鸟的征兆，就是我们从 Umbri 人[6]那里学到的同种方法。

而且，依我看来，预言术的适用性是因每个族群居住的每个地区 42.93 而异的。比如埃及人与巴比伦人居住在平坦开阔的平原地带，地上没有什么东西能遮挡天空，于是便把所有的注意都放在对星辰的认知上。而 Etruria 人，他们热衷于宗教活动，更加频繁积极地进行牺牲，便着重于对内脏的认识上；而且因为他们那边空气致密，从天而降之物也就更多，也因为同样的原因，很多不寻常之物，一些从天上，另一些从地里甚至由人类或者牲畜的孕育生产时出现，他们便最精通于对征兆的解释。事实上，如你习惯说起的，被我们祖先们审慎地采用的这次词汇自身，便宣告了他们的力量。因为那些东西[可以]显像、预告、指示、预言，于是就被称为显像、预告、指示、预言[7]。

而阿拉伯人、Phrygia 人和 Cilicia 人，他们更多是放牧为生，无 94 论冬夏，穿梭在平原与山地，于是更容易注意到鸟儿的歌声与飞翔；对于 Pisidia 人或是我们的 Umbri 人也是同理。在整个 Caria，特别是

---

[1]Elis在伯罗奔尼撒半岛西部。

[2]传说是Apollo之子Iamus的后裔。

[3]这个名字查不到什么记录。

[4]罗马的Syria行省，大体包括了现在的叙利亚、黎巴嫩与土耳其南部部分领土。

[5]这里其实意思应该是每个部落去六个人（一说五人，一说十人），但原文可能有错漏导致意思不对，而且所谓首脑人物是指罗马人还是Etruria人也有争议。

[6]Umbri人居住在半岛中部，Etruria人与Samnites人之间。

[7]前四个是动词，后四个是对应的名词。这句话连英文都很难翻得准确。看原文就懂了。参见《论诸神的本性》II.3.7。

Telmesses, quos ante dixi, quod agros uberrimos maximeque fertiles incolunt, in quibus multa propter fecunditatem fingi gignique possunt. in ostentis animadvertendis diligentes fuerunt.

43.95   quis vero non videt in optima quaque re publica plurimum auspicia et reliqua divinandi genera valuisse? quis rex umquam fuit, quis populus, qui non uteretur praedictione divina? neque solum in pace, sed in bello multo etiam magis, quo maius erat certamen et discrimen salutis. omitto nostros, qui nihil in bello sine extis agunt, nihil sine auspiciis domi; externa videamus: namque et Athenienses omnibus semper publicis consiliis divinos quosdam sacerdotes, quos μάντεις vocant, adhibuerunt, et Lacedaemonii regibus suis augurem assessorem dederunt, itemque senibus (sic enim consilium publicum appellant) augurem interesse voluerunt, iidemque de rebus maioribus semper aut Delphis oraclum aut ab Hammone aut a Dodona petebant.

96   Lycurgus[1] quidem, qui Lacedaemoniorum rem publicam temperavit, leges suas auctoritate Apollinis Delphici confirmavit; quas cum vellet Lysander commutare, eadem est prohibitus religione. atque etiam qui praeerant Lacedaemoniis, non contenti vigilantibus curis, in Pasiphaae[2] fano, quod est in agro propter urbem, somniandi causa excubabant, quia vera quietis oracla ducebant.

97   ad nostra iam redeo. quoties senatus decemviros[3] ad libros ire iussit! quantis in rebus quamque saepe responsis haruspicum paruit! nam et cum duo visi soles sunt et cum tres lunae et cum faces, et cum sol nocte visus est, et cum e caelo fremitus auditus, et cum caelum discessisse visum est atque in eo animadversi globi, delata etiam ad senatum labe agri Privernatis, cum ad infinitam altitudinem terra desedisset Apuliaque maximis terrae motibus conquassata esset — quibus portentis magna populo Romano bella perniciosaeque seditiones denuntiabantur. inque his omnibus responsa haruspicum cum Sibyllae versibus congruebant.

---

[1]Lycurgus是斯巴达著名的政治改革家。

[2]Pasiphae（Pasiphaa）是太阳神Helios的女儿，Minos的妻子，著名的牛头怪Minotaur的母亲。

[3]这里的十人团decemviri指参阅Sibylla卜书并作出解释的祭司团，也称十人委员会。李维最早的记录里是二人团（III.10.7）。

我之前提到的 Telmessus，他们居住的农田特别肥沃多产，可以生长孕育各种物产。于是他们便集中注意于各种征兆。

谁看不见，在最兴旺的那些国家，鸟卜和其他的预言术总是很强大？又有哪位国王，哪个民族不会使用神圣的预言术？不仅是和平时期，而且在战时更是如此，因为斗争更激烈，而安全问题也就成了关键。我就不提我们罗马人了，我们从不在没有脏卜的情况下开战，也不会在没有鸟卜的情况下推行内政；让我们看下外国的事情：比如在所有的公共决策上，雅典人都会启用他们称为'灵媒者'（μάντεις）的祭司；而斯巴达人会给他们的王配一位鸟卜师作为辅佐，同样他们也希望元老开会时——他们称之为公共议会——有鸟卜师在场，而对于更重大的事务则要去征求德尔斐或者 Hammon 或者 Dodona 的神谕[1]。 **43,95**

还有曾经治理斯巴达国家的 Lycurgus，他以德尔斐 Apollo 神谕的权威确认自己的法律；而当 Lysander[2] 想去推翻 Lycurgus 的法律时，却同样由于宗教的原因而被阻止；而且斯巴达的首领们，因为不满意于醒着时候[神明]的关切，为了做梦，在城外不远的 Pasiphaa 神庙里露营，就因为他们认为睡着的时候才有确真的神谕。 **96**

让我们回到罗马的事情上。有多少次，元老院派了十人团去参考卜书！又有多少次，国事(常常)需要服从脏卜的答复！比如当见到两个太阳，或是三个月亮，或是火流星，还有当夜里看到太阳，天空作响，又或是看到天空裂开，感知到天上有球形物体，当 Privernum[3] 的地陷被报告到元老院，还有当大地裂开无尽的深渊，Apulia[4] 被巨大的地震所晃动——这些征兆都预示了罗马人民[即将面对]的巨大战事和毁灭性的内乱。在所有这些事情上，脏卜的答复与 Sibylla 卜书[5] 完全一致。 **97**

---

[1]参见本卷第3节。
[2]参见本卷75节注。
[3]Privernum在罗马东南80公里处，是原Volsci人的城镇。
[4]Apulia是意大利东南"鞋跟处"的地区名。
[5]这卜书原来保存在Capitolium山上的Juppiter神庙，毁于大火，后来重新修复的版本放在Palatium山上的Apollo神庙，在公元405年被焚毁。

98 quid? cum Cumis[1] Apollo sudavit, Capuae[2] Victoria[3]? quid? ortus androgyni nonne fatale quoddam monstrum fuit? quid? cum fluvius Atratus sanguine fluxit? quid? cum saepe lapidum, sanguinis non numquam, terrae interdum, quondam etiam lactis imber affluxit? quid? cum in Capitolio ictus Centaurus e caelo est, in Aventino portae et homines, Tusculi aedes Castoris et Pollucis, Romaeque Pietatis — nonne et haruspices ea responderunt, quae evenerunt, et in Sibyllae libris eaedem repertae praedictiones sunt?

44,99 Caeciliae Q. filiae somnio modo Marsico[4] bello templum est a senatu Iunoni Sospitae restitutum. quod quidem somnium Sisenna[5] cum disputavisset mirifice ad verbum cum re convenisse, tum insolenter, credo ab Epicureo aliquo inductus, disputat somniis credi non oportere. idem contra ostenta nihil disputat, exponitque initio belli Marsici et deorum simulacra sudavisse, et sanguinem fluxisse, et discessisse caelum, et ex occulto auditas esse voces, quae pericula belli nuntiarent, et Lanuvi clipeos[6], quod haruspicibus tristissimum visum esset, a muribus esse derosos.

100 quid, quod in annalibus habemus Veienti bello, cum Lacus Albanus praeter modum crevisset, Veientem quendam ad nos hominem nobilem perfugisse, eumque dixisse ex fatis, quae Veientes scripta haberent, Veios capi non posse, dum lacus is redundaret; et, si lacus emissus lapsu et cursu suo ad mare profluxisset, perniciosum populo Romano; sin autem ita esset eductus, ut ad mare pervenire non posset, tum salutare nostris fore? ex quo illa admirabilis a maioribus Albanae aquae facta deductio est. cum autem Veientes bello fessi legatos ad senatum misissent, tum ex eis quidam dixisse dicitur non omnia ilium transfugam ausum esse senatui dicere; in isdem enim fatis scriptum Veientes habere fore ut brevi a Gallis Roma caperetur, quod quidem sexennio post Veios captos factum esse videmus.

---

[1] Cumae位于罗马东南，是一处古老的殖民地，以Sibylla女先知闻名。

[2] Capua在Cumae东北不远，是古时候非常富庶的城市。

[3] 即胜利女神。

[4] 指Marci人，居住在意大利中部；这里的"Marsi之战"指的是前91到前87年发生的同盟战争，主要由Marsi人纠结了其他一些意大利的部族，一同反抗罗马统治，要求平等的罗马公民权。

[5] 大概指L. Cornehus Sisenna，一位历史学家。

[6] 一般clipeus指圆铜盾，但如果是神庙中供奉的，也可能是贵金属。

那这事呢？当 Cumae 的 Apollo 神像以及 Capua 的 Victoria 神 98
像冒汗？还有什么？那灾难性的征兆，雌雄同体，阴阳人的诞生？
那这事？Atratus[1]河流淌着鲜血？还有呢？天上下的，经常会有石
头，鲜血也不是不可能，有时还有泥土，甚至还有次还是牛奶？还有？
那些被从天而降的闪电劈中的：在 Capitolium 的半人马[雕像]，在
Aventinus[2]山的城门与市民，在 Tusculum[3]的 Castor 与 Pollux 神庙，
以及罗马的 Pietas[4]神庙——哪一次脏卜师的回答不是与之后发生之
事吻合，也与 Sibylla 卜书中所预言的一致？

在最近 Marsi 战争期间，元老院重建了保护者 Juno 的神庙，就 **44.99**
是因为 Q. Caecilius 之女 Caecilia 的梦[5]。虽然 Sisenna 对这个梦做了
解释，一字一词都神奇地对应于事件，但他很不寻常地——我认为是
受某种 Epicurus 学说的引导——却认为这个梦不可信。但同样的他，
并没有说反对预兆；他还列举了在 Marsi 战争开始时神像流汗，河里
流血，天空开裂，还有隐秘之处发出声音，警告战争的威胁，以及被
脏卜师认为是最不吉利的事情——在 Lanuvium 有圆盾被老鼠啃食。

还有我们在年鉴中见到的，在 Veii[6] 战争期间，Albanus[7]湖湖水 100
满溢出界，某个逃亡到我们罗马的 Veii 贵族，他说根据 Veii 人记录
下来的预言，只要这湖水满溢，Veii 城就无法被攻陷；还有，如果这
湖水流出，沿着自己的路径和方向流到大海里，那对罗马人民就是灾
难；而若将其引导，使得它不能流入大海，那对我们罗马便是大好。
因为那个预言，我们的先祖建设了奇迹般的 Albanus 水渠工程。而当
被战事拖得精疲力竭的 Veii 人派出使节到元老院，相传其中一人说
起，那逃亡者并未敢对元老院说出预言的所有部分；Veii 人同样在这
预言里，说不久之后罗马会被高卢人攻占，而我们知道，这事就发生
在在攻占 Veii 的六年之后。

---

[1]这应该是一条罗马周边的小河，但是具体位置不明。
[2]七丘之一，在罗马城南方。附近的城门有Naevia门与Rauduscula门。
[3]一座重要的拉丁城市，在罗马东南方。
[4]"虔诚"的概念神，在罗马相传有两座神庙。
[5]参见本卷第4节。
[6]Veii人，在罗马西北方。早年曾是最富庶的Etruria城邦，也是罗马周边
的巨大威胁。Veii之战发生在约前406-396年，最后罗马靠地道获胜。这里的
预言故事参见李维V.15。
[7]Albanus湖，在Albanus山上的火山湖。周边就有Alba Longa的遗迹。

45,101   saepe etiam et in proeliis fauni[1] auditi et in rebus turbidis veridicae voces ex occulto missae esse dicuntur; cuius generis duo sint ex multis exempla, sed maxima: nam non multo ante Vrbem captam exaudita vox est a luco Vestae, qui a Palati radice in Novam Viam devexus est, ut muri et portae reficerentur, futurum esse, nisi provisum esset, ut Roma caperetur. quod neglectum tum, cum caveri poterat, post acceptam illam maximam cladem expiatum[2] est; ara enim Aio Loquenti, quam saeptam videmus, exadversus eum locum consecrata est. atque etiam scriptum a multis est, cum terrae motus factus esset, ut sue plena procuratio fieret, vocem ab aede Iunonis ex arce[3] extitisse; quocirca Iunonem illam appellatam Monetam. haec igitur et a dis significata et a nostris maioribus iudicata contemnimus?

102   neque solum deorum voces Pythagorei observitaverunt, sed etiam hominum, quae vocant omina. quae maiores nostri quia valere censebant, idcirco omnibus rebus agendis, 'quod bonum, faustum, felix fortunatumque esset' praefabantur; rebusque divinis, quae publice fierent, ut 'faverent linguis,' imperabatur; inque feriis imperandis, ut 'litibus et iurgiis se abstinerent.' itemque in lustranda colonia ab eo qui eam deduceret, et cum imperator exercitum, censor populum, lustraret, bonis nominibus, qui hostias ducerent, eligebantur. quod idem in dilectu consules observant, ut primus miles fiat bono nomine.

103   quae quidem a te scis et consule et imperatore summa cum religione esse servata. praerogativam[4] etiam maiores omen iustorum comitiorum esse voluerunt.

46   atque ego exempla ominum nota proferam: L. Paulus[5] consul iterum, cum ei bellum ut cum rege Perse gereret obtigisset, ut ea ipsa die domum ad vesperum rediit, filiolam suam Tertiam[6], quae tum erat

---

[1]faunus是一些荒野的小神，半人半羊的精灵，也常被认为是Pan神。参见维吉尔《农事诗》I.10。

[2]expio一般指用宗教方式对罪行进行净化赎罪。即后文procuratio。

[3]arx，即罗马卫城，在Capitolium山上。

[4]praerogativa这里是个专业术语，指的是第一个投票的百人团（或是部族tribus），所以这个词后来也引申为"预兆"之意。

[5]L. Aemilius Paullus Macedonicus，前182与前168年的执政官，大西庇阿的女婿，小西庇阿的父亲。在第三次马其顿之战中彻底击败了马其顿军队，俘虏了末代国王Perseus。

[6]这里他女儿Aemilia Tertia还很小，后来嫁给了老加图的大儿子。

经常人们在战场上会听到 Faunus 的声音，或是在混乱之时，会 **45**,101
有真实之言从隐秘之处发出；在众多这类预言里[我举]两个例子，但
都很重要：就在罗马城陷落前不久，在 Vesta 圣林，就是 Palatium 山
脚到新大道[1] 的斜坡那里，能清楚地听到声音，说城墙与城门需要修
缮，而且(即将发生)，如果不照做，罗马城就会沦陷。这本来可以注
意避免的事情，结果被忽略了，而在受到了那场巨大灾难之后，便
进行了洗罪；一座通告者 Aius 的祭坛[2]，就是我们见到围栏围着的那
座，被奉献在那片圣林的对面。还有很多人记载的，当一次发生了地
震，从卫城的 Juno 神庙传出声音，需要牺牲了一只怀孕的母猪净化
赎罪；由此那 Juno 便被称为'提醒者'Moneta[3]。于是，我们要轻
视这来自神明的警示和来自先祖的决断吗？

Pythagoras 学派不仅注重来自神明的声音，还看重人类的[语 102
言]，他们称之为'谶语[4]'。而我们的先祖也认为这事很重要，所以
在进行任何事项前，都会提前说，'祝福你们美好、幸福、丰收、幸
运[5]!'；而在公共场合举行神圣仪式时，都会被命令'慎言'；在宣布
节假日时，总会说'让人们放下冲突与争斗'。同样地，在率领人们
去开拓殖民地前的净化仪式，或是在主将领导军队，在监察官进行人
口普查的净化程序[6]，总是遴选名字好听的人来带领牺牲。执政官进
行征兵点名时，总是会选名字好听的作为第一个士兵。

当然，你在做执政官以及做统帅的时候，想必是对此了如指掌，103
而且都是以宗教上最保险最谨慎的态度对待此事。而先祖们也认为，
这第一票的百人团[的名字]，对于合法的百人团选举会议[7]来说是个
征兆。

让我举几个谶语的著名事例：L. Paulus 在第二任执政官时，抽 **46**
签抽到去跟 Perseus 王作战，而就在当天他快黄昏时分才回到自己家

---

[1]Nova Via，或者叫新街，在Palatium山北侧。
[2]Aius Loquens被认为是文中通知罗马人的林间小神。参见李维V.50。
[3]来自动词moneo即提示提醒；而这个神庙是罗马印制硬币的地方，演变
出后来英文money一词。
[4]或者是类似'言灵'的意思。
[5]这句是格式化的开场白，参见李维I.17。
[6]即人口普查后的净化祭，参见李维I.44。
[7]即，执政官以及其他高级官员的选举。

admodum parva, osculans animum advertit tristiculam. 'quid est,' inquit, 'mea Tertia? quid tristis es?' 'mi pater,' inquit,' Persa periit.' tum ille arctius puellam complexus, 'accipio,' inquit, 'mea filia, omen.' erat autem mortuus catellus eo nomine.

104   L. Flaccum[1], flaminem[2] Martialem, ego audivi, cum diceret Caeciliam Metelli[3], cum vellet sororis suae filiam in matrimonium collocare, exisse in quoddam sacellum ominis capiendi causa, quod fieri more veterum solebat. cum virgo staret et Caecilia in sella sederet neque diu ulla vox exstitisset, puellam defatigatam petisse a matertera, ut sibi concederet, paulisper ut in eius sella requiesceret; illam autem dixisse: 'vero, mea puella, tibi concedo meas sedes.' quod omen res consecuta est; ipsa enim brevi mortua est, virgo autem nupsit, cui Caecilia nupta fuerat. haec posse contemni vel etiam rideri praeclare intellego, sed id ipsum est deos non putare, quae ab eis significantur, contemnere.

47.105   quid de auguribus loquar? tuae partes sunt, tuum, inquam, auspiciorum patrocinium debet esse. tibi App. Claudius[4] augur consuli nuntiavit addubitato Salutis[5] augurio bellum domesticum triste ac turbulentum fore; quod paucis post mensibus exortum paucioribus a te est diebus oppressum. cui quidem auguri vehementer assentior; solus enim multorum annorum memoria non decantandi auguri, sed divinandi tenuit disciplinam. quem irridebant collegae tui eumque tum Pisidam, tum Soranum augurem esse dicebant; quibus nulla videbatur in auguriis aut praesensio aut scientia veritatis futurae; sapienter aiebant ad opinionem imperitorum esse fictas religiones. quod longe secus est; neque enim in pastoribus illis, quibus Romulus praefuit, nec in ipso Romulo haec calliditas esse potuit, ut ad errorem multitudinis religionis simulacra fingerent. sed difficultas laborque discendi disertam neglegentiam reddidit; malunt enim disserere nihil esse in auspiciis quam quid sit ediscere.

---

[1] L. Valerius Flaccus，大概是前86年执政官之子，前63年副执政。

[2] flamen是某位神的专属祭司，其地位高于普通祭司。

[3] 可以叫Caecilia Metella的女子太多了，很难查证具体是哪位。

[4] 大概是前54年执政官，Ap. Claudius Pulcher。

[5] Salus是"安全、健康"的概念女神。这里的"Salus鸟卜"大概是为了国家的繁荣健康而进行占卜。

中，亲吻了自己的小女儿 Tertia，她当时还非常小；他发现女儿神情有些悲伤，就问道，'怎么了，我的[宝贝] Tertia？你为什么这么难过？'她回答说，'(我的)爸爸，Persa 死掉了。'他便把女儿抱得更紧了，'我接受，'他说，'我的女儿啊，我接受这个预兆[1]。'其实就是叫这个名字的一只小狗死了。

我听 Mars 的专属祭司 L. Flaccus 说起，那个 Metellus 家的 Cae-cilia，她想给自己姐姐的女儿张罗婚事，便按照传统习俗，去到某处的神庙祈求征兆。那少女是站着，而 Caecilia 是坐在座位上；过了很久都没有听到什么声音，小姑娘有点乏了，便求她的姨母，让她把座位让给自己稍微休息一小会；于是她说：'好的，我的姑娘，我把我的座位让给你。'这谶语后来果真实现了；Caecilia 自己不久后便去世了，而这位少女便是嫁给了她的鳏夫。我完全明白，这些[谶语]可能是会被轻视甚至被嘲笑的，但是，轻视诸神所给予的征兆，这事就是在否定诸神。 [104]

关于鸟卜，我还要说什么？这部分是你的领域，我说，是你应该去维护鸟卜之事。你在当执政官的时候，鸟卜师 App. Claudius 就跟你报告说，Salus 女神的鸟卜有所疑惑，[预示着]会有残酷而混乱的内战；这事在短短几个月后爆发了，又被你在更短的几天内就镇压了[2]。我对那次鸟卜结果深感赞同；在很多年的记忆里，他维护了鸟卜技艺——它不是重复唱唱的仪式，而是神性预言的学问。你的同僚们[3]都嘲笑他，说他时而是 Pisidia 的鸟卜师，时而是 Sora[4] 的鸟卜师；在他们看来，这鸟卜技艺里并没有什么对未来真实的预见与认知；他们[自作]聪明地宣称，宗教是为了无知者的信仰而编织出来的。这与事实大相径庭；比如 Romulus 所领导的牧民，以及 Romulus 他自己，都不会有如此的狡诈，去虚构宗教的幻象来愚弄大众。然而学习的难度与辛苦导致了言语上的忽视；而人们总是倾向说鸟卜毫无意义，而不是去认真学习它的本质。 [47.105]

---

[1] 意即，"这真是个好兆头"，但语气更为正式。
[2] 这里还是在说喀特林阴谋一事。
[3] 指鸟卜师团的同僚。
[4] Sora在罗马东面，Volsci人领地内，至今仍叫Sora。

106   quid est illo auspicio divinius quod apud te in *Mario* est? ut utar potissimum auctore te:

> hic Iovis altisoni subito pinnata satelles
> arboris e trunco serpentis saucia morsu
> subigit ipsa feris transfigens unguibus anguem
> semianimum et varia graviter cervice micantem;
> quem se intorquentem lanians rostroque cruentans,
> iam satiata animos, iam duros ulta dolores,
> abicit ecflantem et laceratum adfligit in unda,
> seque obitu a solis nitidos convertit ad ortus.
> hanc ubi praepetibus pinnis lapsuque volantem
> conspexit Marius, divini numinis augur,
> faustaque signa suae laudis reditusque notavit;
> partibus intonuit caeli pater ipse sinistris.
> sic aquilae clarum firmavit Iuppiter omen.

48,107   atque ille Romuli auguratus pastoralis, non urbanus fuit, nec fictus ad opiniones imperitorum, sed a certis acceptus et posteris traditus[1]. itaque Romulus augur, ut apud Ennium est, cum fratre item augure

> curantes magna cum cura tum concupientes
> regni dant operam simul auspicio augurioque.
> †in monte[2] † Remus auspicio se devovet atque secundam
> solus avem servat. at Romulus pulcher in alto
> quaerit Aventino, servat genus altivolantum.
> certabant, urbem Romam Remoramne[3] vocarent.
> omnibus cura viris, uter esset induperator.
> exspectant; veluti, consul quom mittere signum
> volt, omnes avidi spectant ad carceris oras,
108   quam mox emittat pictis e faucibus currus;

---

[1]这句话值得认真读，很有韵律。
[2]这里的词，手抄本被认为有误。李维I.5的记录是Romulus在Palatium山，而Remus在Aventius山。
[3]Remora，即假想的以Remus命名的城。

还有什么比你的 *Marius*[1] 里写到的那种鸟卜术更加神圣？我想以 106
你做最权威的例证：

> 奔雷的天父，他那双翼的侍从，
> 毒蛇的伤口，林间猝然的俯冲，
> 凶猛的双爪，刺穿半死的长虫，
> 五彩的脖子，猛烈疯狂地抖动；
> 沾血的鸟喙，扯碎无力的妖娆，
> 痛苦的复仇，露出满足的微笑，
> 残存的碎片，丢进汹涌的波涛，
> 日落的余晖，转向辉煌的破晓。
> 注视的马略，精通神意的飞鸟，
> 优美的滑翔，显露迅捷的羽毛，
> 天赐的吉相，预示回归与荣耀，
> 诸神的父亲，响彻左边的云霄——
> 神王的确认，明示雄鹰的预兆。

而那 Romulus 的鸟卜术，是牧人的，而不是城市的，不是为了 **48**,107
无知者的信仰而编造的，而是真真正正，受命于天[2]，传之后世的。
而根据 Ennius [的记载]，Romulus 是鸟卜师，他的兄弟也同样是鸟
卜师——

> 他们尽心竭力，目指王座，
> 一同将鸟卜与占卜琢磨。
> Remus 投身占卜，独自等待吉鸟的争鸣。
> 而 Romulus，在 Aventinus 的山顶，
> 俊美的他，等待高飞的雄鹰。
> 以此决胜，这是 Remora，还是罗马城？
> 所有人都在关心，二者谁能为王；
> 都在期待，如同执政官手臂一晃，
> 每个人都急切看着，起点的屏障，
> 那马车何时能冲入，喧嚣的赛场；

108

---

[1] 这是西塞罗早年写的关于 C. Marius（马略）的诗。仅剩残篇，大多数都
在此处。参见本卷59节；参见作者《法律篇》I.1。

[2] 原文是"从确定之处领受"，即从神明那里得到的。

> sic exspectabat populus atque ore timebat;
> rebus utri magni victoria sit data regni.
> interea sol albus recessit in infera noctis.
> exin candida se radiis dedit icta foras lux,
> et simul ex alto longe pulcherrima praepes
> laeva volavit avis; simul aureus exoritur sol,
> cedunt de caelo ter quattuor corpora sancta
> avium, praepetibus sese pulchrisque locis dant.
> conspicit inde sibi data Romulus esse priora,
> auspicio regni stabilita scamna solumque.

49,109   sed ut, unde huc digressa est, eodem redeat oratio. si nihil queam disputare quam ob rem quidque fiat, et tantum modo fieri ea quae commemoravi, doceam, parumne Epicuro Carneadive respondeam? quid, si etiam ratio exstat artificiosae praesensionis facilis, divinae autem paulo obscurior? quae enim extis, quae fulgoribus, quae portentis, quae astris praesentiuntur, haec notata sunt observatione diuturna. affert autem vetustas omnibus in rebus longinqua observatione incredibilem scientiam; quae potest esse etiam sine motu atque impulsu deorum, cum, quid ex quoque eveniat, et quid quamque rem significet, crebra animadversione perspectum est.

110   altera divinatio est naturalis, ut ante dixi; quae physica[1] disputandi subtilitate referenda est ad naturam deorum, a qua, ut doctissimis sapientissimisque placuit, haustos animos et libatos habemus; cumque omnia completa et referta sint aeterno sensu et mente divina, necesse est contagione divinorum animorum animos humanos commoveri. sed vigilantes animi vitae necessitatibus serviunt diiunguntque se a societate divina vinclis corporis impediti.

111   rarum est quoddam genus eorum, qui se a corpore avocent et ad divinarum rerum cognitionem cura omni studioque rapiantur. horum sunt auguria non divini impetus, sed rationis humanae; nam et natura futura praesentiunt, ut aquarum eluviones et deflagrationem futuram aliquando caeli atque terrarum; alii autem in re publica exercitati, ut de Atheniensi Solone accepimus, orientem tyrannidem multo ante

---

[1]physica，包括现代的自然科学（物理化学生物等）与自然哲学，暂译为"自然学"。

人们翘首以盼，又忧心忡忡，
二人谁能称王，把胜利传颂。
亮白的太阳已经退去，进入夜晚。
闪耀的光芒突然出现，重破黑暗，
那是，最美的鸟儿，从左方迅速飞入，
那是，金色的太阳，在高空闪耀破出，
三四十二，神圣的鸟儿从天而降，
整整一打，降落到最美丽的地方。
Romulus 明白，被赋予了优先的权杖，
王的宝座与基石，就依赖于天空的翱翔。

但这样[我们的]话题就同样又回到了那个偏离的点了。我没法说 **49**.109
明为什么每件事情会发生，但只能证明我所提及的这些事情的确发生
了，这样还不够去答复 Epicurus 或者 Carneades 吗？[依赖]技艺的预
言有简单的逻辑，而神圣的预言则稍微隐晦，这有什么问题吗？那些
通过内脏，通过闪电，通过征兆，通过星象获得的预言，都是长期观
测的记录所得。通过长期的观测，悠长的岁月能给所有事物赋予难以
置信的知识；而这种知识完全可以不依赖诸神的推动与影响而存在，
因为每件事情得出的结果，以及每件事情能表明的状况，这些都是可
以通过反复的观察得以彻底了解的。

而另一种类的预言术，按我之前所说，是自然的；它由细致入微 110
的'自然学'所论证，是应该归因于诸神的本性；而按照那些最有学
问、最有智慧的学者的观点，我们拥有的灵魂便是从这诸神的本性中
析出分离的一小部分。而因为所有的东西都是被'永恒的感知'与
'神圣的精神'所填满、所充实的，所以依凭与神圣灵魂的连接，人
类的灵魂就会被共感。然而，醒着的时候，灵魂服务于生命的必需，
被身体的枷锁所妨碍，便断开了自己与'神圣共同体'的联系。

但有很少一部分人，能够将自己[的灵魂]从身体里召唤分离出 111
来，以所有的热忱与专注升华到与神圣事物的共感。这些人的占卜术
并非是来自神圣的冲击，而是人类的理性；他们以自然预测未来，比
如说有时会洪水滔天，有时则烈焰遍地；另一些人精于国家政务，比
如我们所知雅典的 Solon[1]，很久以前就预知僭主政治抬头；我们可以

---

[1]通译梭伦，雅典的政治家、立法家。

prospiciunt; quos prudentes possumus dicere, id est providentes, divinos nullo modo possumus; non plus quam Milesium[1] Thalem[2], qui, ut obiurgatores suos convinceret ostenderetque etiam philosophum, si ei commodum esset, pecuniam facere posse, omnem oleam ante quam florere coepisset, in agro Milesio, coemisse dicitur. animadverterat fortasse quadam scientia olearum ubertatem fore. et quidem idem primus defectionem solis, quae Astyage[3] regnante facta est, praedixisse fertur.

50   multa medici, multa gubernatores, agricolae etiam multa praesentiunt, sed nullam eorum divinationem voco, ne illam quidem qua ab Anaximandro[4] physico moniti Lacedaemonii sunt ut urbem et tecta linquerent armatique in agro excubarent, quod terrae motus instaret, tum cum et urbs tota corruit et e monte Taygeto extrema montis quasi puppis avulsa est. ne Pherecydes quidem, ille Pythagorae magister, potius divinus habebitur quam physicus, quod, cum vidisset haustam aquam de iugi puteo, terrae motus dixit instare.

113   nec vero umquam animus hominis naturaliter divinat, nisi cum ita solutus est et vacuus ut ei plane nihil sit cum corpore, quod aut vatibus[5] contingit aut dormientibus. itaque ea duo genera a Dicaearcho[6] probantur et, ut dixi, a Cratippo nostro; si propterea, quod ea proficiscuntur a natura, sint summa sane, modo ne sola; sin autem nihil esse in observatione putant, multa tollunt quibus vitae ratio continetur. sed quoniam dant aliquid, idque non parvum, vaticinationes cum somniis, nihil est quod cum his magnopere pugnemus, praesertim cum sint qui omnino nullam divinationem probent.

114   ergo et ei, quorum animi spretis corporibus evolant atque excurrunt foras, ardore aliquo inflammati atque incitati, cernunt illa profecto quae vaticinantes pronuntiant; multisque rebus inflammantur tales animi qui corporibus non inhaerent, ut ei qui sono quodam vocum et

---

[1]Miletus，通译米利都，是小亚细亚非常古老的一座城市。
[2]Thales，通译泰勒斯，西方哲学史上第一位哲学家，认为万物为水。
[3]Astyages是Media王国最后一任国王。
[4]Anaximander也是来自Miletus的哲学家。
[5]作者这里又用了vates这个词。按上下文的意思是指进行"灵言"预测的术士。参见本卷第4节。
[6]Dicaearchus，参见本卷第5节。

称之为'有远见'，即'有预见'，但不能称之为'神圣'；[在这方面]没有人能超过 Miletus 的 Thales：他为了反驳自己的批评者，说明哲学家只要自己愿意便可以赚钱，相传在橄榄树开花之前，把 Miletus 农场里所有的橄榄树[1]都买了下来。或许是他已经明白了某些 112 知识，知道橄榄就会丰收。同样的，相传他是第一个预测日食[2]的人——那次日食就发生在 Astyages 统治时期。

很多医生，很多舵手，还有很多农夫都做过预测，但我不会称 50 他们的[知识]是[神圣的]预言术，那同样不是[这一类]的，比如自然学家 Anaximander，他提醒斯巴达人远离城镇与房屋，在野外露营戒备，就是因为[他认为]地震马上要发生了，而当时整个城市被夷为平地，Taygetus[3]山的山顶像[断裂的]船尾一般崩塌跌落。而那位 Pherecydes[4]，Pythagoras 的老师，[他的学问]同样也属于自然学，而非神圣事物——因为当他看到一个不歇的井中，水全部消失了，便说地震马上要来了。

事实上，人类的灵魂从来不会自然地进行预言，除非它毫无拘 113 束，处于跟肉体完全无关的空虚状态，如同灵言家或是沉睡者所感知的那样。所以如我之前所说，这两种就是 Dicaearchus 所承认的预言术，也是被我们的 Cratippus 所承认的；就因为他们[这两种]来源于自然，就本该是最高级的[预言术]，但并非只有这两种。如果[他们]认为[占卜]观测毫无意义，那真是舍弃了很多生命之理所依存的东西。但既然他们承认某些睡梦的预言术——这不算小——我们就没有理由去跟他们唇枪舌剑，特别是，还有人完全不认同任何类型的预言术呢。

所以那些人的灵魂离开了肉体，向外飞奔，被某种热情所激发所 114 点燃，的确是能看见他们称之为预言的东西；这种与肉体断开连接的灵魂可以被很多东西'点燃'，比如有些人被某种调子的声音或者

---

[1]比较通行的版本说，他是将榨油机都买了或者预订了。参见亚里士多德《政治学》1259a。

[2]相传，泰勒斯预测了Medes与Lydia两国交战当日的日全食，据计算发生于前585年5月28日。

[3]Taygetus 是斯巴达所在的Laconia地区的高山。

[4]相传是Syros岛上的哲学家。

Phrygiis cantibus incitantur. multos nemora silvaeque, multos amnes aut maria commovent. quorum furibunda mens videt ante multo, quae sint futura. quo de genere illa sunt[1]:

> eheu videte! iudicabit inclitum iudicium
> inter deas tres aliquis; quo iudicio Lacedaemonia
> mulier, furiarum una, adveniet.

eodem enim modo multa a vaticinantibus saepe praedicta sunt, neque solum verbis, sed etiam[2]

> versibus quos olim Fauni[3] vatesque canebant.

115 similiter Marcius[4] et Publicius[5] vates cecinisse dicuntur; quo de genere Apollinis operta prolata sunt. credo etiam anhelitus quosdam fuisse terrarum quibus inflatae mentes oracla funderent.

51 atque haec quidem vatium ratio est, nec dissimilis sane somniorum. nam quae vigilantibus accidunt vatibus, eadem nobis dormientibus. viget enim animus in somnis liber ab sensibus omnique impeditione curarum iacente et mortuo paene corpore. qui quia vixit ab omni aeternitate versatusque est cum innumerabilibus animis, omnia, quae in natura rerum sunt, videt, si modo temperatis escis modicisque potionibus ita est affectus ut sopito corpore ipse vigilet. haec somniantis est divinatio.

116 hic magna quaedam exoritur, neque ea naturalis, sed artificiosa somniorum Antiphontis interpretatio; eodemque modo et oraculorum et vaticinationum, sunt enim explanatores omnium horum, ut grammatici poëtarum. nam ut aurum et argentum, aes, ferrum frustra natura divina genuisset, nisi eadem docuisset quem ad modum ad eorum venas perveniretur; nec fruges terrae bacasve arborum cum utilitate ulla generi humano dedisset, nisi earum cultus et conditiones tradidisset; materia quicquid iuvaret, nisi consectionis eius fabricam

---

[1] 这段引文来源不明。
[2] 下面这句引自Ennius。
[3] 参见本卷101节注。
[4] 参见本卷89节，但那里是复数，存疑。
[5] 没有能查证的人物。

Phrygia 的歌声所激发。也有很多人被森林和草场，或是河流与海洋所摄动。那些灵乱的精神可以看到很遥远的未来。属于这一类的有：

> 大家看吧，三位女神的比赛，
> 大家看吧，某人著名的仲裁[1]；
> 斯巴达的女人，即将到来，
> 那复仇的怒火，[来自大海]!

同样地，那种'灵言'所作的很多预言也常常是这个模式，不仅仅是以言语的形式，还有——

> 以诗歌的形式，从前 Faunus 与诗人[2]将其歌唱。

相传，Marcius 与 Publicius 两位预言家也是类似地用歌唱进行预 115 言；而 Apollo 那晦涩[的神谕]也是按照这个模式宣告的。我甚至相信有某种大地的吐息[3]，能够吹进精神，让人吐露神谕。

这就是灵言家的原理，而沉睡者[的原理]也没有什么不一样。那 **51** 些灵言家醒着的时候所遭受的，同样就是我们睡着的时候所遭受的。在睡梦中，肉体是近乎死亡的状态，而灵魂却是活跃的，不会受到感觉与一切忧虑的阻碍。因为人的灵魂是一直永生的，也接触过数不胜数的[其他]灵魂，[所以]只要身体在睡觉前饮食节制，灵魂自身便会活跃，就能看见万物本性中所有的东西。这便是睡梦的预言术[的原理]。

这里就该提到 Antiphon 对梦的重要解释，[他认为梦占]不是自 116 然的，而是有技艺的；[梦]跟神谕和灵言有相同的模式，如同对诗人有语言学家[进行阐释]一样，对所有这些[预言类型]也都有解析者。比如，神圣的自然仅仅创造出金银铜铁，如果不同样地教会我们如何寻找它们的矿脉，那便毫无意义；它如果仅仅交给人类大地的物产与树木的果实，如果不流传下来对它们的耕作与收藏之法，那也是毫无用处；各种的材料，如果我们没有切割制造之术，那也没有任何用

---

[1]相传三位女神Hera，Athena与Aphrodite让特洛伊的王子Paris评价三位中谁最美丽，而爱神Aphrodite许诺给Paris最美丽的女人，斯巴达的公主海伦（Helena）。最后因为这件事，引发了特洛伊战争。

[2]这里同一个词vates，意指具有预言功能的诗人。

[3]参见本卷38节。

haberemus; sic cum omni utilitate quam di hominibus dederunt, ars aliqua coniuncta est per quam illa utilitas percipi possit. item igitur somniis, vaticinationibus, oraclis, quod erant multa obscura, multa ambigua, explanationes adhibitae sunt interpretum.

117   quo modo autem aut vates aut somniantes ea videant, quae nusquam etiam tunc sint, magna quaestio est. sed explorata si sint ea, quae ante quaeri debeant, sint haec, quae quaerimus, faciliora. continet enim totam hanc quaestionem ea ratio, quae est de natura deorum, quae a te secundo libro est explicata dilucide. quam si obtinemus, stabit illud, quod hunc locum continet, de quo agimus, 'esse deos, et eorum providentia mundum administrari, eosdemque consulere rebus humanis, nec solum universis, verum etiam singulis.' haec si tenemus, quae mihi quidem non videntur posse convelli, profecto hominibus a dis futura significari necesse est.

52,118   sed distinguendum videtur quonam modo. nam non placet Stoicis singulis iecorum fissis aut avium cantibus interesse deum; neque enim decorum est nec dis dignum nec fieri ullo pacto potest; sed ita a principio inchoatum esse mundum, ut certis rebus certa signa praecurrerent, alia in extis, alia in avibus, alia in fulgoribus, alia in ostentis, alia in stellis, alia in somniantium visis, alia in furentium vocibus. ea quibus bene percepta sunt, ei non saepe falluntur; male coniecta maleque interpretata falsa sunt non rerum vitio, sed interpretum inscientia.

hoc autem posito atque concesso, esse quandam vim divinam hominum vitam continentem, non difficile est, quae fieri certe videmus, ea qua ratione fiant, suspicari. nam et ad hostiam deligendam potest dux esse vis quaedam sentiens, quae est toto confusa mundo, et tum ipsam, cum immolare velis, extorum fieri mutatio potest, ut aut absit aliquid aut supersit; parvis enim momentis multa natura aut affingit aut mutat aut detrahit.

119   quod ne dubitare possimus, maximo est argumento quod paulo ante interitum Caesaris contigit. qui cum immolaret illo die quo primum in sella[1] aurea sedit et cum purpurea veste processit, in extis

---

[1]sella，又作sella curulis，是标识执政官或者其他主要官员或者祭司的权座，起源于王政时期。一般只是便携的折叠椅（即交椅），可以随主官队伍携带。这里的黄金权座明显不是一般的那种。

途；如此，诸神赋予人类的所有有用之物，都会伴随着某种技艺，通过这些技艺，我们可以完全掌握其用途。所以同样，对于梦境、灵言、神谕，这些都非常隐晦朦胧，非常模棱两可，就需要解释者进行诠释。

然而灵言者与做梦之人是以何种方式见到当下还不存在的预言， 117
这是个很重要的问题。但若先去探求应该被研究的问题，那我们刚刚问的这件事情就会[变得]简单了。这整个问题都是包括在关于诸神本性的原理之中，而且在卷二[1]里已经被你解释得很清楚了。只要我们坚持以下这个论点——它也包括了我们讨论的内容——这事就会成立：'诸神存在，而且世界由他们的先见所控制，同样的诸神也关照人类的事务，不仅仅是作为整体，也涉及个人。'在我看来这些论点都完全无法撼动，而只要你坚信它们，就必然会有神明显示给人类的未来之事。

但是看来还是要去确认这[预言术]是如何发生的。对于斯多葛 52.118
主义者来说，让神明去控制肝脏上的每道裂痕，或是飞鸟的歌唱，这[解释]实在不让人满意；对神而言这既不优雅，也毫无尊严，而且没有任何方式可以做到；从太初伊始，这个世界便是如此开端的：特定事物发生之前就会有特定信号出现，有些在内脏上，有些在飞鸟上，有些在闪电上，有些在征兆上，有些在星辰上，有些在梦中看见，有些则在灵乱的言语中。那些正确地感知到[预言]的人，不会经常犯错；而用错误的推断和错误的解释得到的谬误，并非是因为[预言术]这事的缺陷，而是因为解释者的无知。

只要我们确立并承认这一点——即围绕着人类的生活存在着某种神圣力量——那就不难相信，我们确定所见之事，是因为什么理由而发生的。[首先]在选择牺牲祭品的时候就可能存在某种感知力量作为引导，这种力量本来就弥漫于整个世界；然后还有，当你想着要去牺牲时，主内脏就可能发生变化，比如某处少了一道多了一点；因为在很短的时间内，自然[可以]或增添、或改变、或删减很多的东西。

还有我们无法质疑之事，在 Caesar[2] 遇刺前不久发生之事便是最 119
好的证明。他主持牺牲的那天，是他首次坐上黄金的权座，身披紫袍

---

[1] 指作者《论诸神的本性》的卷二。
[2] 即 C. Julius Caesar，通译恺撒，罗马终身独裁官。前 44 年 Mars 之月望日遇刺。

bovis opimi cor non fuit. num igitur censes ullum animal, quod sanguinem habeat, sine corde esse posse? †qua ille rei novitate perculsus
cum Spurinna diceret timendum esse ne et consilium et vita deficeret;
earum enim rerum utramque a corde proficisci. postero die caput in
iecore non fuit. quae quidem illi portendebantur a dis immortalibus
ut videret interitum, non ut caveret. cum igitur eae partes in extis non
reperiuntur sine quibus victuma illa vivere nequisset, intellegendum
est in ipso immolationis tempore eas partes quae absint interisse.

53,120　　eademque efficit in avibus divina mens, ut tum huc, tum illuc vo-
lent alites[1], tum in hac, tum in illa parte se occultent, tum a dextra,
tum a sinistra parte canant oscines. nam si animal omne, ut vult,
ita utitur motu sui corporis, prono, obliquo, supino, membraque,
quocumque vult, flectit, contorquet, porrigit, contrahit eaque ante
efficit paene, quam cogitat, quanto id deo est facilius, cuius numini
parent omnia!

121　　idemque mittit et signa nobis eius generis, qualia permulta historia tradidit, quale scriptum illud videmus: si luna paulo ante solis
ortum defecisset[2] in signo Leonis, fore ut armis Dareus et Persae ab
Alexandro et Macedonibus vincerentur Dareusque moreretur; et si
puella nata biceps esset, seditionem in populo fore, corruptelam et
adulterium domi; et si mulier leonem peperisse visa esset, fore ut ab
exteris gentibus vinceretur ea res publica in qua id contigisset.

eiusdem generis etiam illud est, quod scribit Herodotus, Croesi fi-
ium, cum esset infans, locutum; quo ostento regnum patris et domum funditus concidisse. caput arsisse Servio Tullio dormienti quae
historia non prodidit? ut igitur, qui se tradit quieti praeparato animo cum bonis cogitationibus, tum rebus ad tranquillitatem accom-
modatis, certa et vera cernit in somnis; sic castus animus purusque
vigilantis et ad astrorum et ad avium reliquorumque signorum et ad
extorum veritatem est paratior.

---

[1] 这里作者区别了ales，飞鸟，即通过飞行姿势状态来占卜的鸟，以
及oscen，鸣鸟，即通过其鸣叫来占卜的鸟。

[2] 一说这次月食发生在前331年9月20日晚，对应十几天后马其顿与波斯的
决战，Gaugamela战役。但查证此时月亮在双鱼宫，太阳在处女宫，存疑。
如果月亮在狮子宫，太阳则在水瓶宫，唯一可能符合的是前338年2月14日凌
晨的月食，但离大流士三世统治时期（前336-前330）相差较远。

出场，那头最上等的牛的主内脏里却没有了心脏。那你能想象有哪种动物，有血液却没有心脏？当 Spurinna[1] 说要让他小心丢失心智或者生命——因为这两件事情都是从心脏开始的——他对这新奇之事竟[毫无]触动[2]。第二天，[牺牲的]肝脏却没了尖头[3]。事实上，不朽的神明将这些征兆显露给他看，是让他看到自己的死亡，而不是规避它。当然，牺牲祭品缺了那部分的内脏就没法活下去，所以我们可以知道，那些部分就是在牺牲的那个时间点消失掉的。

那神圣的精神，以同样的方式，让'飞鸟'或飞此处或飞彼处 **53.120** 或躲这里或躲那里，也让'鸣鸟'或在左边鸣叫或在右边歌唱。若是所有的动物，都能按意愿活动自己的身体，或前进，或侧移，或后退，也能按意愿移动四肢，或弯曲，或摆动，或伸展，或收缩，而且几乎能在心里想到之前就能完成这些动作，那对于神力普及万物的神明而言，岂不是更加简单！

同样的[机制]也给我们展示征兆，而流传下来的很多历史故事都 121 是这一类型，比如我们见于记载的：若是在太阳升起不久前，月亮在狮子宫发生侵食，那 Dareus[4] 与波斯军将被 Alexander 与马其顿军击败，而 Dareus 也会被杀；又若是有双头的女婴出生，那将要发生民众内乱，家中也会有放荡和通奸之事；若是女子梦到生出一只狮子，那发生此事的国家将会被外族征服。

同样属于这一类型的，那件 Herodotus[5] 所记载的事情：Croesus[6] 的儿子本是个哑巴，但却开口说话了；因为这个征兆，他父亲的王国与家族都彻底覆灭。哪本历史书不会说，Servius Tullius[7] 在睡觉的时候头发着火？所以说，就如同一个人带着准备充足的灵魂去休息，思想健康，遇事冷静，那就能在梦中感知到确凿与真实；同样地，在醒着的时候，纯洁而干净的灵魂便更适合于[感知洞察]星象、飞鸟、其余的征兆、以及内脏上的真相。

---

[1]相传是在场的一位脏卜师。

[2]手抄本这里很可能丢失了一个否定词。

[3]占卜术语，指肝脏上胆囊一侧名叫processus pyramidalis的尖头结构。

[4]Dareus，通译大流士，这里是波斯最后的万王之王，大流士三世。

[5]Herodotus，通译希罗多德，古希腊历史学家，被誉为历史学之父。

[6]参见本卷37节注。参见希罗多德《历史》I.85，德尔斐的神谕说他儿子闭嘴会更好，首次开口说话就会带来灾难。

[7]罗马的第六任王。参见李维I.39。

54.122   hoc nimirum est illud quod de Socrate accepimus, quodque ab ipso in libris Socraticorum saepe dicitur: esse divinum quiddam, quod δαιμόνιον appellat, cui semper ipse paruerit numquam impellenti, saepe revocanti. et Socrates quidem (quo quem auctorem meliorem quaerimus?) Xenophonti consulenti sequereturne Cyrum, posteaquam exposuit, quae ipsi videbantur: 'et nostrum quidem,' inquit, 'humanum est consilium; sed de rebus et obscuris et incertis ad Apollinem censeo referendum,' ad quem etiam Athenienses publice de maioribus rebus semper rettulerunt.

123   scriptum est item, cum Critonis, sui familiaris, oculum alligatum vidisset, quaesivisse, quid esset; cum autem ille respondisset in agro ambulanti ramulum adductum, ut remissus esset, in oculum suum recidisse, tum Socrates: 'non enim paruisti mihi revocanti, cum uterer, qua soleo, praesagitione divina.' idem etiam Socrates, cum apud Delium[1] male pugnatum esset Lachete praetore fugeretque cum ipso Lachete[2], ut ventum est in trivium, eadem, qua ceteri, fugere noluit. quibus quaerentibus, cur non eadem via pergeret, deterreri se a deo dixit; cum quidem ei, qui alia via fugerant, in hostium equitatum inciderunt. permulta collecta sunt ab Antipatro quae mirabiliter a Socrate divinata sunt, quae praetermittam, tibi enim nota sunt, mihi ad commemorandum non necessaria.

124   illud tamen eius philosophi magnificum ac paene divinum, quod, cum impiis sententiis damnatus esset, aequissimo animo se dixit mori; neque enim domo egredienti neque illud suggestum, in quo causam dixerat, ascendenti signum sibi ullum, quod consuesset, a deo quasi mali alicuius impendentis datum.

55   equidem sic arbitror, etiamsi multa fallant eos, qui aut arte aut coniectura divinare videantur, esse tamen divinationem; homines autem, ut in ceteris artibus, sic in hac posse falli. potest accidere, ut aliquod signum dubie datum pro certo sit acceptum, potest aliquod latuisse aut ipsum, aut quod esset illi contrarium. mihi autem ad hoc, de quo disputo, probandum satis est non modo plura, sed etiam

---

[1]Delium在希腊中部的Boeotia地区。这里的战役是伯罗奔尼撒战争中的一场，交战双方是雅典军与斯巴达的盟友Boeotia军。

[2]Laches是雅典方的一位将领。参见柏拉图《会饮篇》221a。

毋庸置疑，这便是我们所知关于 Socrates 的[言论]，也是在其 **54.122**
弟子的书中他自己经常说的：存在某种神圣之物，他称其为'神
启'（δαιμόνιον），他自己总是遵从于它——它从不驱使人前进，但经
常让人后退。而当 Xenophon 向 Socrates 咨询[1]（我们还能去问哪位
更权威的人士？），是否该跟随 Cyrus[2][作战]，他在说了自己的看法
之后，继续说道：'我的意见只是一个人类的意见；对于这隐晦而不
定的事情，我觉得该去找 Apollo。'而在公共的领域，雅典人在重大
事情上总是征求 Apollo [的神谕]。

同样见于记载，[Socrates]他曾见到自己的朋友 Crito [一只]眼 **123**
睛绑着绷带，就问是怎么回事；当他回答说他在乡间散步，碰到了
一根树枝，像是反弹一样，回弹打到了他的眼睛，然后 Socrates 便
说：'当我在使用我常用的神圣预见时，你并没有服从于我的召回。'
也同样是 Socrates，在由 Laches 率领下的 Delium 战役中战事不利
时，他与那 Laches 本人一起逃跑，来到了一处三岔路口，却不愿
意走其他人逃跑的方向。当他被问及为什么不走同样的路，他说自
己被神明所阻遏；而逃向另一条路的那些人都遭遇了敌人的骑兵。
Antipater 收集了很多很多关于 Socrates 神奇预言的故事，我就略过
了，你对这些都很熟悉，我没有必要再赘述了。

然而那位哲学家的这番言论可以称得上伟大，甚至是接近于神 **124**
圣：当他被罪恶的审判判为有罪，他说自己心平如水地[3]面对死亡；
[他说，是因为]在有什么危险来临之前，神明总是会给他征兆，[但
这次]无论在走出房子时，还是走上他对案件进行抗辩的讲台时，都
没有任何[这样的]征兆[4]。

由此我确信，即使那些看起来用技艺或用解释来进行预言的人会 **55**
犯很多错误，但预言术的确存在；如同在其他技艺上一样，人类在预
言术方面也会犯错误。可能会发生的，比如给出的信号犹疑不决，却
被认为是确定的，还可能忽视了信号本身，或是忽视了与其相反的
信号。对我而言，要证实我所论述的观点，需要预感或预言(被神圣

---

[1]参见《远征记》III.1.5。
[2]事见本卷52节。
[3]原文是"以最平静的灵魂"。
[4]参见柏拉图《申辩篇》（或译《苏格拉底的申辩》）31d。

pauciora divine praesensa et praedicta reperiri.

125   quin etiam hoc non dubitans dixerim, si unum aliquid ita sit praedictum praesensumque, ut, cum evenerit, ita cadat ut praedictum sit, neque in eo quicquam casu et fortuito factum esse appareat, esse certe divinationem, idque esse omnibus confitendum.

quocirca primum mihi videtur, ut Posidonius facit, a deo, de quo satis dictum est, deinde a fato, deinde a natura, vis omnis divinandi ratioque repetenda. fieri igitur omnia fato ratio cogit fateri. fatum autem id appello, quod Graeci εἱμαρμένη, id est ordinem seriemque causarum, cum causae causa nexa rem ex se gignat. ea est ex omni aeternitate fluens veritas sempiterna. quod cum ita sit, nihil est factum, quod non futurum fuerit, eodemque modo nihil est futurum, cuius non causas id ipsum efficientes natura contineat[1].

126   ex quo intellegitur, ut fatum sit non id, quod superstitiose, sed id, quod physice dicitur, causa aeterna rerum, cur et ea, quae praeterierunt, facta sint et, quae instant, fiant et, quae sequuntur, futura sint. ita fit, ut et observatione notari possit, quae res quamque causam plerumque consequatur, etiamsi non semper (nam id quidem affirmare difficile est), easdemque causas veri simile[2] est rerum futurarum cerni ab eis, qui aut per furorem eas aut in quiete videant.

56,127   praeterea cum fato omnia fiant, id quod alio loco ostendetur, si quis mortalis possit esse, qui colligationem causarum omnium perspiciat animo, nihil eum profecto fallat. qui enim teneat causas rerum futurarum, idem necesse est omnia teneat, quae futura sint. quod cum nemo facere nisi deus possit, relinquendum est homini, ut signis quibusdam consequentia declarantibus futura praesentiat. non enim illa, quae futura sunt, subito exsistunt, sed est quasi rudentis explicatio sic traductio temporis nihil novi efficientis et primum quidque replicantis. quod et ei vident, quibus naturalis divinatio data est, et ei, quibus cursus rerum observando notatus est. qui etsi causas ip-

---

[1]这两句很绕，通过各种时态的变化来表达意思。最好还是参考原文理解。

[2]veri similis是习惯用语，即"非常接近真实，与事实吻合，大概率是对的"类似的意思。

地感知)的例子，但不一定要很多的[这样的]例子，很少的例子就够了。

　　事实上，只要有一例这种预言或者预知的例子，其结果与预言完全吻合，而且其中不可能是任何偶然或者机会造成，那预言术就确实存在，并且所有人都应该承认这一点。 125

　　因此，在我看来，就如同 Posidonius 所说，预言术的全部力量和理由都应该首先回归到神——关于神我们已经讨论得足够多了——然后才是命运，然后才是自然。所以理性让我们必须承认，一切都是因命运而发生。而我所说的'命运'，就是希腊人说的'命定'（εἱμαρμένη），它是因果[1]的顺序与排列，而当因果联结因果，便自行生出了万物。它是一切永恒中流淌的不变真理。如此，在过去没有可能完成的未来[事件]，在现在便不会发生，同样的道理，如果现在[某件事]自己在本质上并没有包含其完成的原因，那在未来便不会发生。

　　由此可知，命运不是那种无知的迷信，而是自然学所说的，万物的永恒因果，是过去之事为何能发生，现在之事为何会发生，将来之事为何要发生的原因。所以，通过观测，我们可以得知大多数情况下，各种原因的结果是什么，即使不是总能如此（要确保此事真是太难了），但非常可能的是，同样的未来事件的原因，只能被灵乱或者睡梦中的人看到。 126

　　另外，因为万物由命运决定——这事会在其他地方阐明[2]——若是有凡人的灵魂能够洞察所有因果的联结，那他在[预言术上]便不会犯错。他若是知道了[所有]未来事物的原因，那就同样地知道了所有的未来。但因为除了神，没有人能做到这事，剩下留给人类的，只有用某些特定的能显露结果的信号去预知未来。那些未来事件，并不是突然出现的，而是像抽丝剥茧[3]一样，随着时间流逝，不是重新创造，而是将每件事情按先后顺序抽解出来。有两种人能看到它：被自然的预言术所恩赐之人，还有通过观察明白了万物轨迹之人。即使他们没 56,127

---

[1] 原文causa，即原因，但这里跟接近中文表述的"因果"概念。
[2] 这里指的大概是作者的《论命运》，但他似乎忘了这里是他弟弟Quintus在说话。
[3] 原文rudentis explicatio指的是纺织的流程中"拉出毛线"，引申为从一团乱麻中抽引出一系列的事件。当然，罗马人是不知道丝线的来历的；然而，若是他们知道，那肯定会拿来作为成语使用。

sas non cernunt, signa tamen causarum et notas cernunt; ad quas adhibita memoria et diligentia et monumentis superiorum efficitur ea divinatio, quae artificiosa dicitur, extorum, fulgorum, ostentorum signorumque caelestium.

128   non est igitur ut mirandum sit ea praesentiri a divinantibus, quae nusquam sint; sunt enim omnia, sed tempore absunt. atque ut in seminibus vis inest earum rerum, quae ex eis progignuntur, sic in causis conditae sunt res futurae, quas esse futuras aut concitata mens aut soluta somno cernit aut ratio aut coniectura praesentit. atque ut ei qui solis et lunae reliquorumque siderum ortus, obitus motusque cognorunt, quo quidque tempore eorum futurum sit, multo ante praedicunt, sic, qui cursum rerum eventorumque consequentiam diuturnitate pertractata notaverunt, aut semper aut, si id difficile est, plerumque, quodsi ne id quidem conceditur, non numquam certe, quid futurum sit, intellegunt. atque haec quidem et quaedam eiusdem modi argumenta, cur sit divinatio, ducuntur a fato.

57,129   a natura autem alia quaedam ratio est, quae docet quanta sit animi vis seiuncta a corporis sensibus, quod maxime contingit aut dormientibus aut mente permotis. ut enim deorum animi sine oculis, sine auribus, sine lingua sentiunt inter se, quid quisque sentiat (ex quo fit, ut homines, etiam cum taciti optent quid aut voveant, non dubitent, quin di illud exaudiant), sic animi hominum, cum aut somno soluti vacant corpore aut mente permoti per se ipsi liberi incitati moventur, cernunt ea quae permixti cum corpore animi videre non possunt.

130   atque hanc quidem rationem naturae difficile est fortasse traducere ad id genus divinationis, quod ex arte profectum dicimus, sed tamen id quoque rimatur, quantum potest, Posidonius. esse censet in natura signa quaedam rerum futurarum. etenim Ceos accepimus ortum Caniculae[1] diligenter quotannis solere servare coniecturamque capere, ut scribit Ponticus Heraclides, salubrisne an pestilens annus futurus sit. nam si obscurior et quasi caliginosa stella extiterit, pingue et concretum esse caelum, ut eius adspiratio gravis et pestilens futura sit; sin illustris et perlucida stella apparuerit, significari caelum esse tenue purumque et propterea salubre.

---

[1]Canicula可以指大犬座（或者天狼星），也可以是小犬座（或者其主星南河三），参见后文卷二93节。

有看到这因果本身，也看到了因果的征兆与记号；在这基础上再加上记忆、专注以及前人的记录，便造就了这预言术，[于是]它也被称为一种技艺，[包括]脏卜的、闪电的、征兆的还有星象的。

所以，用预言术能预知[此刻]还不存在的事情，这并没有什么好 128 奇怪的；因为所有的事情都是存在的，只是在时间上来说，[某些事物在此刻]是不存在的。比如说，在种子里存在着从中孕育出来的各种(事物的)力量；同样地，在原因里也蕴藏着未来事物的可能，由受激发的精神或者无拘束的睡梦感知为未来，或是由理论与解释预判为未来。又比如说，有人若是了解太阳、月亮和其余星星的升降运动，就可以在很久以前预言各个星体在未来某时的所在；同样地，有人若是在长期的研究中记录了事物的移动轨迹和结果的序列关系，就可以知道未来发生的事情，要么是一直如此，若是太难的话，要么大多数时间如此，若这还是做不到，那肯定不是不可能。这个或是其他类似模式的关于为什么存在预言术的论断，其实都是从命运引证而来。

还有另外某种[预言术]理论是来自自然的：它认为灵魂之力在与 57,129 身体的感觉分离之后是非常显著的，特别是发生在睡觉时或是在精神被激发的时候。比如说，神明的灵魂能在没有眼睛、没有耳朵、没有舌头的情况下互相感知到每个人在想什么（也正因此，人们甚至在沉默地祈求或是发誓的时候，都从不怀疑神明能够听到）；同样地，人类的灵魂，或是在睡梦中远离身体无拘无束，或是在精神自己激发下自由地活动，都能看到那些与身体纠缠的灵魂所不能看到的东西。

而这种来自自然的理论，可能很难推广到那些我们所说来自技艺 130 而完成的预言术类型，但不管怎样，Posidonius 尽其所能对此做了研究。他认为在自然中就有未来事件的某种信号。我们知道，Cea[1] 岛人习惯于每年都要仔细地观测天狼星的升起，并且获得[对应的]解释，如 Pontus 的 Heraclides[2] 所记载，[预测]将要到来的这一年是健康还是瘟疫。因为，如果那星星升起的时候比较阴暗，似有雾气，那天空就更加厚重致密，那将来他们的呼吸就会更加沉重而有瘟疫；如果那星星看起来清澈通透明亮，就说明天空轻盈纯净，所以就有益健康。

---

[1]Cea岛，即之前的第23节提到的Cos岛，在爱琴海。
[2]参见本卷46节。

131　　Democritus autem censet sapienter instituisse veteres, ut hostiarum immolatarum inspicerentur exta; quorum ex habitu atque ex colore tum salubritatis, tum pestilentiae signa percipi, non numquam etiam, quae sit vel sterilitas agrorum vel fertilitas futura. quae si a natura profecta observatio atque usus agnovit, multa afferre potuit dies quae animadvertendo notarentur, ut ille Pacuvianus, qui in *Chryse* physicus inducitur, minime naturam rerum cognosse videatur:

> ... nam istis qui linguam avium intellegunt
> plusque ex alieno iecore sapiunt quam ex suo,
> magis audiendum quam auscultandum censeo.

cur? quaeso, cum ipse paucis interpositis versibus dicas satis luculente:

> quicquid est hoc, omnia animat, format, alit, auget, creat,
> sepelit recipitque in sese omnia omniumque idemst pater,
> indidemque eademque oriuntur de integro atque eodem -
> 　　　　　　　　　　　　　　　　　　　　 - occidunt.

quid est igitur, cur, cum domus sit omnium una, eaque communis, cumque animi hominum semper fuerint futurique sint, cur ei, quid ex quoque eveniat, et quid quamque rem significet, perspicere non possint?

haec habui," inquit, "de divinatione quae dicerem."

58,132　　"nunc illa testabor, non me sortilegos[1] neque eos, qui quaestus causa hariolentur, ne psychomantia[2] quidem, quibus Appius, amicus tuus, uti solebat, agnoscere;

> non habeo denique nauci Marsum augurem;
> non vicanos haruspices, non de circo astrologos;
> non Isiacos coniectores, non interpretes somnium;

— non enim sunt ei aut scientia aut arte divini —

---

[1]本卷最后这里出现的sortilegus，指的是算命师，按词根应该理解为用解读抽签的方式进行卜算的人。

[2]psychomantium，传说中尝试向死者询问事情的地点，即指死灵术或者叫通灵术。

而 Democritus 则认为，古人聪明地设计了查看牺牲祭品内脏的 131
方法；从其品相和颜色就能看出它或是健康的或是染病的(信号)，而
且有时候还能得知未来农田的贫瘠或是肥沃。那如果通过观测和使
用，在自然的运行中认识到了这种[预言术]，那[悠长的]岁月能带来
很多通过感知而记录的事情，比如那位 Pacuvius 在《Chryses[1]》中引
入的自然学家，看似对万物的本性知之甚少：

> 通晓飞鸟的语言，[那些乌合之众]，
> 了解别处的肝脏，比自己的还懂！
> 我说，他们的意见可以听取，不能听从。

我问，为什么？因为他自己就在短短几行之后，便说得足够清楚了：

> 无论这是何物，万物皆因它而生，由它塑形，
> 由它繁衍，增殖，创造，由它毁灭，回归于它，
> 它亦是万物之父，万物同生同死，同死同生。

所以如何呢？因为万物的归属是唯一的，也是共有的，也因为人类的
灵魂一直以来存在而且将来也一直存在，那为什么[灵魂]不能感知到
每件事物的结果以及其预兆之事？

　　我说完了，"他说，"关于预言术的意见。"

"不过我要申明，我不承认[签术]算命师，也不承认为了钱财去 58,132
卜算的人，更别提你的朋友 Appius[2]经常首肯的通灵术了；

> 简而言之，Marsi[3]人的鸟卜师，不值一提[4]，
> 乡下的脏卜师，赛场的占星家，全是把戏，
> Isis[5]的解兆师，还有梦占师，懒得搭理！

——因为这些人的预言，既非科学，又非技艺——

---

[1]Chryses是Apollo的祭司，这里是Pacuvius的同名悲剧。
[2]参见本卷29节注。
[3]参见本卷99节注。
[4]这几行可能是Quintus自己说的话，也可能是引用Ennius的作品，存疑。
[5]Isis是埃及神话中的女神，通译伊西斯。

sed superstitiosi vates impudentesque harioli
aut inertes aut insani aut quibus egestas imperat,
qui sibi semitam non sapiunt, alteri monstrant viam;
quibus divitias pollicentur, ab iis drachumam[1] ipsi petunt.
de his divitiis sibi deducant drachmam, reddant cetera.

atque haec quidem Ennius[2], qui paucis ante versibus esse deos censet, sed eos non curare opinatur, quid agat humanum genus. ego autem, qui et curare arbitror et monere etiam ac multa praedicere, levitate, vanitate, malitia exclusa divinationem probo." quae cum dixisset Quintus.

"praeclare tu quidem," inquam, "paratus, Quinte, venisti ..."

---

[1] drachuma又作drachma，是希腊的银币单位。通常标准是4.3克。
[2] 参见本卷23节注。

但那些迷信的胡言家，无耻的乱语者，
要么没有技术，要么心智狂乱，要么见钱动嘴，
给别人指引通途大道，自己的小路都没走对，
给别人许诺家财万贯，只为自己求银币一枚。
就从这万贯家财中给他扣下银币一枚，其余通通拿回！

这些便是 Ennius 所说，而他在几行之前承认神明存在，但又认为他们不会关心人类的行为。但我认为，他们会关心人类，而且会警示人类并给出很多预言；我认可除了轻浮、空洞以及恶意以外的预言术。" Quintus 如此说道。

"Quintus，"我说，"你准备得非常充分...[1]"

---

[1] 本卷最后这里有少量文本缺失，但从卷二对比，应该无关紧要。

Liber II

卷二

《荀子·天论》：雩而雨，何也？曰：无何也，犹不雩而雨也。日月食而救之，天旱而雩，卜筮然后决大事，非以为得求也，以文之也。

LIBER SECVNDVS

1,1 uaerenti mihi multumque et diu cogitanti quanam re possem prodesse quam plurimis, ne quando intermitterem consulere rei publicae, nulla maior occurrebat quam si optimarum artium vias traderem meis civibus; quod compluribus iam libris me arbitror consecutum. nam et cohortati sumus, ut maxime potuimus, ad philosophiae studium eo libro, qui est inscriptus *Hortensius*[1], et, quod genus philosophandi minime arrogans maximeque et constans et elegans arbitraremur, quattuor *Academicis libris*[2] ostendimus.

2 cumque fundamentum esset philosophiae positum in finibus bonorum et malorum, perpurgatus est is locus a nobis quinque libris, ut, quid a quoque, et quid contra quemque philosophum diceretur, intellegi posset. totidem subsecuti libri *Tusculanarum disputationum*[3] res ad beate vivendum maxime necessarias aperuerunt. primus enim est de contemnenda morte, secundus de tolerando dolore, de aegritudine lenienda tertius, quartus de reliquis animi perturbationibus, quintus eum locum complexus est, qui totam philosophiam maxime illustrat; docet enim ad beate vivendum virtutem se ipsa esse contentam.

3 quibus rebus editis tres libri perfecti sunt *de Natura Deorum*, in quibus omnis eius loci quaestio continetur. quae ut plane esset cumulateque perfecta, *de Divinatione* ingressi sumus his libris scribere; quibus, ut est in animo, *de Fato* si adiunxerimus, erit abunde satis factum toti huic quaestioni. atque his libris adnumerandi sunt sex *de Re Publica*, quos tum scripsimus, cum gubernacula rei publicae tenebamus. magnus locus philosophiaeque proprius a Platone, Aristotele, Theophrasto totaque Peripateticorum familia tractatus uberrime. nam quid ego de *Consolatione* dicam? quae mihi quidem ipsi sane aliquantum medetur, ceteris item multum illam profuturam puto. interiectus est etiam nuper liber is, quem ad nostrum Atticum *de Senectute* misimus; in primisque, quoniam philosophia vir bonus

---

[1] 《Hortensius》是一部作者写的哲学对话，也被称为《论哲学》，仅存残篇。奥古斯丁（Augustinus）在其《忏悔录》III.7-8曾提到读过此书。

[2] 作者的作品《学院派之书》，现存四卷里的首卷以及一些残篇。

[3] 即作者《Tusculum辩论集》，相传是作者在Tusculum自己庄园里所作。

卷二

我一直不断思考和探索，我如何能让尽可能多的人受益，以避 **1,1**
免打断我对国家的顾问工作；没有比这个更好的想法了——就是引领
我们罗马人走上各种最伟大技艺的条条大路；而我自认为我已经在
好几卷书上做到了这一点[1]。比如我们尽可能激励[人们]去钻研哲学，
就是在那卷题为《Hortensius》的书，还有，我们在四卷《学院派之
书》里，展示了我们认为最不傲慢、最为优雅而自洽的哲学思想。

正因为哲学的基础就在善恶的极限，我们用五卷书[2]阐释了这个 **2**
主题，从中能够知道每位哲学家的观点，以及反驳他们的说辞。接
着，同样的五卷《Tusculum 论辩集》揭示了达到美好生活最必须的
事物。第一卷讲轻视死亡；第二卷讲忍受痛苦；第三卷讲缓解悲伤；
第四卷讲灵魂的其他扰动；第五卷则包含了整个哲学领域最光彩耀人
的主题——它教谕人们，为了达到美好生活，品德本身就足够了。

在发表了这些著作之后，我又完成了三卷《论诸神的本性》，其 **3**
中包含了这个主题所有的问题。为了让这[讨论]完备而充足地完成，
我就开始写著《论预言》这几卷书[3]。而我尚在意向中的，如果在此
基础上再加上《论命运》，对于整个问题来说就十分足够了。在这
些书卷之上，还得加上六卷《论共和国》，这是我一边为国家掌舵，
一边写著的。而且这是一个很重要的主题，特别适合哲学讨论，被
Plato、Aristoteles、Theophrastus[4]以及整个逍遥学派论述整理地非
常成熟了。关于《慰藉[5]》我还能说什么呢？它多少能治愈我自己，
我想它也能给其他人带来很多帮助。还有最近插入[计划]所写的那卷
书，《论老年[6]》，我已经发给我的朋友 Atticus[7]看了；一个人因哲学而

---

[1]这里往后，作者用几节文字总结了他的著作以及接下来的写作计划。
[2]即作者《论善恶之极》或译为《论目的》。
[3]有观点认为本书原来还有第三卷，存疑。
[4]Theophrastus先后受教于柏拉图与亚里士多德，后来接替亚里士多德成
为逍遥学派领袖。
[5]这是作者痛失爱女之后所作，仅存残篇。
[6]即《老加图论老年》（Cato Maior de Senectute）。
[7]T. Pomponius Atticus，作者的至交，现存有很多他们互相来往的书信。

efficitur et fortis, *Cato* noster in horum librorum numero ponendus est.

4 cumque Aristoteles itemque Theophrastus, excellentes viri cum subtilitate, tum copia, cum philosophia dicendi etiam praecepta coniunxerint, nostri quoque oratorii libri in eundem librorum numerum referendi videntur. ita tres erunt *de Oratore*, quartus *Brutus*, quintus *Orator*.

2 adhuc haec erant; ad reliqua alacri tendebamus animo sic parati, ut, nisi quae causa gravior obstitisset, nullum philosophiae locum esse pateremur, qui non Latinis litteris illustratus pateret. quod enim munus rei publicae afferre maius meliusve possumus, quam si docemus atque erudimus iuventutem, his praesertim moribus atque temporibus, quibus ita prolapsa est, ut omnium opibus refrenanda atque coercenda sit?

5 nec vero id effici posse confido, quod ne postulandum quidem est, ut omnes adulescentes se ad haec studia convertant. pauci utinam! quorum tamen in re publica late patere poterit industria. equidem ex eis etiam fructum capio laboris mei, qui iam aetate provecti in nostris libris adquiescunt; quorum studio legendi meum scribendi studium vehementius in dies incitatur; quos quidem plures, quam rebar, esse cognovi. magnificum illud etiam Romanisque hominibus gloriosum, 6 ut Graecis de philosophia litteris non egeant; quod adsequar profecto, si instituta perfecero.

ac mihi quidem explicandae philosophiae causam adtulit casus gravis civitatis, cum in armis civilibus nec tueri meo more rem publicam nec nihil agere poteram nec, quid potius, quod quidem me dignum esset, agerem, reperiebam. dabunt igitur mihi veniam mei cives vel gratiam potius habebunt, quod, cum esset in unius potestate res publica, neque ego me abdidi neque deserui neque afflixi neque ita gessi, quasi homini aut temporibus iratus, neque porro ita aut adulatus aut admiratus fortunam sum alterius, ut me meae paeniteret.

id enim ipsum a Platone philosophiaque didiceram, naturales esse quasdam conversiones rerum publicarum, ut eae tum a principibus[1] tenerentur, tum a populis, aliquando a singulis.

---

[1] 作者这里的princeps指的是贵族寡头政治。

变得善良和强大，所以我的《Cato[1]》应该首先列入这些书卷的数目中。

因为 Aristoteles 以及同样的 Theophrastus，他们都是杰出的人物，[著作]精细而又丰富，能将言辞的主旨与哲学互相关联起来，那我关于演说的几卷书看来也应该加入这些书卷的数目中。于是有了三卷的《论演说家》，第四卷《Brutus[2]》和第五卷《演说家》。 **4**

这些就是到目前为止的著作了；而对于剩下的，我以渴望的心态去完成目标，我准备如此充分，(以至于)除非有更重要的原因阻挠，我便无法忍受存在任何哲学主题还没有被拉丁语的光芒所照耀。比起教育和教导青年，我还能做什么对国家更重要更美好的服务吗？——特别是被当下的风气与时局所影响，他们已经倾颓到需要用所有的助力去帮扶去挽救了！ **2**

如果说要让所有的年轻人都转变，投身于这[哲学的]研究上，我相信肯定无法办到，而且甚至不应该有如此要求。那有几个也好！这几个人的热情就可以广泛散播到整个国家。事实上，也每每有老年人在我的书中获得安宁，我也因我的工作从他们那里收获快乐；因为他们阅读的热情，我写作的热情也与日俱增；而且我知道，他们[的人数]比我想象的还要多。而且对于罗马人来说，这也是伟大而光荣的，他们就不需要希腊语的哲学了；如果我完成了计划，那就肯定能达到这个目标。 **6**

这国家的严重灾难，却成了我研究哲学的原因，因为在内战时期，我既不能用我自己的方式守护国家，也没法什么事都不做，更是找不到其他更好的值得我去做的事情。所以我的同胞们将会原谅我，或更可能是感谢我，因为，当国家落入一个人的权力[控制]时，我没有将自己置身事外，没有放弃[原则]，没有灰心丧气，没有表现地像是迁怒于个人或时代，更加没有谄媚或者羡慕别人的机运，没有因自己的[挫折]而对自己感到懊悔。

我从 Plato 以及哲学那里学到的一件事情，就是国家政体的某些转变是自然而然的，这权柄有时候在贵族手里，有时候在人民手里，还有时候在独夫手里[3]。

---

[1]这应该是支持小加图的颂词。恺撒曾针锋相对写过《反Cato》以反击。
[2]又译为《演说史》，参见附录。
[3]参见柏拉图《理想国》VIII.545a以下。

7　　quod cum accidisset nostrae rei publicae, tum pristinis orbati muneribus haec studia renovare coepimus, ut et animus molestiis hac potissimum re levaretur et prodessemus civibus nostris, qua re cumque possemus. in libris enim sententiam dicebamus, contionabamur, philosophiam nobis pro rei publicae procuratione substitutam putabamus. nunc quoniam de re publica consuli coepti sumus, tribuenda est opera rei publicae, vel omnis potius in ea cogitatio et cura ponenda, tantum huic studio relinquendum, quantum vacabit a publico officio et munere. sed haec alias pluribus; nunc ad institutam disputationem revertamur.

3.8　　nam cum de divinatione Quintus frater ea disseruisset, quae superiore libro scripta sunt, satisque ambulatum videretur, tum in bibliotheca, quae in Lycio est, assedimus.

atque ego: "accurate tu quidem," inquam, "Quinte, et Stoice Stoicorum sententiam defendisti, quodque me maxime delectat, plurimis nostris exemplis usus es, et iis quidem claris et illustribus. dicendum est mihi igitur ad ea, quae sunt a te dicta, sed ita nihil ut affirmem, quaeram omnia, dubitans plerumque et mihi ipse diffidens. si enim aliquid certi haberem quod dicerem, ego ipse divinarem, qui esse divinationem nego.

9　　etenim me movet illud, quod in primis Carneades quaerere solebat, quarumnam rerum divinatio esset, earumne, quae sensibus perciperentur. at eas quidem cernimus, audimus, gustamus, olfacimus, tangimus. num quid ergo in his rebus est, quod provisione aut permotione mentis magis quam natura ipsa sentiamus? aut num nescio qui ille divinus, si oculis captus sit, ut Tiresias[1] fuit, possit, quae alba sint, quae nigra, dicere aut, si surdus sit, varietates vocum aut modos noscere? ad nullam igitur earum rerum, quae sensu accipiuntur, divinatio adhibetur.

atqui ne in eis quidem rebus, quae arte tractantur, divinatione opus est. etenim ad aegros non vates aut hariolos, sed medicos solemus adducere, nec vero, qui fidibus aut tibiis uti volunt, ab haruspicibus accipiunt earum tractationem, sed a musicis. eadem in litteris ratio est reliquisque rebus, quarum est disciplina. num censes eos, qui divinare dicuntur, posse respondere, sol maiorne quam terra sit an

---

[1] 参见卷一88节注。

而当[最后]这种情况落到我们国家头上时，我就被剥夺了以往的 7
职权，开始重新研究[哲学]，这既让我的精神因此尽可能远离烦扰，
也使我尽我所能服务于我的同胞。之前，在书中我们陈述观点，向
公众宣讲，让我们自己把哲学当作国家管理的替代。而因为现在[1]，
我[又]开始了关于国家政务的咨询[工作]，就应该将精力分配给国
家，或者说，所有的思量与关心都要放在这上面，以至于要把从公共
义务与服务中闲下来的剩余时间都留给了这研究。但我们可以找另外
的时间更深入地讨论这件事；现在要回到已经开始的论辩上。

在我的弟弟 Quintus 讲完关于预言术的陈述，就记录在之前那卷 3.8
书上，感觉我们也散步散够了，然后便在"吕刻昂[2]"的图书室里坐
了下来。

于是我说："Quintus，你已经很仔细地以斯多葛主义的方式，为
斯多葛主义的观点辩护了，而最令我欣慰的一点，你引用了很多我们
罗马的事例，它们的确都很显著而且知名。所以我应该对你所说的事
情进行一一回应，但是是以'不肯定任何事情，追问一切问题'的方
式，抱着最大的怀疑，甚至是不相信我自己。如果我对我要说的事情
感到十分确定，那[相当于]我自己在进行预言，却否定它的存在。

那 Carneades 常常开始就问的问题让我特别触动：预言术究竟是 9
属于何种事物？它是否是属于通过感官能够得知的事物？但这些就是
我们看到的，听到的，尝到的，嗅到的和接触到的。那么在这些事物
里面，有什么是我们通过精神的预见或灵动所感知的，而非通过自然
本身？(我真不知道)哪里有某位预言家，双目失明，如同 Tiresias 一
样，却能够分辨黑白，或是双耳失聪，却能知道声音的变化与旋律？
所以，预言术就不属于任何通过感知获得的那些事物。

而且，在那些由技艺掌握的事情上，也不需要有预言术。对于病
人，我们不会习惯于去找灵言师或者预言师，而是去找医生；同样，
若是有人想弹弦琴或是吹笛子，不会去跟脏卜师学习操作技艺，而是
去跟音乐家学习。同样的理由也适用于文学，以及其他需要学习的事 10
情。你觉得那些说自己会预言的人，他们难道能够回答，太阳比地

---

[1]指恺撒遇刺之后的政局。
[2]参见卷一第8节注。

tantus, quantus videatur? lunaque suo lumine an solis utatur? sol,
luna quem motum habeat? quem quinque stellae, quae errare dicuntur? nec haec, qui divini habentur, profitentur se esse dicturos, nec
eorum, quae in geometria describuntur, quae vera, quae falsa sint;
sunt enim ea mathematicorum[1], non hariolorum.

4   de illis vero rebus, quae in philosophia versantur, num quid est,
quod quisquam divinorum aut respondere soleat aut consuli, quid
bonum sit, quid malum, quid neutrum? sunt enim haec propria
philosophorum.

11   quid? de officio num quis haruspicem consulit, quem ad modum
sit cum parentibus, cum fratribus, cum amicis vivendum? quem ad
modum utendum pecunia, quem ad modum honore, quem ad modum
imperio? ad sapientes haec, non ad divinos referri solent.

quid? quae a dialecticis aut a physicis tractantur, num quid eorum divinari potest? unusne mundus sit an plures, quae sint initia
rerum, ex quibus nascuntur omnia? physicorum est ista prudentia.
quo modo autem 'mentientem,' quem ψευδόμενον vocant, dissolvas,
aut quem ad modum 'soriti[2]' resistas (quem, si necesse sit, Latino
verbo liceat 'acervalem' appellare; sed nihil opus est; ut enim ipsa
philosophia et multa verba Graecorum, sic 'sorites' satis Latino sermone tritus est), — ergo haec quoque dialectici dicent, non divini.

quid? cum quaeritur, qui sit optimus rei publicae status, quae leges,
qui mores aut utiles aut inutiles, haruspicesne ex Etruria arcessentur,
an principes statuent et delecti viri periti rerum civilium?

12   quodsi nec earum rerum, quae subiectae sensibus sunt, ulla divinatio est nec earum, quae artibus continentur, nec earum, quae in
philosophia disseruntur, nec earum, quae in re publica versantur,
quarum rerum sit, nihil prorsus intellego; nam aut omnium debet

---

[1]古希腊Samos岛的的数学家、天文学家Aristarchus通过月相计算得出了
不太准确的太阳大小与地日距离，但已经完全证明太阳比地球大。而太阳准
确的大小需要通过地日距离（即天文单位）算得，这在18世纪通过观测金星
凌日之后才有比较准确的结论。

[2]sorites，来自希腊语 σωρείτης 的转写，原意是"堆积"。也引申为堆积
悖论里的逻辑链条或者一系列的逻辑推导式。所以后面作者特地解释，如果
用拉丁语说，就是acervalis，来自于acervus，即一堆东西。

球大呢，还是只有看起来的那么大？月亮是发自己的光，还是使用太阳的光？太阳、月亮的运行轨迹是什么样的？还有那五颗被称为'游荡'的星星[1]的运动又是如何？那些[自称]拥有神圣之力的人，既不承认自己能够回答这些问题，也不知道在几何学里描述的[命题]，哪些是正确的，哪些是错误的；因为这些[学问]都是属于数学家的，而不是属于预言家的。

还有那些在哲学里研究的事情，有哪些是任何一位预言家习惯于回答的？他们中又有哪位会去关心，什么是善，什么是恶，什么是非善非恶？因为这些就是适合哲学家[所讨论]的。　4

那这事呢？谁会去找脏卜师咨询关于义务的事情，比如生活上应该如何与父母、与兄弟、与朋友相处？应该如何使用钱财，如何利用荣誉，如何运用权力？关于这些问题，人们习惯于求问于智者，而不是求问于神。　11

还有这事呢？那些逻辑学家和自然学家研究的问题，哪个能被预言出来？只有一个世界呢，还是有多个？能从中生出万物的'本原'又是什么？这都是自然学家的领域。你如何去解释'说谎者[悖论][2]'，即[希腊人]所称的 ψευδόμενον？你又如何去面对'堆积[悖论][3]'？（若是有需要的话，可以用拉丁语的'acevalis'来称呼；但没有什么必要；正如'哲学[4]'以及很多的词都是希腊文的，同样地，'sorites'在拉丁语境已经被磨练得很顺口了）——所以是由逻辑学家来讨论这些问题，而不是预言家。

这事？当被问到，国家最理想的状态是什么，怎样的法律，怎样的风俗是有益的还是无益的，是要从 Etruria 召来脏卜师[询问]，还是由首脑人物以及被选举出来精通国家事务的人来决定？

倘若不存在任何的预言术是属于那些隶属于感知的事物，也不属于那些被技艺包含的事物，不属于那些哲学上探讨的事物，不属于那些有关于国家的事物，那我真是不知道它属于什么；因为，要么它应　12

---

[1]即肉眼可见的五大行星，在开普勒三定律之后便有很好的解释，但水星近日点的进动需要等到广义相对论才被比较完美地解释。

[2]其最简单的形式是"我正在说谎"这样的逻辑悖论。

[3]从一堆谷子开始问，"这是不是一堆谷子？"答案显然是肯定的。然后一颗一颗拿掉谷子，既然 N 颗谷子是一堆，那么去掉一小颗，$N-1$ 颗谷子也是一堆。所以以此类推，推导出一颗谷子也构成一堆，但又显然跟常理违背。

[4]即来自希腊文 φιλοσοφία。

esse, aut aliqua ei materia danda est, in qua versari possit. sed nec omnium divinatio est, ut ratio docuit, nec locus nec materia inven-
5 itur, cui divinationem praeficere possimus. vide igitur, ne nulla sit divinatio. est quidam Graecus vulgaris in hanc sententiam versus:

bene qui coniciet, vatem hunc perhibebo optumum[1].

num igitur aut, quae tempestas impendeat, vates melius coniciet quam gubernator? aut morbi naturam acutius quam medicus? aut belli administrationem prudentius quam imperator coniectura assequetur?

13   sed animadverti, Quinte, te caute et ab eis coniecturis[2] quae haberent artem atque prudentiam, et ab eis rebus quae sensibus aut artificiis perciperentur, abducere divinationem eamque ita definire: 'divinationem esse earum rerum praedictionem et praesensionem, quae essent fortuitae.' primum eodem revolveris. nam et medici et gubernatoris et imperatoris praesensio est rerum fortuitarum. num igitur aut haruspex aut augur aut vates quis aut somnians melius coniecerit aut e morbo evasurum aegrotum aut e periculo navem aut ex insidiis exercitum, quam medicus, quam gubernator, quam imperator?

14   atqui ne illa quidem divinantis esse dicebas, ventos aut imbres impendentes quibusdam praesentire signis (in quo nostra quaedam Aratea[3] memoriter a te pronuntiata sunt), etsi haec ipsa fortuita sunt; plerumque enim, non semper eveniunt. quae est igitur aut ubi versatur fortuitarum rerum praesensio, quam divinationem vocas? quae enim praesentiri aut arte aut ratione aut usu aut coniectura possunt, ea non divinis tribuenda putas, sed peritis. ita relinquitur, ut ea fortuita divinari possint, quae nulla nec arte nec sapientia provideri possunt; ut, si quis M. Marcellum illum, qui ter consul fuit, multis annis ante dixisset naufragio esse periturum, divinasset profecto; nulla enim arte alia id nec sapientia scire potuisset. talium ergo rerum, quae in fortuna positae sunt, praesensio divinatio est.

---

[1] 相传这句来自古希腊悲剧诗人Euripides。

[2] 在预言术领域，coniectura指的是对征兆奇观等带猜想性质的解释，但这里Marcus引入了"带技艺与知识的解释"，相当于排除了胡乱随机猜想的部分。所以后面他说coniectura不算是预言术。

[3] Aratus，古希腊诗人，参见卷一13-15节。

该可以在所有地方都用上，要么至少可以用在某些领域上。然而，[我之前的]推理已经说明，预言术不是万用的，而且也找不到[某个]主题或者领域，让我们能看到预言术在其中的运用。所以你看吧，5就不存在任何预言术。有一句著名的希腊诗句说这件事情：

> 我就说，猜得最准的就是最好的预言家。

所以说，关于是不是要下暴雨，预言家能比舵手猜得准？关于病人的状态，能比医生[了解得]还准确？那些预言猜测，难道比将领还懂得战场的指挥？

但是我注意到，Quintus，你很小心地从拥有技艺与知识的解释 13 猜想里去掉了预言术，同样从那些由感觉与技巧而感知的事物中去掉了预言术[1]，而且还将其如此定义：'预言术就是对那些被认为是随机的事件的预言与预知[2]'。首先，你这是转回原点[自相矛盾]了，因为无论是医生、舵手还是将领，他们所预知之事都多少有随机的成分。那么，无论是脏卜师、鸟卜师、预言家还是睡觉的人，他们难道能比医生，比舵手，比将领更好地预测出，病人能否规避病症，船只能否规避海难，军队能否规避埋伏？

然而之前你也说，预知暴风骤雨的来临是靠某些征兆，而非预 14 言术（你为此引用了我翻译 Aratus 的作品），然而这事本身也是随机的；因为它不是一直发生，而是经常发生的。那么，你所谓的预言术，即'对随机事件的预知'究竟是什么，它又在哪里运行？对于那些可以被技艺、推理、经验或者解释所预知的事情，你都认为它们不属于预言术，而是属于技术。于是剩下的情况，就是那些不可能由技艺或者智慧所预见的随机事件能被预言出来[这种可能]；比如说，那位三度担任执政官的 M. Marcellus[3]，如果有人能在很多年以前就说出他是因船难而死，那便肯定是预言术了；因为他不可能凭借其他技艺或者智慧来知道这一点。所以说，预言术是指对完全确定是随机的这类事件的预知。

---

[1]这里比如在卷一111-112节提到。
[2]参见卷一第9节。
[3]大概指前166年执政M. Claudius Marcellus，前148年出使非洲时遭遇海难。

6,15 potestne igitur earum rerum, quae nihil habent rationis, quare futurae sint, esse ulla praesensio? quid est enim aliud fors, quid fortuna, quid casus, quid eventus, nisi cum sic aliquid cecidit, sic evenit, ut vel non cadere atque evenire, ut vel aliter cadere atque evenire potuerit? quo modo ergo id, quod temere fit caeco casu et volubilitate fortunae, praesentiri et praedici potest?

16 medicus morbum ingravescentem ratione providet, insidias imperator, tempestates gubernator; et tamen ei ipsi saepe falluntur, qui nihil sine certa ratione opinantur; ut agricola, cum florem oleae videt, bacam quoque sese visurum putat, non sine ratione ille quidem sed non numquam tamen fallitur. quodsi falluntur ei qui nihil sine aliqua probabili coniectura ac ratione dicunt, quid existimandum est de coniectura eorum, qui extis aut avibus aut ostentis aut oraclis aut somniis futura praesentiunt? nondum dico, quam haec signa nulla sint, fissum iecoris, corvi cantus, volatus aquilae, stellae traiectio, voces furentium, sortes, somnia; de quibus singulis dicam suo loco; nunc de universis.

17 qui potest provideri quicquam futurum esse, quod neque causam habet ullam neque notam cur futurum sit? solis defectiones itemque lunae praedicuntur in multos annos ab eis qui siderum cursus et motus numeris persequuntur; ea praedicunt enim quae naturae necessitas perfectura est. vident ex constantissimo motu lunae, quando illa e regione solis facta incurrat in umbram terrae, quae est meta noctis, ut eam obscurari necesse sit, quandoque eadem luna subiecta atque opposita soli nostris oculis eius lumen obscuret, quo in signo quaeque errantium stellarum quoque tempore futura sit, qui exortus quoque die signi alicuius aut qui occasus futurus sit. haec qui ante dicunt, quam rationem sequantur, vides.

7,18 qui thesaurum inventum iri aut hereditatem venturam dicunt, quid sequuntur? aut in qua rerum natura inest id futurum? quodsi haec eaque, quae sunt eiusdem generis, habent aliquam talem necessitatem, quid est tandem, quod casu fieri aut forte fortuna putemus? nihil enim est tam contrarium rationi et constantiae quam fortuna, ut mihi ne in deum quidem cadere videatur, ut sciat, quid casu et fortuito futurum sit. si enim scit, certe illud eveniet; sin certe eveniet,

那么，是否存在对某种事物的预知，它的发生是没有任何理由 6.15
的？那什么才是运气、幸运、凑巧、偶然？——除非当它可以以另外
一种形式发生，就是它发生的时候，也可能不发生、不出现，或者可
能发生、出现了其他的情况。而这些纯粹偶然的事件，又是如何能被
盲目的机会与流转的命运预知和预言出来？

医生能通过理性分析，提前知道病情的加重，将领之于埋伏，舵 16
手之于风暴，[亦是如此]。然而就算他们只用特定的理论来下判断，
也经常会犯错；比如一位农夫，当他看到橄榄树开花的时候，就觉
得将来自己会看到果子，这[观点]完全符合理性，但是有时候也会犯
错。但如果那些只用到可信的猜想与理论进行判断的人也会犯错，对
于那些用内脏、飞鸟、征兆、神谕以及梦境来预知未来的人们，那么
该如何评价他们的预言？我还没有说这些信号毫无意义——肝脏的裂
缝，渡鸦的歌唱，雄鹰的飞翔，群星的轨迹，灵乱的言语，抽签还有
梦境；我会在各自合适的地方一个一个讲；现在只是统合起来一起
说。

对于能够预见到任何的未来，又如何会没有任何它为何会发生的 17
原因或者征兆？日食以及同样的月食可以在很多年之前被预知，但那
是通过追踪星辰的轨迹与运动，用数学计算出来的；他们所预言的
这些事都是自然的'必然律'所确定将要发生的。我们见到，月亮因
其最一致而连贯的运动，当它移入远离太阳的区域，进入地球的阴
影，就是所谓'夜之圆锥[1]'，那就必然变暗；当同样的月亮在太阳正
下方，(对着它，)就会把太阳光(从我们眼睛里)遮盖住；[还有，]每
个行星，它们在未来在什么时间在什么星座；在每一天是哪些星座升
起，哪些星座落下。提前指出这些事情的人，你都知道他们所遵循的
理论。

那些预言出找到宝藏或者是继承遗产的人，他们又是遵循什么 7.18
呢？这未来的指向又是基于事物的何种本质？倘若这些或者同样类型
的事情，它们也有某种类似'必然律'[所控制]，那么到最后，我们
还能相信什么随机或是运气的事情？没有什么比'运气'更适合放在
'理性'与'一致'的对立面了，以至于我觉得，对于神来说，都不
可能知道将要发生的基于随机或是运气的事情。因为如果他知道，那

---

[1]即以地球为顶点的阴影锥。

nulla fortuna est; est autem fortuna; rerum igitur fortuitarum nulla praesensio est.

19   aut si negas esse fortunam et omnia, quae fiunt quaeque futura sunt, ex omni aeternitate definita dicis esse fataliter, muta definitionem divinationis, quam dicebas 'praesensionem esse rerum fortuitarum.' si enim nihil fieri potest, nihil accidere, nihil evenire, nisi quod ab omni aeternitate certum fuerit esse futurum rato tempore, quae potest esse fortuna? qua sublata qui locus est divinationi? quae a te fortuitarum rerum est dicta praesensio? quamquam dicebas omnia, quae fierent futurave essent, fato contineri. anile sane et plenum superstitionis fati nomen ipsum; sed tamen apud Stoicos de isto fato multa dicuntur; de quo alias; nunc quod necesse est.

8.20   si omnia fato, quid mihi divinatio prodest? quod enim is, qui divinat, praedicit, id vero futurum est; ut ne illud quidem sciam quale sit, quod Deiotarum[1], necessarium nostrum, ex itinere aquila revocavit; qui, nisi revertisset, in eo conclavi ei cubandum fuisset, quod proxima nocte corruit; ruina igitur oppressus esset. at id neque, si fatum fuerat, effugisset nec, si non fuerat, in eum casum incidisset.

quid ergo adiuvat divinatio? aut quid est, quod me moneant aut sortes aut exta aut ulla praedictio? si enim fatum fuit classes populi Romani bello Punico primo, alteram naufragio, alteram a Poenis depressam, interire, etiamsi tripudium solistimum[2] pulli fecissent L. Iunio et P. Claudio[3] consulibus, classes tamen interissent. sin, cum auspiciis obtemperatum esset, interiturae classes non fuerunt, non interierunt fato; vultis autem omnia fato; nulla igitur est divinatio.

21   quodsi fatum fuit bello Punico secundo exercitum populi Romani ad Lacum Trasimenum interire, num id vitari potuit, si Flaminius[4] consul eis signis eisque auspiciis, quibus pugnare prohibebatur, paruisset? certe ⟨non⟩ potuit[5]. aut igitur non fato interiit exercitus, aut, si fato (quod certe vobis ita dicendum est), etiamsi obtemperasset aus-

---

[1] 参见卷一26节。
[2] 参见卷一28节。
[3] 参见卷一29节。其中，Junius的舰队在海上遭遇了风暴与迦太基军的袭扰，而Claudius的则是在Drepana海战中失利。
[4] 参见卷一77节。
[5] 手抄本这里没有non，显然是不符合上下文的，也可以删掉此句。

么这事就必然发生；那若它必然发生，就没有什么随机了；但随机肯定存在；所以不可能存在对随机事件的预知。

而若你否定随机的存在，而且宣称所有发生的和将要发生的事情，自从永恒以来，都是由命运所确定的，那你得改一下'预言术'的定义，就是你所说的'预知随机的事件'。倘若，除了从永恒以来就确定在固定时间将要发生的事情，就完全没有其他事情可以完成、可以发生、可以出现，那怎么可能有随机的事情？那要是没有了这些[随机事件]，又哪里有预言术的位置——就是你所说的，对随机事件的预知？尽管你又说过，所有会发生或是将发生的事情，都是由命运控制的[1]。这'命运'一词本身，就像是老太婆一般透着迷信的味道；但无论如何，斯多葛学派关于这种命运有很多的说法；我们另找机会再说；现在就不多废话了[2]。 19

如果万物遵从命运，那预言术对我来说又有什么益处？那预言师所预言的，就必然将要发生；比如，我不知道我们那位朋友'神牛王'Deiotarus 具体是如何被老鹰召回，继而取消了旅行线路；他倘若不折回，那就会在那间当晚坍塌的房间里睡觉；所以就会被压到废墟里。但如果命运注定此事，他便无法逃脱；[反之]若命运注定没有此事，那它便不会发生。 8.20

那所以预言术有什么好处吗？无论是抽签还是内脏或是其他的预言，它们要提醒我什么事情呢？倘若命运已经注定，让第一次布匿战争中的[两支]罗马(人民的)舰队，一支遭遇海难，另一支被迦太基军击败而双双覆灭，那就算执政官 L. Junius 与 P. Claudius 主持的占卜中，小鸡给出了大吉之兆，那舰队还是会覆灭的。又如果他们遵从鸟兆的指引，那将要覆灭的舰队就不存在，也就不会依照命运而覆灭。然而你又想让所有的事情都依照命运而行；那所以就没有任何预言术存在。

又倘若命运已经注定，在第二次布匿战争期间，罗马(人民的)军队会在 Trasimenus 湖覆灭，那如果执政官 Flaminius 遵从了那些阻止接触战斗的信号和鸟兆，是不是就能逃脱[覆灭的命运]？当然不能。所以说，要么是命运没有注定军队覆灭之事，要么，如果是命运注定 21

---

[1]参见卷一125 节。
[2]原文是"只说必须说的事情"。

piciis, idem eventurum fuisset; mutari enim fata non possunt. ubi est igitur ista divinatio Stoicorum? quae, si fato omnia fiunt, nihil nos admonere potest, ut cautiores simus; quoquo enim modo nos gesserimus, fiet tamen illud, quod futurum est; sin autem id potest flecti, nullum est fatum; ita ne divinatio quidem, quoniam ea rerum futurarum est. nihil autem est pro certo futurum, quod potest aliqua procuratione[1] accidere ne fiat.

9,22 atque ego ne utilem quidem arbitror esse nobis futurarum rerum scientiam. quae enim vita fuisset Priamo, si ab adulescentia scisset, quos eventus senectutis esset habiturus? abeamus a fabulis, propiora videamus. clarissimorum hominum nostrae civitatis gravissimos exitus in *Consolatione* collegimus. quid igitur? ut omittamus superiores, Marcone Crasso[2] putas utile fuisse tum, cum maximis opibus fortunisque florebat, scire sibi interfecto Publio filio exercituque deleto trans Euphratem[3] cum ignominia et dedecore esse pereundum? an Cn. Pompeium censes tribus suis consulatibus, tribus triumphis, maximarum rerum gloria laetaturum fuisse, si sciret se in solitudine Aegyptiorum trucidatum iri amisso exercitu, post mortem vero ea consecutura, quae sine lacrimis non possumus dicere?

23 quid vero Caesarem putamus, si divinasset fore ut in eo senatu, quem maiore ex parte ipse cooptasset, in Curia Pompeia[4], ante ipsius Pompei simulacrum, tot centurionibus suis inspectantibus, a nobilissimis civibus, partim etiam a se omnibus rebus ornatis, trucidatus ita iaceret ut ad eius corpus non modo amicorum, sed ne servorum quidem quisquam accederet, quo cruciatu animi vitam acturum fuisse?

certe igitur ignoratio futurorum malorum utilior est quam scien-
24 tia. nam illud quidem dici, praesertim a Stoicis, nullo modo potest: non isset ad arma Pompeius, non transisset Crassus Euphratem, non suscepisset bellum civile Caesar. non igitur fatalis exitus habuerunt; vultis autem evenire omnia fato; nihil ergo illis profuisset divinare; atque etiam omnem fructum vitae superioris perdidissent; quid enim

---

[1]procuratio这里是一个占卜与宗教上的术语，即在出现凶兆之后进行化解的祭祀、净化赎罪之类的仪式。参见卷一101节。

[2]克拉苏，参见卷一29节注。

[3]Euphrates，通译幼发拉底河。

[4]Curia Pompeia是庞培建的元老院大殿。

（确实，你应该会这样说），那就算遵从鸟兆，同样的事情也还是会发生；命运是不可能被改变的。那么斯多葛学派的那种预言术又在哪里呢？如果万物由命运注定，那[预言]也就没法提醒我们，让我们更加警惕；因为无论我们如何行动，那将要发生的事情总是要发生的；倘若这些[预言的事情]可以被改变，那么就不存在命运；于是也就没有了预言术——因为它是关于未来事件的[1]。那如果一件事情可以因某种'化解赎罪'而不发生，那么它就不是确定将要发生的。

　而且我不认为未来事件的知识对我们有什么益处。如果 Priamus 9.22 王从青年时期就知道了到老年时要经历的事情，他又会过上怎样的生活？让我们远离那些[神话]故事，来看看身边的例子。《慰藉[2]》里就收集了我们罗马最著名的人物，他们最悲壮的死亡。那又如何呢？让我们略过更古老的例子——你觉得对于 M. Crassus 而言，在他最有权势最富有的全盛时期，如果知道自己儿子 Publius 战死，军队全灭，而自己会在幼发拉底河对岸带着耻辱与羞愧死去，会不会有什么好处？或者，你觉得 Cn. Pompeius 还会不会对自己的三度执政，三度凯旋，无上的荣耀感到开心，若是他知道自己在失去了军队之后，在埃及的无人荒漠中被杀，以及他死后继而发生的一系列事件，让我们讲述时不禁声泪俱下？

　那我们再想象一下 Caesar，若是他预知了就在那元老院会议上，23 在大部分是他自己选择[3]的 Pompeius 大殿，就在 Pompeius 的雕像前，在自己众多百夫长众目睽睽之下，被最高贵的公民——其中一部分人完全是被他荣耀加身——被他们杀戮，尸身躺在那里，不仅没有任何朋友，甚至没有任何奴隶敢靠近，他会以怎样折磨的灵魂过完一生？

　确实，对于未来的苦难而言，不知道比知道还要有用。特别是对 24 斯多葛派而言，都完全没有[其他]什么好说了：Pompeius 不会参战，Crassus 不会渡过幼发拉底河，而 Caesar 也不会发动内战。所以说，他们的死并不是因为命运；但你想让所有的事情都因命运发生；那么预言对他们而言就没有任何用处；他们甚至会失去之前生命中所有的

---

[1]这句话大概是说，既然未来是不确定的，那就无从谈预言，因为一切都只是可能发生。

[2]参见本卷第3节。

[3]密谋者决定在元老院会议时动手，是因为恺撒没有足够的保护。而原来的元老院正在按恺撒自己的计划重建，所以元老院会议移到了Pompeius剧院里的元老院大殿。

posset eis esse laetum exitus suos cogitantibus? ita, quoquo sese ver-
terint Stoici, iaceat necesse est omnis eorum sollertia. si enim id
quod eventurum est vel hoc, vel illo, modo potest evenire, fortuna
valet plurimum; quae autem fortuita sunt, certa esse non possunt.
sin autem certum est quid quaque de re quoque tempore futurum
sit, quid est quod me adiuvent haruspices, ⟨qui⟩, cum res tristissimas
10,25 portendi dixerunt, addunt ad extremum, 'omnia levius casura rebus
divinis procuratis.' si autem nihil fit extra fatum, nihil levari re divina potest. hoc sentit Homerus cum querentem Iovem inducit quod
Sarpedonem[1] filium a morte contra fatum eripere non posset. hoc
idem significat Graecus ille in eam sententiam versus:

quod fore paratum est, id summum exsuperat Iovem.

totum omnino fatum etiam Atellanio versu iure mihi esse irrisum
videtur; sed in rebus tam severis non est iocandi locus. concludatur
igitur ratio: si enim provideri nihil potest futurum esse eorum, quae
casu fiunt, quia esse certa non possunt, divinatio nulla est; sin autem
idcirco possunt provideri, quia certa sunt et fatalia, rursus divinatio
nulla est; eam enim tu fortuitarum rerum esse dicebas.

26   sed haec fuerit nobis tamquam levis armaturae prima orationis ex-
cursio; nunc comminus agamus experiamurque, si possimus cornua[2]
commovere disputationis tuae.

11   duo enim genera divinandi esse dicebas, unum 'artificiosum', alterum 'naturale'. artificiosum constare partim ex coniectura, partim ex observatione diuturna. naturale quod animus arriperet aut
exciperet extrinsecus ex divinitate, unde omnes animos haustos aut
acceptos aut libatos haberemus. artificiosae divinationis illa fere genera ponebas: extispicum[3] eorumque qui ex fulguribus ostentisque
praedicerent, tum augurum eorumque qui signis aut ominibus uter-
entur, omneque genus coniecturale in hoc fere genere ponebas.

---

[1]Sarpedon是Lydia的国王，相传是Zeus与Europa之子，在特洛伊之战中
战死，参见《伊利亚特》XVI.433-438。

[2]这里的cornu指的是军队阵型的两翼。李维书中非常常用。

[3]extispex，即脏卜师，与haruspex基本同义，但其词根只包括了用内脏
的占卜，所以后面作者另外加上了隶属于haruspex的闪电于征兆占卜。

乐趣；天天想着自己的死亡，还有什么乐趣可言？于是，无论斯多葛派的人怎么翻来倒去，他们所有的奇技淫巧都必然化为泡影。因为如果一件事情的发生是可能这样可能那样的，那么就是运气占了最重要的地位；但那随机的事情，便不可能确定。但如果对于将要发生的任何事情在任何时间都是确定的，那些脏卜师对我又有什么好处呢？他们都说事情大难临头，最后还会加上，'用神圣仪式消解得当，那么灾难也会减轻。'但如果没有事情能够逃脱命运，那就不可能因神圣仪式得以减轻。Homerus 就知道这一点；他引入的 Juppiter，都在哀叹不能从命运手里救下自己的儿子 Sarpedon。同样，下面这句[译自]希腊文的诗也是表达这个意思：

连最高的天父，也摆脱不了命运的束缚！

在我看来，就算在 Atellana 喜剧[1]中，也是完全适合嘲笑这整个所谓命运之事；但[我们]这里是严肃的讨论，不能开玩笑。所以，总结一下[我们的]推理：倘若，那些随机的事件，由于它们无法确定，也就没有可能被预见它们将要发生，于是就不存在任何的预言术；但倘若，它们因为是确定的而被命运注定，故而可以被预见，那同样没有预言术；因为你说过，预言术是关于随机事件的。

我最开始的这些发言，就当作是轻装士兵的接触战[2]；现在让我们真正开始白刃战，让我试着看能不能动摇你这番理论的两翼。　26

你之前说过，有两种类型的预言术，一种是'技艺的'，另一种　11是'自然的'。技艺的[预言术]包括了部分的猜想解释，部分由长期的观测[得到的]知识。自然的[预言术]则是灵魂从外界从'神圣'直接提取获得的，而我们人类的灵魂也正是从这种'神圣'中拆分、提取、剥离出的一小部分[3]。你将这些种类归给技艺的预言术；脏卜，以及那些以闪电与征兆进行预测的技艺，鸟卜，以及那些使用预兆与谶语[的技艺]，你把所有基于猜想解释的都几乎归到这这一类型了。

---

[1]一种源自意大利中南部Atella小镇的低俗喜剧。
[2]这个"战斗"的比喻会一直延续下去。
[3]参见卷一110节。

27   illud autem naturale aut concitatione mentis edi et quasi fundi videbatur aut animo per somnum sensibus et curis vacuo provideri. duxisti autem divinationem omnem a tribus rebus, a deo, a fato, a natura[1]. sed tamen cum explicare nihil posses, pugnasti commenticiorum exemplorum mirifica copia. de quo primum hoc libet dicere: hoc ego philosophi non esse arbitror testibus uti, qui aut casu veri aut malitia falsi fictique esse possunt; argumentis et rationibus oportet, quare quidque ita sit, docere, non eventis, eis praesertim quibus mihi liceat non credere.

12,28   ut ordiar ab haruspicina, quam ego rei publicae causa communisque religionis colendam censeo. sed soli sumus; licet verum exquirere sine invidia, mihi praesertim de plerisque dubitanti. inspiciamus, si placet, exta primum. persuaderi igitur cuiquam potest ea, quae significari dicuntur extis, cognita esse a haruspicibus observatione diuturna? quam diuturna ista fuit? aut quam longinquo tempore observari potuit? aut quo modo est collatum inter ipsos, quae pars inimica, quae pars familiaris esset, quod fissum periculum, quod commodum aliquod ostenderet? an haec inter se haruspices Etrusci, Elii, Aegyptii, Poeni contulerunt? at id, praeterquam quod fieri non potuit, ne fingi quidem potest; alios enim alio more videmus exta interpretari, nec esse unam omnium disciplinam.

29   et certe, si est in extis aliqua vis, quae declaret futura, necesse est eam aut cum rerum natura esse coniunctam aut conformari quodam modo numine deorum vique divina. cum rerum natura tanta tamque praeclara in omnes partes motusque diffusa quid habere potest commune non dicam gallinaceum fel (sunt enim, qui vel argutissima haec exta esse dicant), sed tauri opimi iecur aut cor aut pulmo? quid habet naturale, quod declarare possit, quid futurum sit?

13,30   Democritus tamen non inscite nugatur, ut physicus, quo genere nihil adrogantius:

      quod est ante pedes, nemo spectat, caeli scrutantur plagas.

---

[1]参见卷一125节。

　　而自然的预言术看起来是由被激发的精神所产生、类似于倾吐 27
出的[灵言]，或者是在睡梦中的灵魂在没有感觉和忧虑的时候所预见
的。另外，你认为所有的预言术都来自三个方面：神明、命运和自
然。尽管你没法解释任何东西，但还是拿起众多编造的神奇事例来战
斗。关于这个，首先我想这样说：我认为，作为哲学家来说，不应该
去用那些可能只是偶然为真或者可能恶意编造作假的例证；我们应该
用理性与论断去教导每件事情为何如此[发生]，而不是用结果，特别
是那些我都完全无法相信的结果。

　　我觉得我首先应该讨论脏卜术，它无论是以国家的原因，还是共 **12.28**
同宗教信仰的因素，都应该被顾及到。但我们是孤独的[1]；就允许我
们不带恶意地探究一下真相，特别对我来说，我对绝大多数事情都会
抱有怀疑[2]。那可以的话，让我们先检视一下内脏占卜[3]。这事能不能
说服任何人——那内脏所显示的征兆，是不是由脏卜师经过长期观测
而知晓的？那这时间究竟有多长？或者，这观测又如何能持续漫长的
时间？或者，他们脏卜师自己互相是如何统一意见，哪部分是敌害，
哪部分是友善，哪些裂痕昭示危险，哪些则是有益的？又或者，那些
来自 Etruria、Elis、埃及以及迦太基的脏卜师，他们互相又是如何统
合的？但是这事，先不说是无法做到，甚至都无法想象；事实上，我
们知道，不同的[族裔]是用不同的方式去解释内脏的，不存在一个所
有人共用的理论体系。

　　但肯定的是，如果在内脏中有某种力量可以宣示未来，那必然是 29
与万物本性有所联结，或是诸神意愿与神圣力量以某种方式造就。这
万物本性，遍布四方，无所不及，光辉无比——我不想说什么小鸡的
胆（也的确有人说这内脏是最为准确的），但[祭祀中]最上等的公牛，
它的肝、心和肺，与这神圣本性之间如何能有联结？这些[内脏]又有
什么本性，能够宣示未来之事？

　　不过 Democritus 作为自然学家，很轻巧地嘲笑此事——没有什 **13.30**
么更嘲讽的了：

　　　没有人着眼脚下，他们都在仰望星空。

---

[1]即，"现在只有我反对脏卜术"。
[2]即怀疑主义学院派。
[3]脏卜师haruspex掌握脏卜、闪电与征兆。

verum is tamen habitu extorum et colore declarari censet haec dumtaxat: pabuli genus et earum rerum quas terra procreet, vel ubertatem vel tenuitatem; salubritatem etiam aut pestilentiam extis significari putat. o mortalem beatum! cui certo scio ludum numquam defuisse. huncine hominem tantis delectatum esse nugis, ut non videret tum futurum id veri simile, si omnium pecudum exta eodem tempore in eundem habitum se coloremque converterent? sed si eadem hora aliae pecudis iecur nitidum atque plenum est, aliae horridum et exile, quid est, quod declarari possit habitu extorum et colore?

31 an hoc eiusdem modi est, quale Pherecydeum[1] illud quod est a te dictum? qui cum aquam ex puteo vidisset haustam, terrae motum dixit futurum. parum, credo, impudenter, quod, cum factus est motus, dicere audent, quae vis id effecerit; etiamne futurum esse aquae iugis colore praesentiunt? multa istius modi dicuntur in scholis, sed credere omnia vide ne non sit necesse.

32 verum sint sane ista Democritea vera; quando ea nos extis exquirimus? aut quando aliquid eius modi ab haruspice inspectis extis audivimus? ab aqua aut ab igni pericula monent; tum hereditates, tum damna denuntiant; fissum familiare et vitale tractant; caput iecoris ex omni parte diligentissime considerant; si vero id non est inventum, nihil putant accidere potuisse tristius.

14.33 haec observari certe non potuerunt, ut supra docui. sunt igitur artis inventa, non vetustatis, si est ars ulla rerum incognitarum. cum rerum autem natura quam cognationem habent? quae ut uno consensu iuncta sit et continens, quod video placuisse physicis, eisque maxime, qui omne quod esset, unum esse dixerunt, quid habere mundus potest cum thesauri inventione coniunctum? si enim extis pecuniae mihi amplificatio ostenditur idque fit natura, primum exta sunt coniuncta mundo, deinde meum lucrum natura rerum continetur. nonne pudet physicos haec dicere? ut enim iam sit aliqua in natura rerum cognatio, quam esse concedo. multa enim Stoici colligunt. nam et musculorum iecuscula bruma dicuntur augeri, et puleium[2] aridum florescere

---

[1] 参见卷一112节。
[2] 即mentha pulegium，唇萼薄荷，又音译为普列薄荷。是古代传统的调料，因为有毒也作为堕胎药与驱虫剂；在现代已经极少食用。

然而他却认为，内脏的状态和颜色能够真实宣示的，只有这些事情：饲料的种类，以及大地的产出是丰富还是贫瘠；他还认为，健康或是瘟疫也能被内脏所指示。噢，[真是]快乐的凡人呐[1]！我就知道，真是永远不缺他的笑话。这人是否是被如此玩笑的说法诱惑，以至于没有察觉，这只可能是让所有牲畜的内脏在同一时间，一起变到了同一状态同一颜色？但如果在同一时间，一些牲畜的肝脏饱满有光泽，而另一些的则是粗糙干扁，那这内脏的状态与颜色又能宣示什么事情呢？

或者你说的 Pherecydeus 的那个故事，也是同样的模式？当他见 31 到[某个]井中的水都消失了，就说地震就要来了。我觉得这还不够无耻——有些人甚至在地震发生之后，才敢说是什么力量造成的；他们能凭流水的颜色预知将来吗？很多这样的事情在论辩的时候会被提到，但你看，并不是必须要相信每一件事情。

但就算 Democritus 的说法都是对的；那我们什么时候去检视内 32 脏呢？或者，我们什么时候从脏卜师那里听到过关于被检视的内脏所呈现的[饲料与物产]这类信息呢？他们只是警告来自水或者火的危险；然后宣称有遗产，然后是损失；他们研究友善的裂痕与致命的裂痕；他们从每个方面无比仔细地检查肝脏的尖头；如果真的没有找到尖头，那他们就认为会发生无比悲惨的灾难。

按我之前所证明的，这些事情肯定不能被观测到。所以，它们不 **14**.33 是长期的[记录积累]，而是人造的技艺——如果在未知之事中还存在什么技艺的话。但这些又与万物的本质有什么关联呢？就算[万物本质]是一个联结的统一连续体——据我所知，这被自然学家们所赞同——或者最极端的那些人，宣称'万物唯一[2]'，那这世界又与找宝藏有什么关联呢？比如，从内脏上看，预示我要发财，而且这事还要符合自然[规律]，那么首先内脏要与世界联结，然后我的钱包[3]要与万物本质挂钩——自然学家们说这些话，不会感到羞愧吗？那万物本质里的确会有某些联结，这点我承认。斯多葛派学者也收集了很多。比如据他们所说，小老鼠的(小)肝脏在冬至时会变大；而在冬至当

---

[1] 意即，"弱智儿童欢乐多"之类的反讽。
[2] 原文是：所有可能的存在，都是 '一'。
[3] 原文是"收入，财富"。

brumali ipso die, et inflatas rumpi vesiculas, et semina malorum, quae
in eis mediis inclusa sint, in contrarias partis se vertere; iam nervos
in fidibus aliis pulsis resonare alios; ostreisque et conchyliis omnibus
contingere, ut cum luna pariter crescant pariterque decrescant; ar-
boresque ut hiemali tempore cum luna simul senescente, quia tum
exsiccatae sint, tempestive caedi putentur.

34   quid de fretis aut de marinis aestibus plura dicam? quorum acces-
sus et recessus lunae motu gubernantur. sescenta licet eiusdem modi
proferri, ut distantium rerum cognatio naturalis appareat. demus
hoc; nihil enim huic disputationi adversatur; num etiam, si fissum
cuiusdam modi fuerit in iecore, lucrum ostenditur? qua ex coniunctione naturae et quasi concentu atque consensu, quam συμπάθειαν
Graeci appellant, convenire potest aut fissum iecoris cum lucello meo
aut meus quaesticulus cum caelo, terra rerumque natura?

15   concedam hoc ipsum, si vis, etsi magnam iacturam causae fecero,
35 si ullam esse convenientiam naturae cum extis concessero; sed tamen
eo concesso qui evenit, ut is, qui impetrire velit, convenientem hostiam rebus suis immolet? hoc erat, quod ego non rebar posse dis-
solvi. at quam festive dissolvitur! pudet me non tui quidem, cuius
etiam memoriam admiror, sed Chrysippi, Antipatri, Posidonii, qui
idem istuc quidem dicunt, quod est dictum a te, ad hostiam deligendam ducem esse vim quandam sentientem atque divinam, quae toto
confusa mundo sit.

illud vero multo etiam melius, quod et a te usurpatum est et dicitur
ab illis: cum immolare quispiam velit, tum fieri extorum mutationem,
ut aut absit aliquid aut supersit; deorum enim numini parere omnia.

36   hoc iam, mihi crede, ne aniculae quidem existimant. an censes eundem vitulum, si alius delegerit, sine capite iecur inventurum; si alius,
cui capite? haec decessio capitis aut accessio subitone fieri potest,
ut se exta ad immolatoris fortunam accommodent? non perspicitis
aleam[1] quandam esse in hostiis deligendis, praesertim cum res ipsa
doceat? cum enim tristissima exta sine capite fuerint, quibus nihil
videtur esse dirius, proxima hostia litatur saepe pulcherrime. ubi igitur illae minae superiorum extorum? aut quae tam subito facta est

---

[1]alea，即掷骰子的游戏。有两种骰子，一种是六面的tesserae，一种是四
面的tali（参见卷一23节）。

天，干枯的普列薄荷会开花，膨胀的种子囊泡会爆炸，苹果里的(包裹在中心的)种子会转到对面的方向；在弦琴上，如果拨动某些弦，其他弦也会共鸣；牡蛎与其他的贝壳类，会随着月相盈亏而同步增长消退；而树木在冬季月亏的时候，因为那时[树]会比较干燥，被认为是砍伐的最佳时节。

我还要提大海与潮汐吗？那海水的潮涨潮落是由月亮的运行所控 34制的。我能说出好几百个[1]这样的例子，说明距离遥远的事物之间的自然联系是可以发生的。就让我们承认这一点；但没有任何可以反驳[我之前的]这个论断；难道，在肝脏上的某种裂痕，可以指明钱财之事？它们又是通过怎样的自然联结，类似于和声或是同情——希腊人称之为"共情"（συμπάθεια）——使得我干扁的钱包与那肝脏的裂痕有所关联，使得我微薄的收入与天地和万物本质存在共通点？

我要是承认自然与内脏之间有任何关联的话，那对我的论辩来说 15真是吃了大败仗了，不过，若是合你的意，那我就[勉强]承认吧。然 35而就算承认这点，那谁如果想要一个好的征兆的时候，又是怎么[挑选、]牺牲与自己[所占卜的]事项有所联结的祭品？这就是我认为不可能解决的问题。但[他们]解决得好厉害啊！我不是为你感到羞愧——反而你的记忆让我非常佩服——而是为 Chrysippus、Antipater 和 Posidonius 感到羞愧，他们异口同声地说——就是你转述的话——在选择祭品的时候，是有某种感性与神性的力量引领，而这种力量则是弥漫于整个世界。

而你引用的他们[另外的]那个说法，那可真是更厉害了：只要有人心里想着要进行牺牲，那时内脏就会发生变化，比如某一部分消失了或是增加了；因为万物都是遵循着诸神的意愿。

相信我，连小老太婆都不会这样想。或者，你觉得那同一头小公 36牛，如果某人去选，肝脏就会没了尖头，而另一个人去选，就会有尖头？尖头可以这般突然来去自如，是不是为了让内脏去配合祭祀者的运气？你们居然没有发觉，这选择祭品就是某种骰子游戏，特别是事实本身可以证明？当内脏出现没有尖头、最悲观的征兆时，看起来没有其他可能算是更凶恶了，往往宰杀的下一头祭品[的内脏]就会很漂亮。所以前面一头内脏的危险都去哪里了？或者说，诸神居然这么快

---

[1]原文是sescenta，六百个，但这个词也可以作为约数。

deorum tanta placatio?

16   sed affers in tauri opimi extis immolante Caesare[1] cor non fuisse; id quia non potuerit accidere ut sine corde victima illa viveret, iudicandum esse tum interisse cor cum immolaretur.

37   qui fit, ut alterum intellegas, sine corde non potuisse bovem vivere, alterum non videas, cor subito non potuisse nescio quo avolare? ego enim possum vel nescire, quae vis sit cordis ad vivendum, vel suspicari contactum aliquo morbo bovis exile et exiguum et vietum cor et dissimile cordis fuisse. tu vero quid habes, quare putes, si paulo ante cor fuerit in tauro opimo, subito id in ipsa immolatione interisse? an quod aspexit vestitu purpureo excordem Caesarem, ipse corde privatus est?

urbem philosophiae, mihi crede, proditis[2], dum castella defenditis; nam, dum haruspicinam veram esse vultis, physiologiam[3] totam pervertitis. caput est in iecore, cor in extis; iam abscedet, simul ac molam[4] et vinum insperseris; deus id eripiet, vis aliqua conficiet aut exedet! non ergo omnium ortus atque obitus natura conficiet, et erit aliquid, quod aut ex nihilo oriatur aut in nihilum subito occidat. quis hoc physicus dixit umquam? 'haruspices dicunt.' his igitur quam physicis credendum potius existumas?

17,38   quid? cum pluribus deis immolatur, qui tandem evenit, ut litetur aliis, aliis non litetur? quae autem inconstantia deorum est, ut primis minentur extis, bene promittant secundis? aut tanta inter eos dissensio, saepe etiam inter proximos, ut Apollinis exta bona sint, Dianae non bona? quid est tam perspicuum quam, cum fortuito hostiae adducantur, talia cuique exta esse, qualis cuique obtigerit hostia? 'at enim id ipsum habet aliquid divini, quae cuique hostia obtingat, tamquam in sortibus, quae cui ducatur.' mox de sortibus; quamquam tu quidem non hostiarum causam confirmas sortium similitudine, sed infirmas sortis collatione hostiarum.

---

[1] 参见卷一119节。
[2] 这里动词prodere指在城内里应外合投降，将城池送给敌方。
[3] 参见卷一90节，φυσιολογίαν。
[4] mola是给牺牲祭品撒的某种拌了盐的粗磨谷物，一说是其制成的类似蛋糕之物，专门用于祭祀，即"圣餐"。参见维吉尔《牧歌集》VIII.82。

就被安抚了？

　　但你提出说，在 Caesar 主持牺牲时，那最上等的公牛主内脏里，**16** 缺少了心脏；而因为这祭品没有心脏是不可能活下去的，所以推论说在牺牲的时候，心脏消失了。

　　这究竟是怎么回事？一方面，你知道这牛没了心脏就活不下去，**37** 但另一方面，你居然没有意识到，这心脏是不可能突然不明不白不翼而飞的。要么是我可能不知道，这心脏让动物活下去的功能，要么是我怀疑，某种疾病影响的牛，心脏会变得很小很弱很干枯，以至于跟普通心脏大不相同。你究竟是经历了什么，才会觉得，不久之前还在最上等公牛体内的心脏，突然在牺牲的时候消失了？或者，那心脏是看见身着紫袍失了心智[1]的 Caesar，便自行离职[2]了？

　　相信我，你在保卫城堡的同时，拱手让出了哲学之城；你想要脏卜术为真的同时，毁灭了整个自然现象学。肝脏有个尖头，内脏里有个心；就在你撒上圣餐与圣酒的时候，它就马上消失了！神把它取走了！某种神秘力量把它干掉了、吃掉了！于是，这万物的诞生与消亡就不再是遵从自然[法则]，而是存在某些东西会突然无中生有，或是突然从有化无？哪位自然学家说过这事？'脏卜师说的。'那么你觉得更应该相信他们而不是自然学家？

　　那这事呢？当同时给多位神明牺牲时，为什么结果会对有些神明是吉兆，另一些则是凶兆？那为什么神明之间会相互矛盾，对前一组内脏表示恶意，而对后一组表示善意？这般的不和谐甚至发生在近亲之间，比如那内脏对 Apollo 来说是好的，而对 Diana[3]而言就是不好？当祭品被随机选出时，给每位神明的内脏品相好坏取决于祭品的随机决定，还有什么能跟这事一样显而易见？[你会说，] '但这事本身就有某种神圣之力，对每位神明祭品的随机决定，正如在抽签的时候一样，是由神明选择的。'等下马上会说到抽签；你用抽签去类比解释祭品，并没有增强祭品的因果链，反而，将祭品跟抽签之事比较，是削弱了抽签[的说服力]。

---

　　[1]古人认为心用来思考，所以excors就是丧失心智，变傻的意思。这里作者玩笑地说恺撒失了心，所以牛心也自己跑掉了。

　　[2]这里privatus也很有意思，指的是公民离开公职，变成私人身份，即后来的英文private一词。所以作者将心脏离开身体比喻成官员离职。

　　[3]即希腊神话Artemis，Apollo的双胞胎姐姐，狩猎的女神。

39   an, cum in Aequimaelium[1] misimus, qui afferat agnum, quem im-
molemus, is mihi agnus affertur, qui habet exta rebus accommodata,
et ad eum agnum non casu, sed duce deo servus deducitur! nam si
casum in eo quoque dicis esse quasi sortem quandam cum deorum
voluntate coniunctam, doleo tantam Stoicos nostros Epicureis[2] irri-
dendi sui facultatem dedisse; non enim ignoras quam ista derideant.

40   et quidem illi facilius facere possunt; deos enim ipsos iocandi causa
induxit Epicurus perlucidos et perflabilis et habitantis tamquam inter
duos lucos sic inter duos mundos propter metum ruinarum, eosque
habere putat eadem membra quae nos, nec usum ullum habere mem-
brorum. ergo hic circumitione quadam deos tollens recte non dubitat
divinationem tollere; sed non, ut hic sibi constat, item Stoici. illius
enim deus nihil habens nec sui nec alieni negoti non potest hominibus
divinationem impertire. vester autem deus potest non impertire ut nihilo minus mundum regat et hominibus consulat.

41   cur igitur vos induitis in eas captiones, quas numquam explicetis?
ita enim, cum magis properant, concludere solent: 'si di sunt, est divinatio; sunt autem di; est ergo divinatio.' multo est probabilius: 'non
est autem divinatio; non sunt ergo di.' vide, quam temere commit-
tant, ut, si nulla sit divinatio, nulli sint di. divinatio enim perspicue
tollitur, deos esse retinendum est.

18,42   atque hac extispicum divinatione sublata omnis haruspicina sublata est. ostenta enim sequuntur et fulgura. valet autem in fulguribus
observatio diuturna, in ostentis ratio plerumque coniecturaque adhibetur. quid est igitur, quod observatum sit in fulgure? caelum in
sedecim partis diviserunt Etrusci. facile id quidem fuit, quattuor, quas
nos habemus, duplicare, post idem iterum facere, ut ex eo dicerent,
fulmen qua ex parte venisset. primum id quid interest? deinde quid
significat? nonne perspicuum est ex prima admiratione hominum,
quod tonitrua iactusque fulminum extimuissent, credidisse ea efficere
rerum omnium praepotentem Iovem? itaque in nostris commentariis
scriptum habemus: 'Iove tonante fulgurante comitia populi habere

---

[1]Aequimaelium是位于Capitolium南面山脚的一块空地。按照李维Ⅳ.13-
16记载，是在处决了意图颠覆政权的Sp. Maelius之后，将其家宅夷平而来，
故而得名"夷平 Maelius 之所"。

[2]伊壁鸠鲁，参见卷一第5节注。

或者，当我们派[奴隶]去 Aequimaelium 领一只羊来献祭时，他 39
就会将那只内脏符合我[占卜]事情的羊领来，而且这事还不是随机
的，是神作为向导带着奴隶去找到了那只羊！倘若你又说有随机因素
在这里，就像是某种抽签行为与诸神的意愿连在了一起，我真是痛心
疾首，你这[愚蠢的说法]白白给 Epicurus 学派讥讽我们斯多葛学派
的机会；你又不是不知道他们有多喜欢嘲笑这些事情。

事实上，他们很容易就能做到这一点；Epicurus 为了玩笑神明本 40
身，把他们说成能透光透风，而且住在两个世界之间——就像是我们
两片圣林之间[1]——为了防止世界崩塌；他还认为，神明跟我们一样
也有四肢，但并没有任何用途。所以，这家伙是迂回地将神明否决
了，但毫不怀疑地径直将预言术否决了；然而斯多葛派却没有像他那
样理论自洽。他的神明跟他或者跟其他人都毫无关系，也就不可能为
人类传授预言术；然而你们的神明，在统治世界与关爱人类上一样不
缺，但还是不能传授预言术！

所以说，你为何要把自己困在这没法解释的诡辩陷阱之中？[你 41
们斯多葛派的人，]在很着急解释的时候，往往会这样下结论：'如果
神存在，那么预言术也存在；而神存在；故而预言术存在。'而更加
容易理解的其实是：'而预言术不存在；故而神也不存在。'你看，他
们就这样随口一说，造成了如果没有了预言术，神就不存在了。因为
很显然[就算]预言术被否决了，但还要保证诸神存在。

而且，内脏占卜被否决了，那全部脏卜术也就[要]被否决了。那征 18.42
兆与闪电就要步其后尘了。[据你所说，]闪电的预言能力来自长期观
测，而征兆则是大多采用推理与猜想解释。那么，在闪电中能观测到
的究竟是什么？Etruria 人把天空分成了十六份。这也很简单，就是我
们[平时]就有的四份，再同样重复一次即可[2]，这样他们就可以指称
闪电是来自哪一部分。首先，这[区域划分]有什么区别吗？其次，这
又能预兆什么呢？从最开始的惊愕，人类就对这闪电的电光雷闪而恐
惧无比，所以就相信这是凌驾万物的 Juppiter 造成的，这难道不显而
易见吗？于是我们[鸟卜师团]的日志中有这样的记录：'天父电闪雷

---

[1]指Capitolium两个山头之间的区域，按照李维I.8的说法，是Romulus为
了增加人口，收留逃犯的避难所。

[2]这里把天空（半球面）等分成四份以后，每一份都是一个球面直角三角
形，而不是规则的半球面，所以也不清楚再次细分是按照什么标准。

nefas.'

43   hoc fortasse rei publicae causa constitutum est; comitiorum enim non habendorum causas esse voluerunt. itaque comitiorum solum vitium est fulmen, quod idem omnibus rebus optimum auspicium habemus, si sinistrum fuit. sed de auspiciis alio loco, nunc de fulguribus.

19   quid igitur minus a physicis dici debet quam quicquam certi significari rebus incertis? non enim te puto esse eum, qui Iovi fulmen
44 fabricatos esse Cyclopas[1] in Aetna[2] putes; nam esset mirabile, quo modo id Iuppiter toties iaceret, cum unum haberet; nec vero fulminibus homines quid aut faciendum esset aut cavendum moneret. placet enim Stoicis eos anhelitus terrae, qui frigidi sint, cum fluere coeperint, ventos esse; cum autem se in nubem induerint eiusque tenuissimam quamque partem coeperint dividere atque disrumpere idque crebrius facere et vehementius, tum et fulgores et tonitrua existere; si autem nubium conflictu ardor expressus se emiserit, id esse fulmen. quod igitur vi naturae, nulla constantia, nullo rato tempore videmus effici, ex eo significationem rerum consequentium quaerimus? scilicet, si ista Iuppiter significaret, tam multa frustra fulmina
45 emitteret! quid enim proficit, cum in medium mare fulmen iecit? quid, cum in altissimos montis, quod plerumque fit? quid, cum in desertas solitudines? quid, cum in earum gentium oras, in quibus haec ne observantur quidem?

20   at 'inventum est caput in Tiberi[3].' quasi ego artem aliquam istorum esse negem! divinationem nego. caeli enim distributio, quam ante dixi, et certarum rerum notatio docet, unde fulmen venerit, quo concesserit; quid significet autem, nulla ratio docet. sed urges me meis versibus[4]:

> nam pater altitonans stellanti nixus Olympo
> ipse suos quondam tumulos ac templa petivit
> et Capitolinis iniecit sedibus ignis.

---

[1]Cyclops，神话中在西西里岛的Aetna火山熔炉里打造闪电的独眼巨人。
[2]Aetna火山，在西西里岛。
[3]参见卷一16节。
[4]参见卷一19节。

鸣时，不宜召开人民大会。'

或许这只是为了国家[政治需要]而设立的；他们只想要一些不开 43
会的借口¹。所以，闪电是开大会唯一的侵害因素；而同样地对[其
他]所有事情，我们最优先考虑鸟卜——如果结果相左²的话。但关于
鸟卜我们在另外地方再说，现在先说闪电。

对于自然学家而言，说某种确定之事是由不确定的征兆所提示 19
的，还有什么比这更差劲的？我也不觉得你是那种人，认为 Juppiter
的闪电是由 Aetna 的独眼巨人锻造的；这真是让人惊奇，Juppiter 他 44
只有一根闪电，却可以这么多次将其砸下；他也完全不会用闪电去警
告人类，什么该做什么不该做。斯多葛派是这么认为的，那些大地的
吐息，在冷的时候开始了流动，就成了风；而当它们将自己裹入云朵
里，开始分割分散到云朵每个极其细小的部分，又继而更加猛烈更加
频繁地运动，就形成了电闪雷鸣；而如果云朵互相碰撞，将挤压的热
量从自身释放出去，就是闪电³了。所以我们知道，这[闪电]是由于
自然之力，并不固定，也不在既定时间发生，那如何从中探寻后继事
件的征兆？毫无疑问，若 Juppiter 真的用这个方法下征兆，那他真是
浪费了好多闪电！比如当他往大海中央投掷闪电，有什么意义？还有 45
很常见的，向山顶最高处投闪电？还有，向沙漠荒野投闪电？还有，
向那些从来不去观测这些事的族裔，向他们的地界投闪电？

但[你说]，'就在 Tiberis 河里找到了那头'。正如我否定其他事 20
情上的技艺一样！我否定预言术。如我之前所说，这天空的分割和特
定区域的命名，能教导这闪电从何而来，又到哪去；却没有任何的理
论教导它征兆何事。然而[这战场上]你却用我的诗句来压制我：

> 奔雷的天父，从繁星的奥林匹斯，
> 给自己的庙宇，降下神雷，
> 将 Capitolium 的圣殿，用烈焰焚毁。

---

¹但，打雷时在广场开会真有概率会被雷劈的，所以只要发生一次就不会
再犯同样的错误了。

²即凶兆。

³这里的 fulmen 与前句的 fulgor 都译为闪电，区别是 fulmen 是砸到地上的，
而 fulgor 则是泛指，包括比如云层间的闪电。

tum statua Nattae, tum simulacra deorum Romulusque et Remus cum altrice belua vi fulminis icti conciderunt, deque his rebus haruspicum 46 extiterunt responsa verissima. mirabile autem illud, quod eo ipso tempore, quo fieret indicium coniurationis in senatu, signum Iovis biennio post, quam erat locatum, in Capitolio collocabatur.

'tu igitur animum induces' — sic enim mecum agebas — 'causam istam et contra facta tua et contra scripta defendere[1]?' frater es; eo vereor. verum quid tibi hic tandem nocet? resne, quae talis est, an ego, qui verum explicari volo? itaque nihil contra dico, a te rationem totius haruspicinae peto. sed te mirificam in latebram coniecisti; quod enim intellegeres fore ut premerere, cum ex te causas unius cuiusque divinationis exquirerem, multa verba fecisti te, cum res videres, rationem causamque non quaerere; quid fieret, non cur fieret, ad rem pertinere. quasi ego aut fieri concederem aut esset philosophi causam cur quidque fieret, non quaerere!

47 et eo quidem loco et *Prognostica*[2] nostra pronuntiabas et genera herbarum, scammoniam aristolochiamque radicem, quarum causam ignorares, vim et effectum videres.

21 dissimile totum; nam et prognosticorum causas persecuti sunt et Boëthus[3] Stoicus, qui est a te nominatus, et noster etiam Posidonius, et, si causae non reperiantur istarum rerum, res tamen ipsae observari animadvertique possunt. Nattae vero statua aut aera legum de caelo tacta quid habent observatum ac vetustum? 'Pinarii[4] Nattae nobiles; a nobilitate igitur periculum.' hoc tam callide Iuppiter cogitavit! 'Romulus lactens fulmine ictus; urbi igitur periculum ostenditur, ei quam ille condidit.' quam scite per notas nos certiores facit Iuppiter! 'at eodem tempore signum Iovis collocabatur, quo coniuratio indicabatur.' et tu scilicet mavis numine deorum id factum quam casu arbitrari, et redemptor, qui columnam illam de Cotta et de Torquato[5] conduxerat faciendam, non inertia aut inopia tardior fuit, sed a deis immortalibus ad istam horam reservatus est!

---

[1] causam defendere应该是法律上的术语，为某一案件辩护。
[2] 参见卷一13节。
[3] 参见卷一13节。
[4] 这是一个非常古老的祭司家族，参见李维I.7.12。
[5] 参见卷一19节。

然后是 Natta 之像，然后是诸神的神像，以及 Romulus 与 Remus 连同哺乳的母狼一起，被闪电之力击倒在地，而脏卜师们关于这些事情的答复都切真切实。这事真是令人惊奇，就在那个时间点，就是阴谋[1]的证据被揭露给元老院的时候，也正是两年前就签好承包合同的 Juppiter 神像在 Capitolium 上落成之时。 46

'那你如何调整心态，'——你这样调侃我——'要为[你的]观点辩护，对抗你自己的事迹，对抗你自己的作品？'你是我弟弟，因此我也尊重你。但是什么把你害了？是这事实如此的事件，或者是想要呈现真相的我？那么我不说任何反驳你的话了，但我要你给出这整个脏卜术的理论逻辑。但是你把自己放在了一个神奇的躲藏之处；因为你确实知道，你要被我打压得厉害——当我向你追问每一种预言术的原因时，你却在长篇大论，说你看到了这些事情，却不去探究理由与因果；还说何事发生，而非为何发生，才是有意义的。就像是假装我真的会承认这些事件发生过，或是，对哲学家来说，会不去追寻事件为何发生的原因！

而在那段里，你又引用了我翻译的[Aratus 的]《预象》，还有草药[的种类]，药旋花以及马兜铃[2]的根，你不知道这些东西的原因，但知道它们的药力与功效。 47

这完全不能类比；比如关于天气征兆的原因，你之前点名提到的，就有斯多葛派的 Boëthus，还有我们熟知的 Posidonius 也都探讨过；而且就算没有找到这些事情的原因，那事情本身也是能够被记录被观测到的。但说起 Natta 之像与铜法表[3]被天雷击中，这哪里有什么长期的观测呢？'但 Natta 一家是高贵的 Pinarius 氏族；危险也就来自贵族。' Juppiter 可真是费尽了心机！'那哺乳的 Romulus 被闪电击中；所以就昭示了他所建立的罗马城的危机。' Juppiter 也真是挖空心思，动用征兆让我们更加确定！'就在 Juppiter 神像落成的同时，那阴谋被揭露。'确实，你更倾向于相信这事是由神明的意志而非随机因素，而且那 Cotta 与 Torquatus 雇佣建神像的承包商，应该也没有偷懒或是缺少材料而延误了工期，但的确是因不朽的神明预定了那个时间点！ 21

---

[1]即喀特林阴谋。
[2]参见卷一16节。
[3]应该指十二铜法表，参见李维III.57。

48   non equidem plane despero ista esse vera, sed nescio et discere a
te volo. nam cum mihi quaedam casu viderentur sic evenire, ut praedicta essent a divinantibus, dixisti multa de casu; ut 'Venerium[1] iaci
posse casu quattuor talis iactis, sed quadringentis centum Venerios
non posse casu consistere.' primum nescio cur non possint, sed non
pugno; abundas enim similibus. habes et respersionem pigmento-
rum et rostrum suis et alia permulta. item Carneadem fingere dicis
de capite Panisci; quasi non potuerit id evenire casu et non in omni
marmore necesse sit inesse vel Praxitelia[2] capita! illa enim ipsa ef-
ficiuntur detractione, necque quicquam illuc affertur a Praxitele; sed
cum multa sunt detracta et ad lineamenta oris perventum est, tum
intellegas illud quod iam expolitum sit intus fuisse.

49   potest igitur tale aliquid etiam sua sponte in lapicidinis Chiorum[3]
extitisse. sed sit hoc fictum. quid? in nubibus numquam animad-
vertisti leonis formam aut hippocentauri[4] potest igitur, quod modo
negabas, veritatem casus imitari.

22   sed quoniam de extis et de fulgoribus satis est disputatum, ostenta
restant, ut tota haruspicina sit pertractata. mulae partus prolatus
est a te. res mirabilis, propterea quia non saepe fit; sed si fieri non
potuisset, facta non esset. atque hoc contra omnia ostenta valeat
numquam, quod fieri non potuerit, esse factum; sin potuerit non esse
mirandum. causarum enim ignoratio in re nova mirationem facit;
eadem ignoratio si in rebus usitatis est, non miramur. nam qui mulam
peperisse miratur, is, quo modo equa pariat, aut omnino quae natura
partum animantis faciat, ignorat. sed quod crebro videt, non miratur,
etiamsi cur fiat nescit; quod ante non vidit, id si evenit, ostentum esse
censet. utrum igitur, cum concepit mula, an cum peperit, ostentum
50   est? conceptio contra naturam fortasse, sed partus prope necessarius.

---

[1] 参见卷一23节注。
[2] Praxiteles也是一位希腊的雕刻家。
[3] 参见卷一23节。
[4] hippocentaurus就是centaurus，一种神话中的半人半马的生物，一般译为半人马。星图中的半人马座与射手座都是半人马。

　　我并非对于此事为真[1]感到完全绝望，但我不知道，而且想从你 48
那里学到[这事的理由]。因为对我而言，某些事情看起来就是随机发
生了，如同预言师所预言的那样，而对此你也已经讲了很多关于随机
的故事；比如'扔四个骰子可以靠随机出 Venus，但扔四百个骰子，
就不可能靠随机保持出一百个 Venus。'首先，我不知道为什么不可
能，但我就不跟你争辩了[2]；而且你还举了很多类似的例子；比如泼
洒颜料，猪的鼻子拱字，还有其他种种。同样地，你说 Carneades 编
造了关于 Paniscus 头像的例子；就好像这事永远不可能随机发生一
样，或是在所有大理石里都必然不可能有 Praxiteles 雕的头像一样！
Praxiteles 完成那头像是用'消除'，就是他没有往那里添加任何的东
西；但消除掉很多之后，人脸的轮廓就显现出来了，那时候你就会觉
得，再打磨一下，那头像就在这里面了。

　　　所以说，在 Chios 岛的石码头，的确有可能有某块石头自发形 49
成[那个样子]。但就把这当作虚构的吧。还有这事呢？你难道从来没
有发觉，某些云看起来像狮子的形状，或者像半人马？所以偶然能够
复现真实，而这就是你之前否决的[3]。

　　　而因为关于内脏和闪电，已经讨论得足够多了，就剩下征兆，这 22
样就把整个脏卜术都研究过了。你说过母骡子下崽[4]。这的确是令人
惊奇之事，因为不是那么常见；但如果它不可能发生，那这事就不是
真的。这就是能反驳所有征兆的[论断]：如果某事不能发生，那么就
从不会发生；但如果它可能发生，那就没有必要一惊一乍。在新鲜事
物上对原因的忽视导致了惊奇；而在普通事情上如果有同样的忽视，
我们却不会惊奇。那惊讶于母骡产崽的人，肯定是忽视了母马是如何
下崽的，或者说忽视了总体上动物都会下崽的本性。然而，他经常见
到的，就不会惊讶，即使他不知道为什么；而他之前没有见到过的，
如果发生了，他就会当作征兆。所以说这两者——母骡怀孕，或者是
生崽——哪一个算是征兆？那怀孕也许与自然相悖，但产崽应该说是 50
接近于必然。

---

[1]即神明参与征兆。
[2]如果概率小到一定程度，比如这里的应该小于$1/10^{100}$，在现实中需要超
过宇宙年龄级别的时间进行复现（使得概率有意义），就可以被认为是不可
能。
[3]参见卷一23节结尾。
[4]参见卷一36节。

23   sed quid plura? ortum videamus haruspicinae; sic facillime quid
habeat auctoritatis iudicabimus. Tages[1] quidam dicitur in agro Tar-
quiniensi[2], cum terra araretur et sulcus altius esset impressus, extitisse repente et eum affatus esse, qui arabat. is autem Tages, ut
in libris est Etruscorum, puerili specie dicitur visus, sed senili fuisse
prudentia. eius aspectu cum obstupuisset bubulcus clamoremque
maiorem cum admiratione edidisset, concursum esse factum, totam-
que brevi tempore in eum locum Etruriam convenisse; tum illum
plura locutum multis audientibus, qui omnia verba eius exceperint lit-
terisque mandarint; omnem autem orationem fuisse eam, qua haruspicinae disciplina contineretur; eam postea crevisse rebus novis cogno-
scendis et ad eadem illa principia referendis.

  haec accepimus ab ipsis, haec scripta conservant, hunc fontem habe-
51 nt disciplinae. num ergo opus est ad haec refellenda Carneade? num
Epicuro? estne quisquam ita desipiens, qui credat exaratum esse,
deum dicam an hominem? si deus, cur se contra naturam in terram abdiderat, ut patefactus aratro lucem aspiceret? quid? idem
nonne poterat deus hominibus disciplinam superiore e loco tradere?
si autem homo ille Tages fuit, quonam modo potuit terra oppressus
vivere? unde porro illa potuit, quae docebat alios, ipse didicisse? sed
ego insipientior quam illi ipsi, qui ista credunt, qui quidem contra eos
tam diu disputem.

24   vetus autem illud Catonis admodum scitum est, qui mirari se aiebat
quod non rideret haruspex haruspicem cum vidisset.

52   quota enim quaque res evenit praedicta ab istis? aut, si evenit
quippiam, quid afferri potest, cur non casu id evenerit? rex Prusias,
cum Hannibali apud eum exsulanti depugnari placeret, negabat se
audere, quod exta prohiberent. 'ain tu,' inquit, 'carunculae vitulinae
mavis quam imperatori veteri credere?' quid? ipse Caesar cum a
summo haruspice moneretur, ne in Africam ante brumam transmit-
teret, nonne transmisit? quod ni fecisset, uno in loco omnes adversa-

---

[1]Tages是Etruria人崇拜的小神，相传是Juppiter的孙子。参见奥维德《变形记》XV.558-559。

[2]Tarquinii是一座重要的Etruria城市，相传罗马王Tarquinius Priscus的母系就是来自于此，参见李维I.34-35。

　　但为什么还有多废话？还是让我们看下这脏卜术的起源吧；这 **23**
样我们就能很简单地判断它所拥有的权威性。相传，在 Tarquinii 的
田里，一次某人在耕地的时候，犁沟挖得深了一些，Tages 就突然
出现，而且跟犁地的人说话。相传，按照 Etruria 的书中所记，这位
Tages 看起来是个男孩的样子，但却有老人般的远见。被这景象所震
惊，那位耕夫惊讶地大声呼喊，人们聚集而来，很短时间内就让整个
Etruria 地区的人都来到他这里；接着他在很多人围观下说了很多话，
他们仔细记下所有的话语，并记录成文字；而脏卜术的学问就包含在
他全部的讲话内容里；而之后，随着新认识的事物[加入]以及参考同
样的那些基本原理[所得]，这[脏卜术的技艺]也就日渐丰富。

　　这就是我们所知他们[脏卜师]自己所保存的记录，他们以此为
学问的源头。我还需要找 Carneades 来反驳这些？还是说需要找 51
Epicurus？哪里有这么傻的家伙，会相信这地里挖出来一位神，或者
我说，一个人？如果是一位神，那他为什么要违背自然地把自己藏到
地里，为了被犁挖开的时候可以看到光亮？什么？那同一个神难道不
能从一个更高点的地方传授人类知识吗？若那 Tages 是一个人，他又
是怎么被压在地下却活下来的？另外，他自己又是从哪里学到了那些
教授给他人的知识？但我居然花了这么长时间来反驳他们，真是比相
信这事的那些人还要蠢！

　　而 Cato[1] 所说的那句老话真是精辟：他说自己很疑惑，为什么一 **24**
个脏卜师见到另一个脏卜师的时候不会笑出声来。

　　这些家伙预言的事情里，有几件是实现的？或者说，如果有某个 52
事情实现了的话，又能说出有什么原因，导致它为什么不能因偶然而
实现？那位 Prusias[2] 王，在流亡到他那里的 Hannibal 认为可以决战的
时候，却说自己不敢这么做，因为脏卜结果说不宜[交战]。'你难道
是说，'Hannibal 这样回复，'你更愿意相信小牛的肉丁，而不是老练
的将领？'那这事呢？Caesar 他自己不是被最有名望的脏卜师警告说，
不能在冬至之前远渡非洲，他难道没去[3]？如果他不这样做的话，所

---

[1]这里很可能指的是老加图，但没有找到对应出处。

[2]Prusias一世，黑海南岸小亚细亚北部的古国Bithynia的国王。他为汉尼
拔提供庇护，但后来又把他出卖给了罗马。

[3]指前47年冬天恺撒渡海，次年4月在北非与旧贵族军交战。

riorum copiae convenissent. quid ego haruspicum responsa commemorem (possum equidem innumerabilia) quae aut nullos habuerint exitus aut contrarios?

53   hoc civili bello, di immortales! quam multa luserunt! quae nobis in Graeciam Roma responsa haruspicum missa sunt! quae dicta Pompeio! etenim ille admodum extis et ostentis movebatur. non lubet commemorare, nec vero necesse est, tibi praesertim qui interfuisti; vides tamen omnia fere contra ac dicta sint evenisse. sed haec hactenus; nunc ad ostenta veniamus.

25,54   multa me consule a me ipso scripta recitasti, multa ante Marsicum bellum a Sisenna[1] collecta attulisti, multa ante Lacedaemoniorum malam pugnam in Leuctris a Callisthene[2] commemorata dixisti; de quibus dicam equidem singulis, quoad videbitur, sed dicendum etiam est de universis. quae est enim ista a deis profecta significatio et quasi denuntiatio calamitatum? quid autem volunt di immortales primum ea significantes, quae sine interpretibus non possimus intellegere, deinde ea, quae cavere nequeamus? at hoc ne homines quidem probi faciunt, ut amicis impendentis calamitates praedicant quas illi effugere nullo modo possint; ut medici, quamquam intellegunt saepe, tamen numquam aegris dicunt illo morbo eos esse morituros; omnis enim praedictio mali tum probatur, cum ad praedictionem cautio adiungitur.

55   quid igitur aut ostenta aut eorum interpretes vel Lacedaemonios olim vel nuper nostros adiuverunt? quae si signa deorum putanda sunt, cur tam obscura fuerunt? si enim, ut intellegeremus quid esset eventurum, aperte declarari oportebat, aut ne occulte quidem, si ea sciri nolebant.

26   iam vero coniectura omnis, in qua nititur divinatio, ingeniis hominum in multas aut diversas aut etiam contrarias partis saepe deducitur. ut enim in causis iudicialibus alia coniectura est accusatoris, alia defensoris et tamen utriusque credibilis, sic in omnibus eis rebus, quae coniectura investigari videntur, anceps reperitur oratio. quas

---

[1] 参见卷一99节。
[2] 参见卷一74节。

有反对他的力量就将合兵一处。我为什么还要提起那些脏卜师的答复
——我可以找无数的例子——要么是毫无应验，要么是恰得其反？

还有最近的内战，不朽的诸神啊，他们犯了这么多的错误！从罗 53
马给我们在希腊的军队[1]发了多少脏卜师的答复！对 Pompeius 又说
了些什么！因为他非常受内脏[占卜]与征兆的影响。我都不想回忆这
些事情，而且也真的没有必要，特别是你都是参与其中[2]；而你也看
到，几乎所有的事情，结果都与预言的相反。这事就说到这里吧，让
我们回到征兆上。

你背诵了很多我自己写的关于我执政时的事例，你提出了很多 25.54
Sisenna 收集的 Marsi 战争前夕的事情，你还说了很多 Callisthenes
所记载，斯巴达人在 Leuctra 战事失利的事情；关于这些事情我们会
尽可能一一说到；但现在先统一起来讨论。那这些神明发送的信号，
或者说像是灾难的预警，究竟是什么？不朽的神明，首先给了我们
这些没有解释者就无法理解的信号，紧接着则是我们无法避免的灾
难，他们究竟想干什么？然而有品德的人都不会这么做——像给朋友
预言即将到来的灾难，而他们却没有任何办法避免；或像是医生，尽
管他们经常[心里]很清楚，那病情会要了病人的命，但从来不会对他
们说；所有关于坏事的预言，只有当把预防措施加到预言里，才算有
用。

那所以，对于之前的斯巴达人，或是对于最近的我们罗马，那些 55
征兆以及它们的解释者有什么用？如果这些事情应该被认为是神明
的信号，为什么又这么隐晦？因为，如果我们需要知道将来发生的事
情，那么[这些征兆]就应该清楚地昭示；或者如果神明不希望我们知
道这些事情，那就压根不该给什么隐晦的信号。

事实上，对于所有的猜想解释——预言术都是基于这些解释—— 26
人类的各种头脑总是五花八门，或者分道扬镳，或者甚至背道而驰。
就像是在法庭案件上，公诉人在说一套解释，辩护人也在说另一套解
释，而两者都可信；同样如此，在所有这些用解释追踪的事情上，这
言辞总是模棱两可的。而对于那些时而因自然，时而因偶然而发生的

---

[1]指庞培指挥的旧共和派军队。
[2]Quintus在高卢战争期间在恺撒手下任职，但内战时选择站在庞培一方。

autem res tum natura, tum casus affert (non numquam etiam errorem creat similitudo), magna stultitia est earum rerum deos facere
effectores, causas rerum non quaerere.

56   tu vates Boeotios credis Lebadiae vidisse ex gallorum gallinaceo-
rum cantu victoriam esse Thebanorum[1], quia galli victi silere sol-
erent, canere victores. hoc igitur per gallinas Iuppiter tantae civitati
signum dabat? an illae aves, nisi cum vicerunt, canere non solent?
at tum canebant nec vicerant. id enim est, inquies, ostentum. magnum vero! quasi pisces, non galli cecinerint! quod autem est tempus,
quo illi non cantent, vel nocturnum vel diurnum? quodsi victores
alacritate et quasi laetitia ad canendum excitantur, potuit accidisse
alia quoque laetitia, qua ad cantum moverentur.

57   Democritus quidem optimis verbis causam explicat cur ante lucem
galli canant; depulso enim de pectore et in omne corpus diviso et mi-
tificato cibo cantus edere quiete satiatos; qui quidem 'silentio noctis,'
ut ait Ennius,

> ... favent faucibus russis
> cantu plausuque premunt alas.

cum igitur hoc animal tam sit canorum sua sponte, quid in mentem
venit Callistheni dicere deos gallis signum dedisse cantandi, cum id
vel natura vel casus efficere potuisset?

27,58   'sanguinem pluisse senatui nuntiatum est, Atratum[2] etiam fluvium
fluxisse sanguine, deorum sudasse simulacra.' num censes his nuntiis
Thalen aut Anaxagoran aut quemquam physicum crediturum fuisse?
nec enim sanguis nec sudor nisi e corpore. sed et decoloratio quaedam
ex aliqua contagione terrena maxime potest sanguini similis esse, et
umor adlapsus extrinsecus, ut in tectoriis[3] videmus austro, sudorem
videtur imitari. atque haec in bello plura et maiora videntur timen-
tibus, eadem non tam animadvertuntur in pace; accedit illud etiam,
quod in metu et periculo cum creduntur facilius, tum finguntur im-
punius.

---

[1]参见卷一74节。
[2]参见卷一98节。
[3]这里的tectorium是指墙壁上的涂料，比如石膏、壁画等。由于比较光滑，容易结露。作为形容词tectoria也用于形容说话顺滑，阿谀奉承。

事件——甚至有时还会出现看似真实的谬误——如果认为就是神明导致了这些事情，而不去追问事情[背后]的原因，那真是愚不可及！

你相信 Boeotia 的预言家在 Lebadia 从高歌的公鸡那里见到了胜 56 利属于 Thebes，因为公鸡 '被打败时，便会沉默，若是胜利，则是欢歌'。所以这里，Juppiter 给如此的城邦[这么重要的]信号，用的是鸡？或者说，那些鸟儿，如果没有了胜利，就不会鸣叫了？就在那时候，它们没有胜利也在高歌呢！你说它真的是个征兆。真是好大的征兆！你说得好像是鱼，而不是鸡在歌唱！在哪个时间，无论是夜里还是白天，是它们不叫唤的？但如果胜利的喜悦或者说类似的欢乐能激发它们唱歌，那其他的欢乐也可以导致它们歌唱。

事实上，Democritus 已经给出为什么公鸡在天亮前打鸣的最好 57 解释；它们的食物消化完毕，从肚子里出来，分流到全身各处，便在休息的时候满意地发出鸣叫声；而 Ennius 也说，

> 在寂静的黑夜，抖动翅膀，
> 用鲜红的肉垂，一展歌喉。

所以说这种动物就是会自发打鸣，既可能是自然发生也可能是偶然发生，那是什么钻进了 Callisthenes 的脑袋里，让他说是神明指使公鸡打鸣来给出征兆？

'元老院收到报告说下了鲜血的雨，还有 Atratus 河里流淌着鲜 27.58 血，诸神的神像在冒汗。' 你觉得像 Thales 或是 Anaxagoras[1] 或是其他任何自然学家会相信这些报告吗？无论是鲜血还是汗水，都只能从[动物]身体里出来。但是某种土壤的污染可以造成特定的颜色改变，就可能特别像是鲜血；而湿气从外向内汇集，就像我们所见南风天的墙壁涂层上，看起来像是流汗了一样。而且这些事情在战争期间因为恐惧而被更强烈更广泛地察觉到，而在和平时期同样的情况就不会被注意；这里还要加上，因为恐惧与危机，它们不仅是更加容易被相信，编造起来也更加不会被追究。

---

[1]Anaxagoras是古希腊哲学家，提出了很多关于天文现象与自然现象的科学解释，比如他认为太阳是比伯罗奔尼撒还要大的大火球，还给出了日月食正确的解释。相传他还在狱中研究化圆为方的问题。

59   nos autem ita leves atque inconsiderati sumus, ut, si mures corroserint aliquid, quorum est opus hoc unum, monstrum putemus?
'ante vero Marsicum bellum quod clipeos Lanuvi[1],' ut a te dictum est,
'mures rosissent, maximum id portentum haruspices esse dixerunt.'
quasi vero quicquam intersit, mures diem noctem aliquid rodentes
scuta[2] an cribra corroserint! nam si ista sequimur, quod Platonis *Poli-
tian* nuper apud me mures corroserunt de re publica debui pertimescere, aut, si Epicuri *de Voluptate* liber rosus esset, putarem annonam
in macello cariorem fore!

28,60   an vero illa nos terrent, si quando aliqua portentosa aut ex pecude
aut ex homine nata dicuntur? quorum omnium, ne sim longior, una
ratio est.   quicquid enim oritur, qualecumque est, causam habeat
a natura necesse est, ut, etiamsi praeter consuetudinem extiterit,
praeter naturam tamen non possit existere.   causam igitur investi-
gato in re nova atque admirabili, si poteris; si nullam reperies, illud
tamen exploratum habeto, nihil fieri potuisse sine causa, eumque ter-
rorem, quem tibi rei novitas attulerit, naturae ratione depellito. ita te
nec terrae fremitus, nec caeli discessus, nec lapideus aut sanguineus
imber, nec traiectio stellae, nec faces visae terrebunt.

61   quorum omnium causas si a Chrysippo quaeram, ipse ille divinationis auctor numquam illa dicet facta fortuito naturalemque rationem
omnium reddet: 'nihil enim fieri sine causa potest; nec quicquam fit,
quod fieri non potest; nec, si id factum est, quod potuit fieri, portentum debet videri; nulla igitur portenta sunt.' nam si, quod raro fit,
id portentum putandum est, sapientem esse portentum est; saepius
enim mulam peperisse arbitror quam sapientem fuisse. illa igitur ratio concluditur: 'nec id, quod non potuerit fieri, factum umquam esse,
nec, quod potuerit, id portentum esse; ita omnino nullum esse portentum.'

62   quod etiam coniector quidam et interpres portentorum non inscite
respondisse dicitur ei, qui quondam ad eum retulisset quasi ostentum,
quod anguis domi vectem circumiectus fuisset: 'tum esset,' inquit,

---

[1] 参见卷一99节。
[2] scutum是一种长条状的木制盾牌，是士兵最常用的盾，而clipeus则是黄
铜制成的圆盾。

如果老鼠啃食了什么东西，这不过是它们的一种机能，我们却 59
当成征兆，(我们)这样是不是粗心大意，太过草率了？'在最近 Marsi
战争前夕，Lanuvium 的圆盾，'正如你所说，'被老鼠啃食，脏卜师
宣称这是最不吉利的征兆。'就好像这日夜不停啃食的老鼠，啃食了
长盾或者筛子[1]会有什么区别一样！如果我们顺着这个思路，最近老
鼠在我家里啃了 Plato 的《理想国》，就会让我担心国家的命运；或
者如果是 Epicurus 的《论愉悦[2]》被啃了，那我觉得市场上粮食的价
格就要涨了！

或者，那些牲畜或者人类生下怪胎的传说，真的能让我们恐惧 28,60
吗？所有的这些，长话短说的话，就只用一个理由。无论何物降生，
无论它是什么种类，都必然是有自然的因素，于是，它的存在可能是
违背常理，但不可能违背自然。所以对于新奇的事物，如果你可以的
话，就去探究其原因；如果你找不到任何原因，无论如何就坚持确定
一点，没有什么事情可以毫无原因地发生，而对于那新鲜事物给你带
来的恐惧，就用自然的理性去驱散它。于是，无论是大地轰鸣，天空
开裂，下起石头或是鲜血，还是看到火流星和彗星，都不会让你恐惧
了。

我们如果去问 Chrysippus [上述]所有这些征兆的原因——他自己 61
也是预言术的支持者——他会说没有什么事情是偶然发生的，他还会
给出每一件事情自然的理由：'没有什么事情是毫无原因发生的；如
果什么事情是不可能发生的，那它就不会发生；而那可能发生的事情
就算发生了，也不该被视为征兆；所以就不存在任何[所谓的]征兆。'
可是，如果很稀少的东西应该被当作是征兆的话，那智者就是征兆；
我认为，比起智者的出现，那母骡下崽可是常见得多。所以，那推理
总结起来就是：'那不可能发生之事，就从来没有发生过；而那可能
发生之事，就算不上征兆；总之，不存在任何征兆。'

关于此事，有一位预言师，也会解释征兆，相传有人找他询问类 62
似征兆一事，说是家中有蛇绕着门闩[3]，他很机智地回答说：'如果是

---

[1]筛子是谷仓里几乎必备的工具。

[2]已失传。单从名字上看跟粮食应该没什么关系，所以更可能是在调侃说
如果连老鼠本该不屑一顾的书都被啃了，说明缺粮了。也可能指人们会去多
买食物多享受，从而推动价格上涨。

[3]vectis这个词可以指任何类似形状的棍状物体。

'ostentum, si anguem vectis circumplicavisset.' hoc ille responso satis aperte declaravit nihil habendum esse portentum quod fieri posset.

29   'C. Gracchus[1] ad M. Pomponium[2] scripsit duobus anguibus domi comprehensis haruspices a patre convocatos.' qui magis anguibus quam lacertis, quam muribus? 'quia sunt haec cotidiana, angues non item.' quasi vero referat, quod fieri potest, quam id saepe fiat. ego tamen miror, si emissio feminae anguis mortem afferebat Ti. Graccho, emissio autem maris anguis erat mortifera Corneliae[3], cur alteram utram emiserit; nihil enim scribit respondisse haruspices, si neuter anguis emissus esset, quid esset futurum. 'at mors insecuta Gracchum est.' causa quidem, credo, aliqua morbi gravioris, non emissione serpentis; neque enim tanta est infelicitas haruspicum, ut ne casu quidem umquam fiat, quod futurum illi esse dixerint!

30,63   nam illud mirarer — si crederem — quod apud Homerum Calchantem[4] dixisti ex passerum numero belli Troiani annos auguratum; de cuius coniectura sic apud Homerum, ut nos otiosi convertimus, loquitur Agamemnon:

> ferte, viri, et duros animo tolerate labores,
> auguris ut nostri Calchantis fata queamus
> scire ratosne habeant an vanos pectoris orsus.
> namque omnes memori portentum mente retentant,
> qui non funestis liquerunt lumina fatis.
> Argolicis[5] primum ut vestita est classibus Aulis[6],
> quae Priamo cladem et Troiae pestemque ferebant,
> nos circum latices gelidos fumantibus aris,
> aurigeris divom placantes numina tauris,
> sub platano[7] umbrifera, fons unde emanat aquai,

---

[1]参见卷一36节。

[2]这位M. Pomponius是C. Gracchus的密友，在C. Gracchus被害的当天也因为保护他而被杀。

[3]Gracchus兄弟的母亲，参见卷一36节注。

[4]希腊方的预言家，参见卷一72节。

[5]Argos是伯罗奔尼撒半岛上的一座城市，诗歌中通常指代希腊。

[6]Aulis是Boeotia的一座港口城市，是希腊军的出发地。

[7]platanus指悬铃木，也称为法桐。

蛇被门闩缠绕了，那才是征兆。'他这个答复就相当于很公开地承认，那些可以发生的事情就算不上征兆。

'C. Gracchus 曾写信给 M. Pomponius 说家中抓住了两条蛇，而 **29** 其父则召来了脏卜师[询问]。'那比起蜥蜴和老鼠，为什么蛇更加被注意？'因为那些都很稀松平常，而蛇不一样。'你这说得好像那些可以发生的事情会多频繁发生有什么关系一样！而且我还很惊讶，既然如果放了母蛇，[老] Ti. Gracchus 就会死，而放了公蛇，Cornelia 就会死，那为什么要放这条或者那条！而且他也没有说脏卜师有没有回复说，如果都不放生，那结果将会怎样。'但是 Gracchus 接下来的确死了。'我相信，总是因为某种严重的疾病，而不是因为放生了蛇；而且脏卜师的运气也没有差到，连他们说将要发生的事情单靠偶然都没法发生！

如果我相信的话，那我真是非常惊叹于那件事情——就是你说起 **30,63** Homerus 笔下的 Calchas 通过麻雀的数量，鸟卜预言了特洛伊战事的年数；关于他的猜想解释，正好我在闲暇时翻译过，按照 Homerus 所述，Agamemnon[1] 王如是说：

> 勇士们，坚持住[2]！忘掉痛苦，坚定信念！
> 马上就能知道，这 Calchas 的预言，
> 是切真的事实，还是空洞的欺骗。
> 临近死神的命运，尚未远离生命的光芒，
> 所有人都用心记着，那征兆的模样。
> 仿佛昨天[3]，Aulis 的港湾，布满希腊的战舰，
> 誓要造就，Priamus 的毁灭，特洛伊的灾变！
> 我们在悬铃木的阴影，冰冷的泉水旁边，
> 围绕烟气缭绕的祭坛，金角的公牛奉献，

---

[1]下面这段长引文对应于《伊利亚特》II.299-330，有少许改动；但文中是奥德修斯（Odysseus），而非阿伽门农所说。也有可能是他看到的文本跟今本有微妙的差别，存疑。

[2]这里说话的时候，战争已经打了九年，希腊军人心浮动，想撤退回家，雅典娜（Athena）在赫拉（Hera）的蛊惑下，亲自来让奥德修斯鼓励士兵坚持下去。而雅典娜就伪装成士兵站在奥德修斯身边。

[3]这句是按原文补入。

vidimus immani specie tortuque draconem
terribilem, Iovis ut pulsu penetrabat ab ara;
qui platani in ramo foliorum tegmine saeptos
corripuit pullos; quos cum consumeret octo,
nona super tremulo genetrix clangore volabat;
cui ferus immani laniavit viscera morsu.

64   hunc, ubi tam teneros volucris matremque peremit,
qui luci ediderat, genitor Saturnius idem
abdidit et duro formavit tegmina saxo.
nos autem timidi stantes mirabile monstrum
vidimus in mediis divom versarier aris.
tum Calchas haec est fidenti voce locutus:
'quidnam torpentes subito obstipuistis, Achivi?
nobis haec portenta deum dedit ipse creator
tarda et sera nimis, sed fama ac laude perenni.
nam quot avis taetro mactatas dente videtis,
tot nos ad Troiam belli exanclabimus annos;
quae decimo cadet et poena satiabit Achivos.'
edidit haec Calchas; quae iam matura videtis.

65   quae tandem vista auguratio est ex passeribus annorum potius quam aut mensuum aut dierum? cur autem de passerculis coniecturam facit, in quibus nullum erat monstrum, de dracone silet, qui, id quod fieri non potuit, lapideus dicitur factus? postremo quid simile habet passer annis? nam de angue illo qui Sullae[1] apparuit immolanti, utrumque memini et Sullam, cum in expeditionem educturus esset, immolavisse, et anguem ab ara extitisse, eoque die rem praeclare esse gestam non haruspicis consilio, sed imperatoris.

31,66   atque haec ostentorum genera mirabile nihil habent; quae cum facta sunt, tum ad coniecturam aliqua interpretatione revocantur, ut illa tritici grana in os pueri Midae[2] congesta, aut apes quas dixisti in labris Platonis consedisse pueri — non tam mirabilia sint quam coniecta belle; quae tamen vel ipsa falsa esse, vel ea quae praedicta

---

[1] 参见卷一72节。
[2] 参见卷一78节。

恐怖的大蛇，那巨大的蜿蜒，
由天父指派，从祭坛下出现；
悬铃木的华盖，茂密的树叶间，
它吞下一窝鸟，一共八只清点，
第九只是母鸟，盘旋带着鸣咽；
却也被这巨蛇，一口撕成碎片！
它吃下这母鸟与稚嫩的牺赏，　　　　　　　　　64
同样 Saturnus[1] 之子，乍现天光，
赋予它坚硬的石壳，将其隐藏。
我们无法动弹，惊惧非常，
见这异常征兆，在诸神的祭坛上游荡。
那时，Calchas 用坚定的声音，如此说道：
'希腊勇士，为何突然动弹不得、失神懊恼？
造物之神，亲自给我们赐下飞鸟[2]，
此战拖延许久，却是永恒的名声与荣耀！
你们所见，有几只飞鸟，献祭给凶牙的天灾，
就是我们，身陷特洛伊，有几年要漂泊海外——
而第十年它将陷落，成为希腊人满意的制裁！'
当时，Calchas 发了这些表态；
如今，成熟的时机已经到来！

这是怎样的鸟卜，从麻雀看出年数，而不是月数或是天数？他为 65
什么从那毫无征兆的麻雀获得解释，而对那巨蛇变成了石头，这种不
可能之事却闭口不提？最后，那麻雀跟年份又有什么相似之处？而关
联你说的，Sulla 在献祭时出现的蛇，我记得，其一，他是在准备带
军出战时进行的牺牲，蛇也是从祭坛里出现；其二，那天战事的辉煌
胜利，不是靠脏卜师的指手画脚，而是靠将领的运筹帷幄。

这些类型的征兆没有任何可以惊奇之处；当它们发生的时候，却 **31.**66
总会激起某些解释性的预言；比如 Midas 还是小孩时嘴里堆满了麦
粒，或者你说的在 Plato 还是小孩时嘴唇上停满了蜜蜂——它们只是
惊奇之事，而非精密的预言；而这些事情本身要么是虚构的，要么其

---

[1] 即 Jupiter 之父，农神 Saturnus。被等同于希腊神话中的 Cronus。
[2] 原文是"征兆"。

sunt, fortuito cecidisse potuerunt. de ipso Roscio[1] potest illud quidem esse falsum, ut circumligatus fuerit angui, sed ut in cunis fuerit anguis, non tam est mirum, in Solonio praesertim, ubi ad focum angues nundinari[2] solent. nam quod haruspices responderint nihil illo clarius, nihil nobilius fore, miror deos immortales histrioni futuro claritatem ostendisse, nullam ostendisse Africano!

67 atque etiam a te Flaminiana[3] ostenta collecta sunt: quod ipse et equus eius repente conciderit; non sane mirabile hoc quidem! quod evelli primi hastati signum non potuerit; timide fortasse signifer evellebat, quod fidenter infixerat. nam Dionysi[4] equus quid attulit admirationis, quod emersit e flumine quodque habuit apes in iuba? sed quia brevi tempore regnare coepit, quod acciderat casu, vim habuit ostenti! 'at Lacedaemoniis in Herculis fano arma sonuerunt, eiusdemque dei Thebis valvae clausae subito se aperuerunt, eaque scuta, quae fuerant sublime fixa, sunt humi inventa.' horum cum fieri nihil potuerit sine aliquo motu, quid est, cur divinitus ea potius quam casu facta esse dicamus?

32,68 at in Lysandri[5] statuae capite Delphis extitit corona ex asperis herbis, et quidem subita. itane? censes ante coronam herbae extitisse quam conceptum esse semen? herbam autem asperam credo avium congestu, non humano satu; iam, quicquid in capite est, id coronae simile videri potest. nam quod eodem tempore stellas aureas Castoris et Pollucis Delphis positas decidisse, neque eas usquam repertas esse dixisti — furum id magis factum quam deorum videtur.

69 simiae vero Dodonaeae improbitatem historiis Graecis mandatam esse demiror. quid minus mirum quam illam monstruosissimam bestiam urnam evertisse, sortes dissupavisse? et negant historici Lacedaemoniis ullum ostentum hoc tristius accidisse!

nam illa praedicta Veientium, 'si lacus Albanus redundasset isque in mare fluxisset, Romam perituram; si repressus esset, Veios.' ita aqua

---

[1] 参见卷一79节。

[2] nundinor这个动词指的是参加集市，也引申为买卖之意；而这里是古典拉丁语里唯一一处用于比喻义，即"像赶集一样聚在一起"。

[3] 参见卷一77节。

[4] 参见卷一73节。

[5] 参见卷一75节。

预言之事可能只是偶然发生而已。而关于 Roscius 他自己，很可能他被蛇缠绕的那件事情就是假的，但是在摇篮中有蛇，这事并不奇怪，特别是在 Solonium，蛇常常像赶集一样汇聚到火炉旁。而脏卜师们回复说，没有人会[比这男孩]更出名更闪耀，我很惊奇，不朽的神明给一个未来的演员，却没有给 Africanus[1] 降下如此光辉的征兆！

还有你收集的关于 Flaminius 的征兆，就是他连人带马突然摔倒 67 的事情；这完全算不上令人惊奇！还有第一队长矛兵拔不起军旗，也许是他们插旗的时候信心满满，但拔旗的时候却惶恐不安。而那个 Dionysius 的马从河水中出来，以及它的马鬃上都是蜜蜂，这有什么好奇怪的？但正是因为不久之后他就开始了统治——完全是偶然发生的——这就被当成了征兆的力量！'但是在斯巴达，Herculus 的神庙内武器装甲发出声响，在 Thebes 同一位神明的神庙，门闩关上的门突然自行打开，高高固定着的长盾都到了地上[2]。'这些事情如果没有某种运动是不可能发生的，那为什么我们要说这些是神力，而非偶然[3]？

但在德尔斐 Lysander 雕像的头上出现了粗枝野草的头冠，而且 **32.**68 是突如其然出现的。真是如此吗？你觉得野草头冠的出现早于种子落在上面？我相信这野草粗枝是鸟儿们衔来，而非人类所种；而且，那堆积在头上的任何什么东西，看起来就会像是头冠。而在同一时间，安置在德尔斐的 Castor 与 Pollux 上的黄金之星[4]，你说它们掉了下来而且再也找不到了——那看起来更像是盗贼而不是神明干的。

我真是很诧异，希腊的历史学家会对 Dodona 猩猩的捣蛋如此认 69 真[5]？这最野性的兽类，它打翻罐子，乱扔神签，还有什么比这事更稀松平常吗？历史学家却说，对于斯巴达人来说，没有任何比这更悲惨的征兆了！

还有那个 Veii 人的预言，'如果 Albanus 湖水满溢，自己流到了海里，对罗马就是灾难；若是阻止它，那就是对 Veii 的灾难[6]。'于是

---

[1] P. Cornelius Scipio Africanus，通译大西庇阿，罗马军事家、政治家，第二次布匿战争中的主要将领。
[2] 参见卷一74节。
[3] 其实很可能是多地在夜里同时受到了地震。
[4] 参见卷一75节。
[5] 参见卷一76 节。
[6] 参见卷一100节。

Albana deducta ad utilitatem agri suburbani, non ad arcem Vrbemque retinendam. 'at paulo post audita vox est monentis ut providerent ne a Gallis Roma caperetur; ex eo Aio Loquenti aram in nova via consecratam.' quid ergo? Aius[1] iste Loquens, cum eum nemo norat, et aiebat et loquebatur et ex eo nomen invenit; posteaquam et sedem et aram et nomen invenit, obmutuit? quod idem dici de Moneta[2] potest; a qua praeterquam de sue plena quid umquam moniti sumus?

33.70 satis multa de ostentis; auspicia restant et sortes eae, quae ducuntur, non illae, quae vaticinatione funduntur, quae oracula verius dicimus; de quibus tum dicemus, cum ad naturalem divinationem venerimus. restat etiam de Chaldaeis[3]; sed primum auspicia videamus. 'difficilis auguri locus ad contra dicendum.' Marso fortasse, sed Romano facillimus. non enim sumus ei nos augures, qui avium reliquorumve signorum observatione futura dicamus. et tamen credo Romulum, qui urbem auspicato condidit, habuisse opinionem esse in providendis rebus augurandi scientiam (errabat enim multis in rebus antiquitas), quas, vel usu iam, vel doctrina, vel vetustate immutatam videmus; retinetur autem et ad opinionem vulgi et ad magnas utilitates rei publicae mos, religio, disciplina, ius augurium, collegi auctoritas.

71 nec vero non omni supplicio digni P. Claudius L. Iunius[4] consules, qui contra auspicia navigaverunt; parendum enim fuit religioni, nec patrius mos tam contumaciter repudiandus. iure igitur alter populi iudicio damnatus est, alter mortem sibi ipse conscivit. 'Flaminius[5] non paruit auspiciis, itaque periit cum exercitu.' at anno post Paulus paruit; num minus cecidit in Cannensi pugna cum exercitu? etenim, ut sint auspicia, quae nulla sunt, haec certe, quibus utimur, sive tripudio, sive de caelo, simulacra sunt auspiciorum, auspicia nullo modo.

---

[1] 参见卷一101节。
[2] 参见卷一101节。
[3] 参见卷一第2节。
[4] 参见卷一29节，本卷20节。Claudius在回到罗马后受审，Junius则是自尽了。
[5] 参见卷一77节。

修建了 Albanus 水渠用于郊区的农田灌溉，而不是单单阻止它流到卫城[1]与罗马城里。'但之后不久就有声音警告说要预防罗马被高卢人占领；也由此事，在新大道上奉献了通告者 Aius 的祭坛。'那所以呢？这位通告者 Aius，在没有人知道他的时候，说了什么讲了什么，而且还因此有了名字；然而在有了神座、祭坛和名号之后，却变哑巴了？对于'提醒者' Moneta 的故事也可以同样反驳；除了怀孕的猪，她还提醒过我们什么事？

说了足够多关于征兆的事情；剩下还有鸟卜和抽签[2]，而这个 **33,70** '抽签'我指的不是那种吐露预言——那些更正确地说应该叫'神谕'；关于神谕，我们等讲到自然预言的时候再说。还有剩下迦勒底人[的占星术]；但现在先看一下鸟卜术。'站在鸟卜师的角度很难去反驳鸟卜吧。'也许对于 Marsi 人的鸟卜师来说是这样，但对于罗马鸟卜师则是再简单不过了。我们并不是那种鸟卜师，靠观察飞鸟以及其他的征兆来预测未来。虽然我相信，Romulus 依靠鸟卜术而建城，他也会认为鸟卜的技艺能预知未来——古人在很多事情上都会犯错——但我们所见，这鸟卜技艺无论是因为使用经验，或是因为理论学习，或是因为悠长的岁月，都会发生变化；[但]为了顾及群众的观念以及对国家的重要贡献，关于鸟卜术的习惯、仪程、理论与律法，还有鸟卜师团的权威，都被保留了下来。

那违背鸟兆出海的执政官 P. Claudius 与 L. Junius 并不是不应该 **71** 受到惩罚；他们应该遵从宗教的[法规]，更不应该固执地舍弃先祖的习惯。所以前者被人民宣判有罪，而后者则是畏罪自杀，是他们应得的。'Flaminius 没有遵从鸟兆，所以军队会战败。'在第二年，Paulus[3]倒是遵从了鸟兆，但在 Cannae[4] 之战中不也是连同军队一起灭亡？所以就算真存在鸟卜术——其实是没有的——可以肯定的是，那些我们在用的，比如[小鸡吃食的]吉兆，或者从天上[观测的飞鸟]，都只是鸟卜术的'神像'而已，在任何方面都算不上真正的鸟卜术。

---

[1] 卫城arx在Capitolium山上，的确不在城界之内。参见卷一33节注。

[2] 这里这个词sors本意是抽签，但也引申为神谕，所以作者又解释了一下他就是指本意的抽签。

[3] L. Aemilius Paullus，前219与216年两次任执政官，战死于Cannae。卷一103节提到的Macedonicus的父亲，也就是小西庇阿的祖父。

[4] Cannae是意大利Apulia地区的城市。这里发生了第二次布匿战争中著名的Cannae之战。

34   Q. Fabi, te mihi in auspicio esse volo[1]. respondet: audivi. (hic
apud maiores nostros adhibebatur peritus, nunc quilibet. peritum
autem esse necesse est eum, qui, silentium[2] quid sit,intellegat; id
72 enim silentium dicimus in auspiciis, quod omni vitio caret. hoc intellegere perfecti auguris est.)

illi autem, qui in auspicium adhibetur, cum ita imperavit is, qui
auspicatur, dicito, si silentium esse videbitur, nec suspicit nec cir-
cumspicit, statim respondet silentium esse videri. tum ille: dicito, si
pascentur. pascuntur. quae aves? aut ubi? 'attulit,' inquit, 'in cavea
pullos is qui, ex eo ipso, nominatur pullarius[3].' haec sunt igitur aves
internuntiae Iovis! quae pascantur necne quid refert? nihil ad auspicia; sed quia, cum pascuntur, necesse est aliquid ex ore cadere et
terram pavire — 'terripavium' primo, post 'terripudium' dictum est;
hoc quidem iam 'tripudium' dicitur. cum igitur offa cecidit ex ore
pulli, tum auspicanti tripudium solistimum nuntiatur.

35,73 ergo hoc auspicium divini quicquam habere potest, quod tam sit
coactum et expressum? quo antiquissimos augures non esse usos
argumento est, quod decretum collegi vetus habemus omnem avem
tripudium facere posse. tum igitur esset auspicium si modo esset ei
liberum se ostendisse; tum avis illa videri posset interpres et satelles
Iovis. nunc vero inclusa in cavea et fame enecta, si in offam pultis
invadit, et si aliquid ex eius ore cecidit, hoc tu auspicium aut hoc
74 modo Romulum auspicari solitum putas? iam de caelo servare non
ipsos censes solitos, qui auspicabantur? nunc imperant pullario; ille
renuntiat.

fulmen sinistrum auspicium optimum habemus ad omnis res praeterquam ad comitia; quod quidem institutum rei publicae causa est,
ut comitiorum vel in iudiciis populi vel in iure legum vel in creandis
magistratibus principes civitatis essent interpretes.

---

[1]这里作者假想了一位鸟卜助手Quintus Fabius，类似于中文"张三李四"
的名字。接下来记录了一场假想的鸟卜仪式。
[2]这里的silentium按照后文的解释，应该是一种占卜术语。
[3]专门养占卜用鸡的人，参见卷一77节。

Quintus Fabius，愿汝助我鸟卜。他回答说：得令。（我们先祖那 **34**
时候会找有经验的[助手]帮忙，现在什么人都可以。但只需要那个人
知道什么是'宁静'就可以了；我们说的鸟卜上的'宁静'，就是没
有任何的凶兆。而理解这事就算是成熟的鸟卜师了。） **72**

而当主持鸟卜的人指令说：若见宁静，当言之，那帮助鸟卜之
人，既不仰望也不环顾，径直回复道；所见宁静。接着[主持人]又
说：若鸟吃食，当言之。[回答说]：鸟已吃食。——什么鸟？鸟在哪
里[1]？于是说，'是关在笼子里拿来的小鸡，专门做这事的人被称为
"养鸡者"。'所以这些鸟儿是 Juppiter 的代言者！那它们吃不吃食又
有什么意义？对于鸟卜来说什么意义都没有！但因为它们在吃食的
时候，总会有些什么从嘴里掉出来，撞到地上——所以最开始就叫
做'撞地'（terripavium），后来被称为'击地'（terripudium[2]）；到
现在才称为'吉兆'（tripudium[3]）。所以当有小面团从小鸡嘴里掉出
来，在鸟卜上就被宣布为'大吉之兆'。

所以这如此[人为]限制而强迫的鸟卜术，还可能会有任何神圣的 **35.73**
因素吗？可以证明，最古老的鸟卜师都不会真正利用这技术，我们现
存有古代鸟卜师团的决议，说所有的鸟儿都可以显现[吃食]吉兆。所
以那时候，只有这鸟儿能自由地表达征兆，才算是鸟卜；这样的话那
鸟儿就可以被视为 Juppiter 的侍者与媒介。而现在它们都被关在笼
子里，被饥饿所折磨，如果在啄食面团时，(如果)从它们嘴里掉出一
些，你觉得这就是鸟卜？或者说，Romulus 习惯用的鸟卜就是这种样
子的？你不觉得，之前那些主持鸟卜的人，通常是自己去观察天空？ **74**
但现在他们只用命令那个养鸡者；而他报告即可。

我们认为左边的闪电，除了开大会之外，对所有的事情都是最好
的征兆。而[下面]这事是为了国家原因而设立的——就是在开大会的
时候，无论是人民法庭，或是通过法案，或者是选举长官，国家的首
脑都是[鸟卜的]解释者[4]。

---

[1] 这里的意思应该是，最早的仪式中没有小鸡，而是四下看鸟，但经常看
不见鸟（所见宁静），所以被人诟病说鸟卜没鸟，于是有了专门喂养小鸡的
人。

[2] 后面的pudium应该来自pedeo，词根本意很可能也是撞击，但引申为使
某人受辱。

[3] 这个词也有"宗教仪式上的跳跃舞蹈"之意，也算是某种"撞地"。

[4] 即鸟卜师团拥有相当高的权力，可以解释鸟兆并影响政局。

'at Ti. Gracchi[1] litteris Scipio et Figulus[2] consules, cum augures iudicassent eos vitio creatos esse, magistratu se abdicaverunt.' quis negat augurum disciplinam esse? divinationem nego. 'at haruspices divini quos, cum Ti. Gracchus, propter mortem repentinam eius qui in praerogativa[3] referenda subito concidisset, in senatum introduxisset, non iustum rogatorem fuisse dixerunt.'

75   primum vide ne in eum dixerint qui rogator centuriae fuisset; is enim erat mortuus; id autem sine divinatione coniectura poterant dicere. deinde fortasse casu, qui nullo modo est ex hoc genere tollendus. quid enim scire Etrusci haruspices aut de tabernaculo recte capto aut de pomeri[4] iure potuerunt? equidem assentior C. Marcello potius quam App. Claudio, qui ambo mei collegae fuerunt, existimoque ius augurum, etsi divinationis opinione principio constitutum sit, tamen postea rei publicae causa conservatum ac retentum.

36.76   sed de hoc loco plura in aliis[5], nunc hactenus. externa enim auguria, quae sunt non tam artificiosa quam superstitiosa, videamus. omnibus fere avibus utuntur, nos admodum paucis; alia illis sinistra sunt, alia nostris. solebat ex me Deiotarus percontari nostri auguri disciplinam, ego ex illo sui. di immortales! quantum differebat! ut quaedam essent etiam contraria. atque ille eis semper utebatur, nos, nisi dum a populo auspicia accepta habemus, quam multum eis utimur?

bellicam rem administrari maiores nostri nisi auspicato noluerunt; quam multi anni sunt, cum bella a proconsulibus et a propraetoribus 77 administrantur, qui auspicia non habent! itaque nec amnis transeunt auspicato nec tripudio auspicantur. ubi ergo avium divinatio? quae, quoniam ab eis, qui auspicia nulla habent, bella administrantur, ad urbanas res retenta videtur, a bellicis esse sublata.

nam ex acuminibus quidem, quod totum auspicium militare est,

---

[1] 参见卷一33节。

[2] 指前162年本来当选的执政官P. Cornelius Scipio Nasica与C. Marcius Figulus，后被宣布无效。

[3] 即第一个投票的百人团，参见卷一103节。

[4] 参见卷一33节注。

[5] 这里可能指的是作者另外一本书《论鸟卜》或译为《论占卜》（De Auguriis），但其真实性与存在性都存疑。

'但因为 Ti. Gracchus 的信，鸟卜师们决议说，执政官当选[程序]错误，所以两位执政官 Scipio 与 Figulus 便自行辞职了。'谁否认说鸟卜是一门学问？我只是否认预言术。'但是，因为在宣布第一个百人团的选票时，那人突然倒地身亡，于是 Ti. Gracchus 将神圣的脏卜师引见给元老院，他们说选举并未合法举行。'

首先，你看，他们也不能替那百人团唱票人说话；他已经死了；75 而他们[脏卜师]也能够用没有预言术的猜想去解释这事。接着，也可能是偶然因素，在这种类型的故事里总是无法排除偶然。而 Etruria 的脏卜师又怎么能知道占卜帐篷的设立，以及[穿越]城界的合法性？说实话，我更倾向于 C. Marcellus 而不是 App. Claudius [的意见]——他们两位都是我[鸟卜师团]的同僚——我认为这鸟卜的神律，虽然最早是因预言术的信仰而设立，但之后则是国家[政治上]的原因而维护保留。

关于这一点我们另外慢慢说，现在先这样。让我们看一下外国的 **36.76** 鸟卜术，它们不像是技巧，更像是迷信。他们会用几乎所有的鸟类，而我们只用很少的几种；一些对他们是吉兆，另一些对我们是吉兆。神牛王 Deiotarus 常常询问我关于我们鸟卜学问的事情，而我也问他关于他们的。不朽的诸神啊！它们差距有多大！某些事情上甚至完全相反！而且，他一会会使用鸟卜，而我们，除了因人民[投票要求]而进行的鸟卜，又使用过多少次[1]？

我们的先祖们在没有鸟卜的情况下都不愿意进行战争；但已经距离代理执政与代理副执政[2]指挥战事多少年过去了？他们可都没有鸟卜的权力！他们渡河[3]的时候不会进行鸟卜，也不会占卜求吉兆。那 77 所以飞鸟的预言术在哪里？因为需要由没有鸟卜权力的[将领]指挥战场，看起来鸟卜已经只是保留为罗马城内的仪式，而从战场上剥离了。

比如用尖头[4]占卜，完全是军事上的[用途]，被五任执政官的 M.

---

[1]即，罗马鸟卜术已经完全仪式化，没有实际用途。

[2]但，代理执政（proconsul，又译为总督）与代理副执政（propraetor）应该都有 imperium，而是否可以执行鸟卜，存疑。

[3]古代一般以河为界，渡河即意味开战。

[4]acumen 本意是尖头，引申为兵器的尖头，这里可能指通过将矛尖或者剑尖在地面摩擦出火花来进行占卜的仪式。参见《论诸神的本性》II.9。另说是某种自然的尖端放电现象。

iam M. Marcellus[1] ille quinquiens consul totum omisit, idem imperator, idem augur optimus. et quidem ille dicebat, 'si quando rem agere vellet, ne impediretur auspiciis, lectica operta facere iter se solere.' huic simile est, quod nos augures praecipimus, ne iuge auspicium obveniat ut iumenta iubeant diiungere. quid est aliud nolle moneri a Iove nisi efficere ut, aut ne fieri possit auspicium, aut, si fiat, videri?

37   nam illud admodum ridiculum, quod negas, 'Deiotarum auspiciorum, quae sibi ad Pompeium proficiscenti facta sint, paenitere, quod fidem secutus amicitiamque populi Romani functus sit officio; antiquiorem enim sibi fuisse laudem et gloriam quam regnum et possessiones suas.' credo equidem, sed hoc nihil ad auspicia; nec enim ei cornix canere potuit recte eum facere, quod populi Romani libertatem defendere pararet; ipse hoc sentiebat, sicuti sensit.

79   aves eventus significant aut adversos aut secundos. virtutis auspiciis video esse usum Deiotarum, quae vetat spectare fortunam, dum praestetur fides. aves vero, si prosperos eventus ostenderunt, certe fefellerunt. fugit e proelio cum Pompeio — grave tempus! discessit ab eo — luctuosa res! Caesarem eodem tempore hostem et hospitem vidit — quid hoc tristius? is cum ei Trocmorum[2] tetrarchiam eripuisset et adseculae suo Pergameno[3] nescio cui dedisset eidemque detraxisset Armeniam[4] a senatu datam, cumque ab eo magnificentissimo hospitio acceptus esset, spoliatum reliquit et hospitem et regem. sed labor longius; ad propositum revertar. si eventa quaerimus, quae exquiruntur avibus, nullo modo prospera Deiotaro; sin officia, a virtute ipsius, non ab auspiciis petita sunt.

38,80   omitte igitur lituum Romuli, quem in maximo incendio negas potuisse comburi; contemne cotem Atti Navi. nihil debet esse in philosophia commenticiis fabellis loci; illud erat philosophi potius, totius auguri primum naturam ipsam videre, deinde inventionem, deinde

---

[1]这是五次担任执政官的M. Claudius Marcellus，参与过第一次和第二次布匿战争，曾经在前222年Clastidium之战中获得荣耀战利（spolia opima），最高等级的战利品。

[2]Trocmi是小亚细亚Galatia的一个族裔。

[3]Pergamenum或作Pergamum，小亚细亚的一座城市，参见卷一42节。

[4]Armenia，在当时称呼从小亚细亚东部到高加索山南面的广大地区；分为东西两部分，这里指的应该是西部，也称为Armenia Minor。

Marcellus 整个废弃了，他本人是最好的指挥官也同样是最好的鸟卜师。然后他还这样说："如果谁要想做成什么事情，而不被鸟卜所阻挠，出门的时候就要坐有遮盖的轿子[1]。与此类似，我们鸟卜师们也建议说，为了防止共轭[之兆][2]，要让共轭的动物分开。如果征兆可以被避免，或者发生的时候不去看它，那除了不想被 Juppiter 警示，还有什么其他意义？ 78

而那件事情就特别可笑，你说，'神牛王 Deiotarus[3] 不后悔让他 37 自己出发去追随 Pompeius 的那次鸟卜，因为他追随信义与罗马人民的友谊，完成了自己的义务；对他自己而言，名望与荣耀远比他的财富与王位更为重要。'我非常相信这些，但跟鸟卜都没有关系；那乌鸦也不会歌唱着，肯定他准备去保护罗马人民的自由之事；他自己所感受到的，就是他已经感受到的[4]。

鸟儿们会指示说这事该做还是不该做。我理解 Deiotarus 所用的 79 是关于品德的鸟卜，它让我们在面对信义之时不要觊觎财富。但如果鸟儿显露征兆，说这战事有利于他，那真的是诓骗了。他与 Pompeius 从战场逃离——沉重之时！他与之分离——伤心之事！Caesar 对于他，是敌人也同时是客人——还有什么更悲哀的？Caesar 剥夺了他对 Trocmi 人的领主权，将其授给了来自 Pergamenum 他的某个(我不知道的)附庸，同样从他那里拿走了元老院授予的 Armenia；他给 Caesar 以最热情的款待，Caesar 却把这主人和国王劫掠个精光！我讨论得太远了；还是回到[原来的]论题上。如果我们探究结果，那求鸟兆所得的，对 Deiotarus 没有任何好处；但若论义务，那是出于他自己的品德，而非因为鸟兆。

你就无视掉那 Romulus 的礼土之杖——你说它在最猛烈的火里 38,80 面也烧不掉；[同样]蔑视那 Attus Navius 的磨刀石[故事][5]。关于这种编造的故事，在哲学里没有容身之地；对于哲学家来说，更应该首先去了解整个鸟卜术的本质，然后则是其起源，再然后是其自洽性。所

---

[1] 即，看不到鸟。
[2] 相传，这是两只共轭的动物同时排便。
[3] 参见卷一27节。
[4] 即，没有外来添加的因素，或者说"是完完全全他自己的感受"。
[5] 参见卷一30-32节。

constantiam. quae est igitur natura, quae volucris huc et illuc passim vagantis efficiat ut significent aliquid et tum vetent agere, tum iubeant aut cantu aut volatu? cur autem aliis a laeva, aliis a dextra datum est avibus ut ratum auspicium facere possint? quo modo autem haec aut quando aut a quibus inventa dicemus? Etrusci tamen habent exaratum puerum auctorem disciplinae suae; nos quem? Attumne Navium? at aliquot annis antiquior Romulus et Remus, ambo augures, ut accepimus. an Pisidarum aut Cilicum aut Phrygum ista inventa dicemus? placet igitur humanitatis expertis habere divinitatis auctores!

39,81 'at omnes reges, populi, nationes utuntur auspiciis.' quasi vero quicquam sit tam valde quam nihil sapere vulgare, aut quasi tibi ipsi in iudicando placeat multitudo! quotus quisque est qui voluptatem neget esse bonum? plerique etiam summum bonum dicunt. num igitur eorum frequentia Stoici de sententia deterrentur? aut num plerisque in rebus sequitur eorum auctoritatem multitudo? quid mirum igitur, si in auspiciis et in omni divinatione imbecilli animi superstitiosa ista concipiant, verum dispicere non possint?

82 quae autem est inter augures conveniens et coniuncta constantia? ad nostri auguri consuetudinem dixit Ennius:

> tum tonuit laevum bene tempestate serena.

at Homericus Aiax[1] apud Achillem querens de ferocitate Troianorum nescio quid hoc modo nuntiat:

> prospera Iuppiter his dextris fulguribus edit.

ita nobis sinistra videntur, Graiis et barbaris dextra meliora. quamquam haud ignoro, quae bona sint, 'sinistra' nos dicere, etiamsi dextra sint; sed certe nostri 'sinistrum' nominaverunt externique 'dextrum,' quia plerumque id melius videbatur.

83 haec quanta dissensio est! quid? quod aliis avibus utuntur, aliis signis, aliter observant, alia respondent, non necesse est fateri partim horum errore susceptum esse, partim superstitione, multa fallendo?

---

[1]Ajax，Telamo之子，通译埃阿斯，希腊方勇武仅次于Achilles的战士。下面引文，今本在《伊利亚特》IX.236，但是奥德修斯（Odysseus）所说。

以说，让鸟儿飞这飞那四处游荡，用鸣叫或者用飞翔来指征某事该做不该做，其本质究竟是什么？为什么对于有些鸟儿在左边，有些鸟儿在右边，才可以成为确认的鸟兆？(我们要说)这鸟卜是何时、何人以何种方式设立的？Etruria 人至少有个'出土'的男孩子作为他们学问的始创者；我们有谁？Attus Navius 吗？但据我们所知，Romulus 与 Remus 都比他早了好些年，也都是鸟卜师。或者我们要说这是 Pisidia 人、Cilicia 人或者 Phrygia 人发明的吗？那这些缺乏人文的国度却成了预言术的权威！

'但是，所有的国王、族裔和国家都使用鸟卜术。'说得好像有 **39**.81 什么事情跟无知一样普遍，或者好像你自己在抉择时就满足于大众的意见！能找到几个人认为享乐不是好事？很多人都说这是最好的事情。那斯多葛主义者难道就因为他们的数量而抛弃了自己的观点？或者说在大多数事情上，大众都会跟随[斯多葛主义者]他们的权威吗？那所以说，如果在鸟卜术或者所有的预言术上，软弱的灵魂能获得迷信[的力量]，却无法看见真实，这有什么好奇怪的？

而在鸟卜师之间，哪里有什么统一[意见]和一致的解释？关于我 82 们罗马的鸟卜传统，Ennius 这样说：

晴空左方响雷为吉。

但在 Homerus 那里，Ajax 对 Achilles 抱怨，说起特洛伊人的凶残还是其他什么事情，是这样宣称的：

天父右方闪电示吉。

由此，对我们罗马人是左方，而对希腊人和野蛮人则是右方更为吉利。然而我不是不知道，那些吉利之事，我们罗马人称之为'左[1]'，而实际应该是'右'；但肯定的是，我们命名为'左'，而外国人命名为'右'，都是因为大多数情况下发现这样更好。

这是多大的分歧！那这事呢？因为他们用不同的鸟、不同的信 83 号、以不同的方式观测、回答也有所不同——那么难道不足以承认，这[鸟卜术]里面有些存在着错误，有些则是迷信，还有很多的欺骗？

---

[1]左，sinister，一般表示不好不利的事情，但唯独在占卜领域，罗马人以sinister表示吉利。有说法称，占卜时希腊人面北，所以以右方东方为吉，左方西方为凶；而罗马人面南，所以正好相反。

40   atque his superstitionibus non dubitasti etiam omina adiungere. 'Aemilia Paulo Persam perisse, quod pater omen accepit.' 'Caecilia se sororis filiae sedes suas tradere.' iam illa: 'favete linguis' et 'praerogativam,' omen comitiorum. hoc est ipsum esse contra se copiosum et disertum! quando enim ista observans quieto et libero animo esse poteris, ut ad rem gerendam non superstitionem habeas, sed rationem ducem? itane? si quis aliquid ex sua re atque ex suo sermone dixerit et eius verbum aliquod apte ceciderit ad id, quod ages aut cogitabis, ea res tibi aut timorem afferet aut alacritatem?

84   cum M. Crassus exercitum Brundisi[1] imponeret, quidam in portu caricas Cauno[2] advectas vendens 'Cauneas' clamitabat. dicamus, si placet, monitum ab eo Crassum, 'caveret ne iret'; non fuisse periturum, si omini paruisset. quae si suscipiamus, pedis offensio nobis et abruptio corrigiae et sternumenta erunt observanda.

41.85   sortes restant et Chaldaei, ut ad vates veniamus et ad somnia. dicendum igitur putas de sortibus? quid enim sors est? idem prope modum, quod micare[3], quod talos iacere, quod tesseras, quibus in rebus temeritas et casus, non ratio nec consilium valet. tota res est inventa fallaciis aut ad quaestum aut ad superstitionem aut ad errorem. atque ut in haruspicina fecimus, sic videamus, clarissimarum sortium quae tradatur inventio. Numerium Suffustium Praenestinorum monumenta declarant, honestum hominem et nobilem, somniis crebris, ad extremum etiam minacibus, cum iuberetur certo in loco silicem caedere, perterritum visis irridentibus suis civibus id agere coepisse; itaque perfracto saxo sortis erupisse in robore insculptas priscarum litterarum notis. is est hodie locus saeptus religiose propter Iovis pueri, qui lactens cum Iunone Fortunae in gremio sedens mammam appetens castissime colitur a matribus.

86   eodemque tempore in eo loco, ubi Fortunae nunc stat aedes, mel

---

[1]Brundisium在意大利半岛鞋跟处，是当时从意大利本土出海到希腊或者更东面最便捷的港口。这里应该指他最后一次出航，踏上不归路。

[2]Caunus，位于小亚细亚西南Caria地区的一座城市，出产无花果，名叫carica，即"来自Caria的特产"。考虑古代的运输条件，这里贩卖的应该是无花果干。后来carica演变成无花果的统称，如其学名ficus carica。

[3]这是一种非常类似划拳的游戏，两人互相伸出手指，然后同时猜两边的和。在现代称为morra。

在这些迷信之上，你还毫不怀疑地加上了谶语[1]。'Aemilia 对 **40**
Paulus 说"Persa 死掉了"，她爸爸便接受了这个征兆。''Caecilia 将
自己的座位让给了姐姐的女儿。'还有那个'慎言'以及'第一个百
人团'，即选举大会的谶语。这就是所谓夸夸其谈、花言巧语却又自
相矛盾！当你一直在观察这些[谶语]之时，又哪里有安静且自由的灵
魂，使得你用理性引导而非迷信去处理问题？不是这样吗？假如某人
在说自己的事情自己的谈话，他的某个词又正好是你所想所做的，难
道这种事情会给你带来恐惧或是喜悦？

　　当 M. Crassus 带着军队在 Brundisium 登船时，在港口有贩卖 **84**
Caunus 来的特产无花果干，就在'Cauneas，Cauneas'这样叫卖。
如果你同意的话，假设我们说，Crassus 从这里获得警告，'小心，不
要出发[2]'；那如果他遵从这个谶语，就不会战死了。若是我们接受这
事，那就得处处留意，时时小心[诸如]绊脚、断鞋带和打喷嚏！

　　还剩下抽签与迦勒底[占星术]，然后我们会讲灵言与梦境。你觉 **41.85**
得对于抽签还应该说些什么？那什么是抽签？它跟四面骰子、六面骰
子[3]、划拳[这些游戏]几乎是一样的，靠的是运气与偶然，而不是理
性与思考。[这抽签术]整个事情都是伪造的，要么为了金钱，要么为
了迷信，要么为了误导。就跟我们之前考察脏卜术一样，我们也同样
查证一下最著名的抽签术，它流传下来的起源。Praeneste[4]的年鉴记
录中宣称，有一位 Numerius Stuffustius，受人尊敬，出身高贵，他
一直被同样的梦所困扰，甚至最后到了被胁迫的地步，在梦中他被要
求到一处指定地点，劈开一块燧石，他因这梦境而恐惧万分，不顾他
同胞的嘲笑，便着手行动；而当那石头被劈开时，掉出来硬橡木[5]制
成的签，上面还雕刻着古代字母的标记。那地方现今是围起来的宗教
圣地，供奉着幼儿时期的 Juppiter，与 Juno 一起坐在幸运女神[6]的大
腿上，吸着她的乳房；受母亲们崇拜，被认为是最圣洁的地方。

　　就在同一时间，现在建有幸运女神神庙的那个地点，相传从橄榄 **86**

---

[1] 后面几件事情，参见卷一102-104。
[2] 即"cave, ne eas"。这里说明当时"Cau-"与"cave"发音类似，提供
了古代音韵学上的一个有趣的例子。
[3] 参见本卷36节注。
[4] Praeneste是罗马东面一座重要的Latini城市。
[5] 橡树是神王Juppiter的圣树。
[6] Fortuna，幸运的概念神，但一般认为她是Juppiter的女儿，存疑。

ex olea fluxisse dicunt, haruspicesque dixisse summa nobilitate illas sortis futuras, eorumque iussu ex illa olea arcam esse factam, eoque conditas sortis, quae hodie Fortunae monitu tolluntur. quid igitur in his potest esse certi, quae Fortunae monitu pueri manu miscentur atque ducuntur? quo modo autem istae positae in illo loco? quis robur illud cecidit, dolavit, inscripsit? 'nihil est,' inquiunt, 'quod deus efficere non possit.' utinam sapientis Stoicos effecisset ne omnia cum superstitiosa sollicitudine et miseria crederent! sed hoc quidem genus divinationis vita iam communis explosit; fani pulchritudo et vetustas Praenestinarum etiam nunc retinet sortium nomen, atque id in vol-

87 gus. quis enim magistratus aut quis vir illustrior utitur sortibus? ceteris vero in locis sortes plane refrixerunt. quod Carneadem Clitomachus[1] scribit dicere solitum, nusquam se fortunatiorem quam Praeneste vidisse Fortunam. ergo hoc divinationis genus omittamus.

42 ad Chaldaeorum monstra veniamus; de quibus Eudoxus[2], Platonis auditor, in astrologia iudicio doctissimorum hominum facile princeps, sic opinatur, id quod scriptum reliquit, Chaldaeis in praedictione et in notatione cuiusque vitae ex natali die minime esse credendum.

88 nominat etiam Panaetius[3], qui unus e Stoicis astrologorum praedicta reiecit, Anchialum et Cassandrum, summos astrologos illius aetatis, qua erat ipse, cum in ceteris astrologiae partibus excellerent, hoc praedictionis genere non usos. Scylax Halicarnassius[4], familiaris Panaetii excellens in astrologia idemque in regenda sua civitate princeps, totum hoc Chaldaicum praedicendi genus repudiavit.

89 sed ut ratione utamur omissis testibus, sic isti disputant qui haec Chaldaeorum natalicia praedicta defendunt: vim quandam esse, aiunt, signifero in orbe, qui Graece ζωδιακός dicitur, talem ut eius orbis una quaeque pars alia alio modo moveat immutetque caelum, perinde ut quaeque stellae in his finitimisque partibus sint quoque tempore,

---

[1]Clitomachus是古代迦太基的学院派哲学家，Carneades的弟子。

[2]Eudoxus是古希腊数学家、天文学家；他是柏拉图的弟子，是最早科学系统地研究行星运动的学者。

[3]参见卷一第6节。

[4]Halicarnassus是位于小亚细亚西南Caria地区的一座城市，以七大奇迹之一的Mausolus陵墓闻名。

树上流下了蜂蜜；脏卜师们都说，这些神签将获得最高的名望，他们还指令，用那棵橄榄树做了个匣子，放置这些神签，而如今抽签就是在幸运女神的神意下进行的。那么，在幸运女神的神意下，男孩子用手去打乱并抽出[神签]，在这事里面能有什么确定之处？而且这些神签又是如何被放在那[个石头]里的？是谁砍下了那橡木，切割成型，雕刻了字母？'没有什么'他们说，'是神明无法做到的。'神啊，把斯多葛主义者变聪明吧，这样他们就不会因为焦虑且可怜的迷信而人云亦云[1]！但这个类型的预言术已经从日常生活中消失了；现在只有这神庙的美丽与古老留存了 Praeneste 神签术之名，而且这也就是对普通大众而言。有哪个政府官员或是知名人士是用抽签的？其他地方 87的抽签术的确完全没落了。按 Clitomachus 的记载，Carneades 说过，他没见过任何地方的抽签比 Praeneste 的幸运女神更加兴旺。于是我们就摒除了这类的预言术。

让我们来看下迦勒底[占星术]的征兆；关于这个，那位 Plato 的 42弟子 Eudoxus，被大师[们]认为在天文学领域毫无疑问是最有学问的人，据留存的记载，他是这样认为的：那迦勒底人用人出生时的星象去预测人生之事，毫无可信之处。

那位 Panaetius，就是斯多葛学派里唯一一位否定占星家预言 88的人，他指名说，他自己那个时代最卓越的天文学家 Anchialus 与 Cassander[2]，在其他的天文学领域都造诣非凡，却也不会用这种类型的预言术。而 Panaetius 的朋友，来自 Halicarnassus 的 Scylax，在天文学上也是造诣很深，他还是领导城邦的首席人物，也是完全否定了迦勒底人的预言术。

但若抛开证词，只用理性[来反驳]——那些为迦勒底用出生时 89日[计算]的预言辩护的人，他们是这样论断的：在黄道的星座，就是希腊人所称"黄道十二宫"（ζωδιαχός[3]）上存在着某种力量，他们说，使得这黄道上每一区域都可以这样或那样地影响或者改变天空，并取决于在每个时间点，每个星星在这些区域或者临近区域的位置，而这

---

[1]原文是"相信所有的事情"。

[2]Anchialus、Cassander以及后文的Scylax这三位天文学家似乎只在此处出现，没有见于其他记载。

[3]即英文zodiac。西塞罗自己只有在翻译Aratus的《物象》（317行）时用过拉丁化的zodiacus一词。

eamque vim varie moveri ab eis sideribus, quae vocantur errantia; cum autem in eam ipsam partem orbis venerint, in qua sit ortus eius, qui nascatur, aut in eam, quae coniunctum aliquid habeat aut consentiens, ea 'triangula' illi et 'quadrata' nominant. etenim cum †tempore anni† tempestatumque caeli conversiones commutationesque tantae fiant accessu stellarum et recessu, cumque ea vi solis efficiantur, quae videmus, non veri simile solum, sed etiam verum esse censent perinde, utcumque temperatus sit aër, ita pueros orientis animari atque formari, ex eoque ingenia, mores, animum, corpus, actionem vitae, casus cuiusque eventusque fingi.

43,90   o delirationem incredibilem! non enim omnis error stultitia dicenda est. quibus etiam Diogenes[1] Stoicus concedit aliquid, ut praedicere possint dumtaxat, quali quisque natura et ad quam quisque maxime rem aptus futurus sit; cetera, quae profiteantur, negat ullo modo posse sciri; etenim geminorum formas esse similis, vitam atque fortunam plerumque disparem. Procles et Eurysthenes[2], Lacedaemoniorum reges, gemini fratres fueunt.

91   at nec totidem annos vixerunt; anno enim Procli vita brevior fuit, multumque is fratri rerum gestarum gloria praestitit. at ego id ipsum quod vir optimus, Diogenes, Chaldaeis quasi quadam praevaricatione concedit, nego posse intellegi. etenim cum, ut ipsi dicunt, ortus nascentium luna moderetur, eaque animadvertant et notent sidera natalicia Chaldaei, quaecumque lunae iuncta videantur, oculorum fallacissimo sensu iudicant ea, quae ratione atque animo videre debebant. docet enim ratio mathematicorum, quam istis notam esse oportebat, quanta humilitate luna feratur terram paene contingens, quantum absit a proxima Mercuri stella, multo autem longius a Veneris, deinde alio intervallo distet a sole, cuius lumine collustrari putatur. reliqua vero tria intervalla infinita et inmensa, a sole ad Martis, inde ad Iovis, ab eo ad Saturni stellam, inde ad caelum ipsum, quod ex-

---

[1] 参见卷一第6节。
[2] 这两位是斯巴达神话时代的双胞胎，被同时立为王，而他们的后代也同样共享王号，形成了斯巴达特色双王双系制度。

种力量也会因那些被称为'游荡'的星星[1]改变而有所不同；而当它们来到黄道上那个星座区域，就是那人出生时所升起的星座[2]，或者来到与出生星座'相合'或者'同相'的星座，他们便称其为'三分相'或者'四分相'[3]。随着星星的升落，给每年各个时间天空的季节带来了如此大的变化与轮转，而且因为我们所见太阳力量的作用，他们不仅认为这是非常可能，而且还觉得是确定真实存在——如同无论何时那空气的状态受其调控，同样地，新生儿被授予形体、赋予灵魂，而由此，每个人的本性、行为、精神、肉体、人生经历以及死亡都被塑造成型。

噢，真是难以置信的愚蠢！并非所有的谬误都该被称为愚笨！甚 **43**.90 至斯多葛学派的 Diogenes 也对其表示首肯，比如至少能预测出，每个人的本性如何，以及未来最适合从事何种事业；但他们宣称的其他事情，Diogenes 认为以任何方式都没有可能知道；就算双胞胎的形体非常类似，但其生活与命运则大多有所不同。斯巴达的国王，Procles 与 Eurysthenes，就是双胞胎兄弟。

但他们并非活了一样的岁数；Procles 的命短了一年；而他[4]成就 91 的荣光要远超其弟弟。但对于这位最优秀的学者 Diogenes，他如同共谋一般肯定的迦勒底占星术，我则认为是无法得知[每个人的命运]。事实上，他们自己说，人的出生是由月亮控制的，他们迦勒底人也会观测记录那'本命星'，就是[出生时]与月亮合相的星星；本来应该交给理性与灵魂去观察的事情，他们用最容易犯错的视觉去判断。那些迦勒底人想必知道的数学计算方法，可以教会我们月亮离地面有多低，低到了快贴上的程度，离最近的星星就是水星又有多远，而离金星又是更远多少，之后离太阳则还有一段距离，而那太阳则(被认为)是发出光芒。而剩下的三个区间[5]那真是近乎无限浩瀚——从太阳到火星，然后到木星，再从木星到土星，以及再到天球本身，那里便

---

[1]即行星。

[2]这里与现代占星术只看生日星座（即生日时太阳所在星座）有所不同，需要考察人出生的那个时间点，当时当地哪个星座正在'升起'。

[3]三分相，指的是星座间夹角120°，三个星座呈等边三角形，比如"金牛处女摩羯"三角。四分相，则是指星座间夹角90°，四个星座呈正方形。现代的占星术一般认为三分相吉而四分相凶。

[4]这里指的其实是Eurysthenes，他这一系要比另外一系更加高贵。

[5]其实后面是四个区间。

92 tremum atque ultimum mundi est. quae potest igitur contagio ex infinito paene intervallo pertinere ad lunam vel potius ad terram?

44   quid? cum dicunt, id quod eis dicere necesse est, omnis omnium ortus, quicumque gignantur in omni terra, quae incolatur, eosdem esse, eademque omnibus, qui eodem statu caeli et stellarum nati sint, accidere necesse esse, nonne eius modi sunt, ut ne caeli quidem naturam interpretes istos caeli nosse appareat? cum enim illi orbes, qui caelum quasi medium dividunt et aspectum nostrum definiunt, qui a Graecis ὁρίζοντες nominantur, a nobis 'finientes' rectissime nominari possunt, varietatem maximam habeant aliique in aliis locis sint, necesse est ortus occasusque siderum non fieri eodem tempore apud omnis.

93 quodsi eorum vi caelum modo hoc modo illo modo temperatur, qui potest eadem vis esse nascentium, cum caeli tanta sit dissimilitudo? in his locis quae nos incolimus, post solstitium Canicula[1] exoritur, et quidem aliquot diebus, at apud Troglodytas[2], ut scribitur, ante solstitium; ut, si iam concedamus aliquid vim caelestem ad eos, qui in terra gignuntur, pertinere, confitendum sit illis eos, qui nascuntur eodem tempore posse in dissimilis incidere naturas propter caeli dissimilitudinem; quod minime illis placet; volunt enim illi omnis eodem tempore ortos, qui ubique sint nati, eadem condicione nasci.

45,94   sed quae tanta dementia est, ut in maximis motibus mutationibusque caeli nihil intersit, qui ventus, qui imber, quae tempestas ubique sit! quarum rerum in proximis locis tantae dissimilitudines saepe sunt, ut alia Tusculi, alia Romae eveniat saepe tempestas; quod, qui navigant, maxime animadvertunt, cum in flectendis promunturiis ventorum mutationes maximas saepe sentiunt. haec igitur cum sit tum serenitas, tum perturbatio caeli, estne sanorum hominum hoc ad nascentium ortus pertinere non dicere, quod non certe pertinet, illud nescio quid tenue, quod sentiri nullo modo, intellegi autem vix potest, quae a luna ceterisque sideribus caeli temperatio fiat, dicere

---

[1] 参见卷一130节。
[2] Troglodytae指当时生活在尼罗河上游今苏丹、南苏丹与埃塞俄比亚等地的某支土著，原意可能是在地穴居住生活的人。

是世界的尽头与终点。所以说，在如此几乎无限的距离上，[看似 92
的]合星又能给月亮，或者更应该说给地球带来什么影响呢？

那这事呢？[迦勒底人]他们这样说——而且他们[根据其理论]也 44
必然这样说——在所有有人居住的地面上，无论何人的出生都是相同
的，那么同样地，在一样的天空与星辰的状态下出生的人，命运也必
然是一样的；那这不是说，他们这些所谓天空的解释者，甚至连天空
的本质都不甚清楚？因为那些将天空对半分开并且限制我们视野的大
圆——希腊人命名为'地平线'（ὁρίζων[1]），而我们则可以最恰当地
称其为'边界线'——它们有非常大的差异，在不同的地点就会不一
样，那对所有[地方]人而言，星辰的升降也必然不在同一时间。

但若这星辰之力这般那般地影响着天空，那为什么在天空有如此 93
差异的情况下，同时出生的人受到同样力量的左右？在我们居住的这
些地方[2]，天狼星在[夏]至日之后升起[3]，而在穴居人 Troglodytae 他
们那里，根据记载，则是[夏]至好几天之前；那么，如果我们承认某
种天穹之力能够对我们生在地球上的人有所影响，那么他们也必须承
认，在同一时间出生的人也会因为天象的不同而获得截然不同的本
性；而这是他们最不能接受的；他们想要的是，所有在同一时间出生
的人，无论在哪里出生，都带着同样的命运[4]出生。

在天穹巨大的运动与变化之中，却认为每个地方的风、雨和天 45.94
气[对出生的人]完全没有影响，这是何等的愚蠢！这[天气]的事情，
往往在很近的地方就有差异，比如经常在 Tusculum[5] 是一种天气，而
在罗马就是另外一种；而航海的水手就特别注意此事，在海角悬崖处
就经常感觉到风向大变。那所以，这天空时而放晴，时而动荡，哪一
个头脑清醒的人，会说这天气之事跟新生儿[的命运]没有关系——实
际上也不确定有没有——却说那某种微妙的、无法触摸的、几乎不能

---

[1]即英文horizon。
[2]影响这件事情的主要是纬度，而正好罗马占领的国土基本上在差不多的
纬度上。
[3]关于"升起"（exorior），实际上所有的星星每天也是一升一降，这里指
的是该亮星几乎同时与太阳从地平线上升起。根据模拟计算，在苏丹尼罗河
上游，北纬12度左右的地区，在当时看到同一现象会比罗马早了二十多天，
正好赶在夏至之前。
[4]原文是"状态、情况"。
[5]参见卷一第8节，两地距离不到三十公里。

ad puerorum ortus pertinere?

quid? quod non intellegunt seminum[1] vim, quae ad gignendum procreandumque plurimum valeat, funditus tolli, mediocris erroris est? quis enim non videt et formas et mores et plerosque status ac motus effingere a parentibus liberos? quod non contingeret, si haec non vis et natura gignentium efficeret, sed temperatio lunae caelique moderatio.

95   quid? quod uno et eodem temporis puncto nati dissimilis et naturas et vitas et casus habent, parumne declarat nihil ad agendam vitam nascendi tempus pertinere? nisi forte putamus neminem eodem tempore ipso et conceptum et natum, quo Africanum. num quis igitur talis fuit?

46,96   quid? illudne dubium est, quin multi, cum ita nati essent, ut quaedam contra naturam depravata haberent, restituerentur et corrigerentur ab natura, cum se ipsa revocasset, aut arte atque medicina? ut, quorum linguae sic inhaererent, ut loqui non possent, eae scalpello resectae liberarentur. multi etiam naturae vitium meditatione atque exercitatione sustulerunt, ut Demosthenem[2] scribit Phalereus[3], cum 'rho' dicere nequiret, exercitatione fecisse, ut planissime diceret. quodsi haec astro ingenerata et tradita essent, nulla res ea mutare posset. quid? dissimilitudo locorum nonne dissimilis hominum procreationes habet? quas quidem percurrere oratione facile est, quid inter Indos et Persas et Aethiopas et Syros differat corporibus, animis, ut incredibilis varietas dissimilitudoque sit.

97   ex quo intellegitur plus terrarum situs quam lunae status ad nascendum valere. nam quod aiunt quadringenta septuaginta milia annorum in periclitandis experiendisque pueris, quicumque essent nati, Babylonios posuisse, fallunt; si enim esset factitatum, non esset desitum; neminem autem habemus auctorem, qui aut fieri dicat aut factum sciat.

47   videsne me non ea dicere quae Carneades, sed ea quae princeps

---

[1]种子，当时人们应该还没有注意到卵子，所以这里指的是精液。即，作者认为如果出生时间重要，那么怀孕受精时间也应该很重要。

[2]Demosthenes，通译狄摩西尼，是古希腊著名的演说家。

[3]Phalerum是雅典的港口卫星城。

理解的、由月亮与其他星星构成的天穹构造，说这事跟新生儿有关？

那这事呢？他们难道没有认识到，在生育过程中起关键作用的'种子'之力被从根本上忽视了？这难道只算一个不严重的错误？谁又没有看到，(男)孩子们从父母那里获得了身形、习惯以及很多的礼貌与行为方式？如果不是生育行为的原力与本性，而是月亮的影响与天穹的掌控而导致这些[现象]，那这事就不会发生了。

还有这事呢？那些在完全同一个时间点出生的人，拥有不一样的 95 本性、不一样的生活与不一样的机遇，这难道不足以说明，出生时间对于生活来说毫无影响？除非我们认为，没有人正好跟 Africanus[1] 在同一时间受孕，同一时间出生。那么，有人像他一样如此[光芒万丈]吗？

还有这个呢？很多人，在出生的时候有某种自然的缺陷，之后却 46,96 自然地恢复矫正，要么是自己觉醒，要么是由技艺或者医学——难道对这事还有什么怀疑？比如有些人舌头如此地粘连，以至于无法说话，可以用小刀割开使其自由[2]。很多人甚至[可以]用练习与训练消除自然的缺陷，比如根据记载，Phalerum 的 Demosthenes，他之前不会发 'ρ[3]' 的音，然而通过训练，就完完全全能说了。但如果这些是由星辰所产生所导致，那就没有任何东西可以改变它们。还有这事呢？不同的地点难道不是会产生不同的人类吗？可以很容易地长篇大论，在印度人、波斯人、埃塞俄比亚人和叙利亚人之间，他们形体上与精神上的区别——这差异与不同可是让人难以置信。

于是可知，论对于出生的影响，地理的位置比起月亮的状态要强 97 得多。而那些人说巴比伦人[4]花了四十七万年[观测星象]测试验证每个新生儿[的星盘]——这是他们胡编的；如果他们做过这事，就不会中断；而且我们所知没有任何人支持说他们做过或是知道他们做过。

你有没有发现，我没有复述那 Carneades[5] 的论断，而是采用了 47

---

[1] P. Cornelius Scipio Africanus，参见卷一36节，本卷66节。
[2] 即舌系带过短。
[3] 这个 ρ 带有一个颤音，所以不好发。
[4] 参见卷一36节。
[5] 参见卷一第7节。

Stoicorum Panaetius dixerit? ego autem etiam hoc requiro: omnesne qui Cannensi[1] pugna ceciderint uno astro fuerint? exitus quidem omnium unus et idem fuit.

quid? qui ingenio atque animo singulares, num astro quoque uno? quod enim tempus, quo non innumerabiles nascantur? at certe similis nemo Homeri. et, si ad rem pertinet, quo modo caelo affecto compositisque sideribus sideribus quodque animal oriatur, valeat id necesse est non in hominibus solum, verum in bestiis etiam; quo quid dici potest absurdius? L. quidem Tarutius Firmanus[2], familiaris noster, in primis Chaldaicis rationibus eruditus, Vrbis etiam nostrae natalem diem repetebat ab iis Parilibus, quibus eam a Romulo conditam accepimus, Romamque, in iugo[3] cum esset luna, natam esse dicebat, nec eius fata canere dubitabat.

o vim maximam erroris! etiamne urbis natalis dies ad vim stellarum et lunae pertinebat? fac in puero referre, ex qua affectione caeli primum spiritum duxerit; num hoc in latere aut in caemento, ex quibus urbs effecta est, potuit valere? sed quid plura? cotidie refelluntur. quam multa ego Pompeio, quam multa Crasso, quam multa huic ipsi Caesari, a Chaldaeis dicta memini, neminem eorum nisi senectute, nisi domi, nisi cum claritate esse moriturum! ut mihi permirum videatur quemquam exstare, qui etiam nunc credat eis quorum praedicta cotidie videat re et eventis refelli.

48,100 restant duo divinandi genera quae habere dicimur a natura, non ab arte, vaticinandi et somniandi; de quibus, Quinte," inquam, "si placet, disseramus."

"mihi vero," inquit, "placet; his enim, quae adhuc disputasti, prorsus adsentior, et, vere ut loquar, quamquam tua me oratio confirmavit, tamen etiam mea sponte nimis superstitiosam de divinatione Stoicorum sententiam iudicabam; haec me Peripateticorum ratio magis movebat et veteris Dicaearchi[4] et eius, qui nunc floret, Cratippi[5],

---

[1] 参见本卷71节。
[2] Firmum是意大利东部沿海的一座城市。
[3] iugum，轭，这里指代天秤座。这个用法在拉丁文里其实很少见，希腊文则有 ζυγόν 也可以代表天秤座。
[4] 参见卷一第5节。
[5] 参见卷一第5节。

斯多葛派的领袖 Panaetius 的说法？而我自己要问下这个问题：那在 Cannae 战场上倒下的每个人，都是有同一个星象吗？但他们所有人的结局都是一个而且一样的。

那这事呢？那些本性卓越，思维超群的人，都是有同一个星象吗？我们每时每刻不都是有无数的人在降生吗？但肯定没有人跟 Homerus 一样。而且，如果这事真有影响的话，天空的形态与星辰的位置，它们影响每一个出生的动物的方式，必然不单单是对(降生的)人类有效，也对野兽有用；还有什么比这点更加荒谬的吗？事实上，我们的朋友，来自 Firmum 的 L. Tarutius[1]，他精通迦勒底的理论，从我们知道 Romulus 建城的 Pales[2] 节推算出我们罗马城的生日，而且还说罗马诞生之时，月亮在天秤宫，并且毫不犹豫地预言了这城的命运。 98

噢，这谬误的巨大威力！甚至连这城的生日也要受星辰与月亮之力的影响？就算这天穹的状态能在被他们第一次吐息之时，作用在孩子身上；难道也可能作用在那些建城用的砖石上？但还有更多的[例子]吗？每天都可以来反驳它们。哎呀，我[好像]记得迦勒底人对 Pompeius 说了多少事情，对 Crassus 说了多少事情，对 Caesar 他本人说了多少事情，那么他们仨就没有人会死！只会慢慢变老，只会在家安养，只会威名远扬！现在如果还有人会相信那些占星家——他们的预言每天都被事实与结果所反驳——那我才真是觉得不可思议。 99

那剩下的两类预言术，就是我们所说因自然而非因技艺的，灵言与梦境；你如果愿意的话，Quintus，"我说，"就让我们讨论一下它们。" **48.**100

"我很愿意；"他说，"对你到此为止所论述的事情，我都非常赞同；说真的，尽管是你的讲话让我增强了信心，然而我自己其实就觉得，斯多葛学派关于预言术的观点过于迷信了；而逍遥学派的理论更能打动我，比如古时候的 Dicaearchus，以及现在还活跃的

---

[1]L. Tarutius 是作者的朋友，一位数学家与天文学家。实际上，因为罗马在恺撒改革之前的阴阳历法相当混乱，普通的占星家几乎没法推算出生星盘，所以占星术也就没有了市场。卷一里Quintus也只是一语带过，没有具体讲。

[2]Pales是罗马的畜牧之神。这里Parilia是她的节日，在现代历法的4月21日，按罗马人的历法是Maia之月朔前十一日（存疑）。后来这个日子被认为是罗马的建城日。

qui censent esse in mentibus hominum tamquam oraclum aliquod, ex quo futura praesentiant, si aut furore divino incitatus animus aut somno relaxatus solute moveatur ac libere. his de generibus quid sentias et quibus ea rationibus infirmes, audire sane velim."

49,101 quae cum ille dixisset, tum ego rursus quasi ab alio principio sum exorsus dicere: "non ignoro," inquam, "Quinte, te semper ita sensisse, ut de ceteris divinandi generibus dubitares, ista duo, furoris et somnii, quae a libera mente fluere viderentur, probares. dicam igitur de istis ipsis duobus generibus mihi quid videatur, si prius et Stoicorum conclusio rationis et Cratippi nostri quid valeat videro. dixisti enim et Chrysippum et Diogenem et Antipatrum concludere hoc modo:

'si sunt di neque ante declarant hominibus quae futura sint, aut non diligunt homines, aut quid eventurum sit ignorant; aut existimant nihil interesse hominum scire quid sit futurum; aut non censent esse suae maiestatis praesignificare hominibus quae sunt futura; aut **102** ea ne ipsi quidem di significare possunt. at neque non diligunt nos (sunt enim benefici generique hominum amici); neque ignorant ea quae ab ipsis constituta et designata sunt; neque nostra nihil interest scire ea, quae *futura* sunt (erimus enim cautiores si sciemus); neque hoc alienum ducunt maiestate sua (nihil est enim beneficentia praestantius); neque non possunt futura praenoscere; non igitur *di sunt* nec significant *nobis* futura; sunt autem di; significant ergo: et non, si significant futura, nullas *dant vias* nobis ad *significationum* scientiam (frustra enim significarent); nec, si dant vias, non est divinatio; est igitur divinatio.'

103 o acutos homines! quam paucis verbis confectum negotium putant! ea sumunt ad concludendum quorum eis nihil conceditur. conclusio autem rationis ea probanda est, in qua ex rebus non dubiis id quod dubitatur efficitur.

50 videsne Epicurum, quem hebetem et rudem dicere solent Stoici, quem ad modum, quod in natura rerum omne esse dicimus, id infinitum esse concluserit? 'quod finitum est,' inquit, 'habet extremum.' quis hoc non dederit? 'quod autem habet extremum, id cernitur ex

Cratippus，他们认为，在人类的精神中有某种所谓'神谕之力'，如果灵魂被神圣的灵乱所激发，或是在睡梦中得以解放而自由活动，便可借此预知未来。关于这[两]类的预言术，我真心想听一下你有什么看法，以及你又是以怎样的理论去驳斥它们。"

当他说完这些，我便如同重新开篇一般，再次开始了谈话。"我 **49.**101 不是不知道，"我说，"Quintus，你总是这么认为——在你对其他种类的预言术表示怀疑的同时，却承认这两种，灵乱与梦境，就是所谓从自由的灵魂中流动出来的[预言]。我会说一下关于这两类[预言术]我自己的看法；但先让我们看一下，斯多葛学派的理论推断以及我们的朋友 Cratippus [论点]的价值。你之前说过，Chrysippus、Diogenes 和 Antipater 都是这样论断的[1]：

'如果神明存在，而且他们不将未来之事显示给人们，则要么或者是他们不偏爱我们，或者是因为他们不知道未来发生之事，或者是他们认为就算人们知道未来也毫无差别，或者他们认为让人们提前知道未来有损他们的尊严，又或者神明他们自己也不能显露征兆。但 102 是他们绝非不偏爱我们（因为他们仁慈，而且是人类的朋友），他们也绝非不知道自己的造物与设计，我们能知道未来的话，也绝非毫无差别（因为我们若是知道便会更加审慎），这也绝不会有损他们的尊严（没有什么比仁慈更加重要的了），更绝非是他们不懂得如何预示未来。于是，神明存在且不用征兆给我们显示未来是不可能的；但神明存在，所以他们会给出征兆；而若他们给出征兆，就不会不给我们任何理解征兆的途径（不然这些征兆就是无用的）；若他们给了我们这些途径，那就不会不存在预言术；于是乎，预言术存在。'

噢，真是敏锐的人类！他们觉得用寥寥数语就把事情解决了！他 103 们为了推出自己的结论，假设了完全没有依据的事情[作为前提]。然而，理性的推理如果要成立的话，必须是从毫无疑问的事情推导出尚有疑问的事情。

你不见那 Epicurus——斯多葛主义者总习惯说他愚钝无知——他 **50** 证明了我们所说'自然万物[2]'是无限的？'那有限之物，'他说，'它有边界。'谁不会承认这点呢？'但那有界之物，它被外部的他物所分

---

[1]下面这段与卷一82-82对比，只有几处微小的差异，标记在原文中。
[2]即宇宙。

alio extrinsecus.' hoc quoque est concedendum. 'at, quod omne est, id non cernitur ex alio extrinsecus.' ne hoc quidem negari potest. 'nihil igitur cum habeat extremum, infinitum sit necesse est.'

104   videsne ut ad rem dubiam concessis rebus pervenerit? hoc vos dialectici non facitis; nec solum ea non sumitis ad concludendum quae ab omnibus concedantur, sed ea sumitis, quibus concessis nihilo magis efficiatur quod velitis. primum enim hoc sumitis: 'si sunt di, benefici in homines sunt.' quis hoc vobis dabit? Epicurusne? qui negat quicquam deos nec alieni curare nec sui. an noster Ennius? qui magno plausu loquitur assentiente populo[1]:

> ego deum genus esse semper dixi et dicam caelitum,
> sed eos non curare opinor, quid agat humanum genus.

et quidem cur sic opinetur rationem subicit; sed nihil est necesse dicere quae sequuntur; tantum sat est intellegi, id sumere istos pro certo, quod dubium controversumque sit.

51,105   sequitur porro, 'nihil deos ignorare, quod omnia sint ab eis constituta.' hic vero quanta pugna est doctissimorum hominum negantium esse haec a dis inmortalibus constituta! 'at nostra interest scire ea, quae eventura sunt.' magnus Dicaearchi liber est nescire ea melius esse quam scire.

negant 'id esse alienum maiestate deorum.' scilicet casas omnium
106 introspicere ut videant quid cuique conducat! 'neque non possunt futura praenoscere.' negant posse ei quibus non placet esse certum, quid futurum sit. videsne igitur, quae dubia sint, ea sumi pro certis atque concessis?

deinde contorquent[2] et ita concludunt: 'non igitur et sunt di nec significant futura.' id enim iam perfectum arbitrantur. deinde assumunt: 'sunt autem di,' quod ipsum non ab omnibus conceditur. 'significant ergo.' ne id quidem sequitur; possunt enim non significare et tamen esse di.

---

[1]相传下面两句引自其作品《Telamo》（已失传），按照《论诸神的本性》的解释，是Telamo哀悼其子Aiax所说。

[2]contorqueo这个动词除了"扭曲"，还可以表示拿起武器胡乱挥舞。请自行脑补其比喻义。

离。'也必然要承认这一点。'但，所谓万物，就不会被外部的他物所分离。'也没法否决这点。'那所以，它没有任何外物，就必须是无限的。'

你看见了没，他是从被承认的事情开始，推导得出[之前]尚有疑 104 问的事情。但你们[斯多葛派]的逻辑学家不是这样做的；你们为了推出结论，不仅是没有用所有人都承认的事情作为假设前提，而且你们的假设前提，甚至都不能推出你们想要的结论。首先你假设了这一点：'如果神明存在，那他们就会对人类仁慈。'是谁跟你说的？Epicurus 吗？他甚至否定任何神明会关心别人甚至自己的事情。或是我们的 Ennius？他这句诗广受人们赞扬与肯定：

> 我总是说，在那苍穹之上有神明一族，
> 但我相信，他们并不关心人类的脚步。

他在后面就说了为什么他这样认为的理由；但没有必要复述接下来的话[1]。但这已经足够说明，你假设的确定之事，实际上是可疑的且有争议的。

接下来是[这个论点]，'神明无所不知，因为万物都是由其构 51,105 建。'但实际上，最有学识的人们有一场庞大的论战，要否决这万物是由不朽神明所构建！'我们能知道结果的话，也绝非毫无差别。'Dicaearchus 有一大卷书，讲的就是不知道要比知道更好。

他们还否决'这会有损诸神的尊严'。当然，他们还得查看每个人的小屋子，了解每个人都需要什么！'更绝非是他们不懂得如何预 106 知未来。'但那些认为未来并非确定之人，他们就否定神明可以预测未来。所以你看，这些可疑之处，都被当成了确定而且被承认之事？

接着，他们扭曲论断、强词夺理，下了这样的结论：'神明存在且不用征兆显示未来是不可能的。'于是他们觉得已经论证完毕了。之后他们还假设：'但神明存在。'这事本身可没有被所有人所承认。'所以他们会给出征兆。'但这个推论不对[2]；有可能他们没有给出征兆，但神明仍然存在。

---

[1] 这里说的接下来的话，被作者在《论诸神的本性》III.79中引用：
  nam si curent, bene bonis sit, male malis; quod nunc abest.
  若是关心，则善有善报、恶有恶报；实则不然。

[2] 原文是"推理"不对（ne id sequitur），然而这个推理本身是对的。

'nec, si significent, non dant vias aliquas ad scientiam significationis.' at id quoque potest, ut non dent homini, ipsi habeant; cur enim
Tuscis potius quam Romanis darent? 'nec, si dant vias, nulla est divinatio.' fac dare deos (quod absurdum est), quid refert, si accipere
non possumus? extremum est: 'est igitur divinatio.' sit extremum,
effectum tamen non est; ex falsis enim, ut ab ipsis didicimus, verum
effici non potest. iacet igitur tota conclusio.

52.107   veniamus nunc ad optimum virum, familiarem nostrum, Cratip-
pum: 'si sine oculis,' *inquit*, 'non potest exstare officium et munus
oculorum, possunt autem aliquando oculi non fungi suo munere, qui
vel semel ita est usus oculis, ut vera cerneret, is habet sensum oculorum vera cernentium. item igitur, si sine divinatione non potest
officium et munus divinationis exstare, potest autem, *cum quis* divinationem habeat, errare aliquando nec vera cernere, satis est ad
confirmandam divinationem, semel aliquid *ita esse* divinatum, *nihil
ut* fortuito cecidisse videatur; sunt autem eius generis innumerabilia;
esse igitur divinationem confitendum est.'

   festive et breviter; sed cum bis sumpsit quod voluit, etiamsi faciles
nos ad concedendum habuerit, id tamen quod assumit concedi nullo
108   modo potest. 'si,' inquit, ' aliquando oculi peccent, tamen, quia recte
aliquando viderint, inest in eis vis videndi; item si quis semel aliquid
in divinatione viderit, is, etiam cum peccet, tamen existimandus sit
habere vim divinandi.'

53   vide, quaeso, Cratippe noster, quam sint ista similia; nam mihi non
videntur. oculi enim vera cernentes utuntur natura atque sensu; animi, si quando vel vaticinando vel somniando vera viderunt, usi sunt
fortuna atque casu; nisi forte concessuros tibi existimas eos, qui somnia pro somniis habent, si quando aliquod somnium verum evaserit,
non id fortuito accidisse. sed demus tibi istas duas sumptiones[1] (ea
quae λήμματα appellant dialectici, sed nos Latine loqui malumus), as-
sumptio tamen (quam πρόσληψιν eidem vocant), non dabitur.

---

[1]在三段论中，前提分大前提与小前提。大前提以全称量词（∀）起句（比
如“所有人都会死”），小前提则是取单一事例（比如“苏格拉底是人”）。他
这里的两个大前提可能指的是“对于所有的眼睛，如何如何”以及“对于所
有的精神，如何如何”。作者用sumo与assumo两个动词区别对待。

'而若他们给出征兆，就不会不给我们任何理解征兆的途径。'但也可能，他们自己有[这样的途径]，却没有给我们人类；为什么他们要交给 Etruria 人而不是罗马人[1]？'若他们给了我们这些途径，那就不会不存在预言术。'就算是神明给了（这事也很奇怪），如果我们接受理解不了，又有什么用？最后则是'于是乎，预言术存在。'这就是他们最后的结论，但他们还是没有证明清楚；从错误的前提出发，正如我们所说的这些问题，是不可能证明出真理的。所以整个论证就失败了。

让我们现在来看下最杰出的学者，我们的朋友 Cratippus[2]，[他 **52,107**的观点]：'如果没有眼睛，'他说，'就不可能有眼睛的[视觉]功能与用途，但可能有时候眼睛会无法实现其功能，而人哪怕就一次用过眼睛感知真实，那他就有了用眼睛去感知真实的感觉。同理可知，如果没有预言术就不可能有预言术的[预知]功能与用途，但就算某人有预言术，有时候也会失误而感知不到真实，那要证明预言术[存在]，就只需要发生过一次，那种无法用偶然解释的预言术。事实上，各种类型的预言术数不胜数，所以预言术就应该被承认。'

真是简短又漂亮的论证；但他还是假设了两点他所需要的大前提，尽管他让我们很容易就推出了结论，但他还是使用了无论如何都没法承认的小前提。'如果，'他说，'眼睛有时候会看错，然而，因 **108**为它们有时候会看对，所以这视觉之力便在它们上面；同样地，如果有人单单一次看到了预言，那他尽管也会犯错，但还会被认为是有预言术之力的。'

我们[亲爱]的 Cratippus 啊，请看一下，这两个论证是多么类似；**53**对我来说，看起来却并非如此。眼睛在看到真实的时候，靠的是自然与感官；而精神，如果有时或在灵乱或在梦中看到了真实，靠的其实是幸运与偶然；除非是那些把梦境就单单当作梦境的人，才可能会对你承认说，若是有时某个梦境成真，那就不是偶然所导致。但就让我们(对你)承认这两个'大前提'（就是逻辑学家所称的 λήμματα，但我们更倾向于用拉丁语称呼它们），然而这'小前提'（同样的逻辑学家称之为 πρόληψιν），还是没有被承认的。

---

[1] 指脏卜术。
[2] 下面引文来自卷一71节，只有几处细微差异，标记在原文中。

109   assumit autem Cratippus hoc modo: 'sunt autem innumerabiles praesensiones non fortuitae.' at ego dico nullam. vide, quanta sit controversia. iam assumptione non concessa nulla conclusio est. 'at impudentes sumus qui, cum tam perspicuum sit, non concedamus.' quid est 'perspicuum'? 'multa vera,' inquit, 'evadere.' quid, quod multo plura falsa? nonne ipsa varietas, quae est propria fortunae, fortunam esse causam, non naturam esse docet?

deinde, si tua ista conclusio, Cratippe, vera est — tecum enim mihi res est — non intellegis eadem uti posse et haruspices et fulguratores et interpretes ostentorum et augures et sortilegos et Chaldaeos? quorum generum nullum est ex quo non aliquid sicut praedictum sit evaserit. ergo aut ea quoque genera divinandi sunt, quae tu rectissime improbas, aut, si ea non sunt, non intellego cur haec duo sint quae relinquis. qua ergo ratione haec inducis, eadem illa possunt esse, quae tollis.

54,110   quid vero habet auctoritatis furor iste, quem 'divinum' vocatis ut, quae sapiens non videat, ea videat insanus, et is qui humanos sensus amiserit divinos adsecutus sit? Sibyllae versus observamus, quos illa furens fudisse dicitur. quorum interpres nuper falsa quadam hominum fama dicturus in senatu putabatur eum, quem re vera regem habebamus, appellandum quoque esse regem, si salvi esse vellemus. hoc si est in libris, in quem hominem et in quod tempus est? callide enim, qui illa composuit, perfecit, ut, quodcumque accidisset, praedictum 111 videretur hominum et temporum definitione sublata. adhibuit etiam latebram obscuritatis, ut eidem versus alias in aliam rem posse accommodari viderentur.

non esse autem illud carmen furentis cum ipsum poëma declarat (est enim magis artis et diligentiae quam incitationis et motus), tum vero ea, quae ἀκροστιχίς dicitur, cum deinceps ex primis versuum litteris aliquid conectitur, ut in quibusdam Ennianis: 'Q. Ennius fecit.' id certe magis est attenti animi quam furentis.

112   atque in Sibyllinis ex primo versu cuiusque sententiae primis litteris illius sententiae carmen omne praetexitur. hoc scriptoris est, non

　　而 Cratippus 以这种方式假设的小前提：'但存在着数不胜数的 109
并非偶然的预言。'但我说一个都没有。你看，这分歧是有多大。如
果这小前提不成立，那这结论也就不存在了。'但这事如此清楚明白，
如果不承认它，那我们就很无耻了。'什么事情是'清楚明白'？'很
多预言，'他说，'都成真了。'那还有更多是假的呢？难道不正是这
种完全偶然的差异，证明这事并非自然，而是运气与偶然？

　　然后呢，如果你的这个结论是对的，Cratippus——因为我的论证
是针对你说的——你难道不知道，那些脏卜师、闪电解兆师、征兆解
兆师、鸟卜师、神签师还有迦勒底占星师，他们都可以用同一套论
证？这些种类的预言术，(从中)都不会找不到某个预言之事成真的例
子。所以，或者那么这些种类的预言术也是存在的——但你最直接地
反对这一点——又或者，如果它们不存在，那我也就不知道你保留的
两类为什么算是预言术了。所以，被你承认的预言术所用的理由，也
同样可以用在那些被你否定的预言术上。

　　那灵乱又确实有什么力量吗？——就是你们说的'神圣'，理智的 54.110
人看不见，疯狂的人却能看见，而那失去人类知觉的人却能够接触到
神性知觉？我们[罗马人]参看的 Sibylla 卜书[1]，相传就是在灵乱之时
吐露的。一位卜书的解释者[2]向元老院陈述了当时被相信，现在却成
了虚假的报告，说如果我们要安全的话，我们那位实际上是王的某
人，也应该被称为王。如果这真是在卜书里的，那说的是哪个时代，
哪位人物呢？这写书之人也是费尽心机，漏掉了确定的时间与人物，
那无论发生了什么，都会被当成预言之事。这卜书也成了隐晦之事的 111
藏身之所，同样的诗句可以被看成是与不同的时间不同的事件相匹
配。

　　而且，那些并非灵乱的诗歌，从诗行就能昭显这一点（更多是技
艺与勤奋，而非激情与冲动），特别是那所谓'藏头诗'（ἀκροστιχίς），
就是从诗行的首字母连接成某个意思，如同 Ennius 在某处就有：'Q.
Ennius 所作'。这肯定是属于专注的精神，而非灵乱。

　　而在 Sibylla 卜书中，从第一行开始，每一句卜词的首字母编织 112
在一起，将整首诗串联了起来。这不是灵乱写作，是以勤勉而非疯狂

---

[1] 参见卷一97节注。
[2] 有一个专门的组织，叫quindecimviri或xv.viri，即"十五人卜书团"，负
责解释卜书。

furentis, adhibentis diligentiam, non insani. quam ob rem[1] Sibyllam
quidem sepositam et conditam habeamus, ut, id quod proditum est a
maioribus, iniussu senatus ne legantur quidem libri valeantque ad de-
ponendas potius quam ad suscipiendas religiones; cum antistitibus[2]
agamus, ut quidvis potius ex illis libris quam regem proferant, quem
Romae posthac nec di nec homines esse patientur.

55   'at multi saepe vera vaticinati, ut Cassandra:

>   iamque mari magno ...

eademque paulo post:

>   eheu videte ...'

113 num igitur me cogis etiam fabulis credere? quae delectationis habeant,
quantum voles, verbis, sententiis, numeris, cantibus adiuventur; auctoritatem quidem nullam debemus nec fidem commenticiis rebus adiungere. eodemque modo nec ego Publicio nescio cui, nec Marciis
vatibus, nec Apollinis opertis, credendum existimo; quorum partim
ficta aperte, partim effutita temere numquam, ne mediocri quidem
cuiquam, non modo prudenti probata sunt.

114 'quid?' inquies, 'remex ille de classe Coponi nonne ea praedixit,
quae facta sunt?' ille vero, et ea quidem quae omnes eo tempore
ne acciderent timebamus. castra enim in Thessalia castris collata
audiebamus, videbaturque nobis exercitus Caesaris et audaciae plus
habere, quippe qui patriae bellum intulisset, et roboris propter vetus-
tatem; casum autem proeli nemo nostrum erat quin timeret; sed, ita
ut constantibus hominibus par erat, non aperte. ille autem Graecus,
quid mirum si, magnitudine timoris, ut plerumque fit, a constantia
atque a mente atque a se ipse discessit? qua perturbatione animi,
quae, sanus cum esset, timebat ne evenirent, ea demens eventura
esse dicebat. utrum tandem, per deos atque homines! magis veri

---

[1]quam ob rem是一个俗成的用法，表示"所以、于是、据此"等意。

[2]antistes本意是高级祭司，这里按照上下文指的是卜书的解读者，代言
人。

写成。所以，就让我们把 Sibylla 卜书收拾好藏起来，如同从我们先祖那里流传下来的一样，没有元老院的授权就不能解读书卷，最好是用来消减而不是增添宗教上的恐惧；就让我们与代言祭司们一道，努力让从那些书卷中读出的，无论是什么东西都好，就是不要是王——在此之后，这王在罗马，无论诸神还是人民是都不会容忍的。

'但很多的灵言都是应验的，比如 Cassandra 说过：

深邃的大海[1]…

55

不久之后，同样是她：

大家看吧[2]…'

那所以你是想让我相信这些编造的故事？就把它们当作娱乐，在词句、思想、节奏与音律上尽可能对你有所助益，但不要让我们把它们当作任何权威，更不要对编造的事情有所信任。同样的道理，我觉得也不该去相信某个什么 Publicius[3]，或是 Marsius 家的预言家[4]，或者 Apollo 晦涩的神谕[5][的故事]；其中有些是公开伪造，有些则是随口胡编，无论哪件事，任何普通人都不会承认，更别说审慎的智者了。

'那这事呢？'你问，'Coponius 舰队里的桨手[6]，他的预言不是成真了？'他的确预言成真了，而且在那时也是我们所有人担心成真的事情。我们当时也听说，在色萨利，军营与军营对峙，对我们而言，Caesar 的军队看起来更为勇猛，毕竟是他将战火引到了祖国，而且他们都是老兵，战斗力也更强；关于战斗的后果，我们中没有人不会害怕；但是，为了保持坚定的形象，都没有公开[谈论此事]。但那个希腊人，如果说他因为这巨大的恐惧，如同常常发生的那样，失去了坚定，失去了神志，失去了自我，那有什么好奇怪的？而就在这心智混乱之中，那他清醒时所担心要发生的事情，他就在失去理智的时候说了出来，说它们将要发生。请人神见证，哪个说法[是对的]？哪

113

114

---

[1] 参见卷一67节。
[2] 参见卷一114节。
[3] 参见卷一115节。
[4] 参见卷一89节，115节。
[5] 参见卷一各处。
[6] 参见卷一68节。

simile est vesanum remigem an aliquem nostrum qui ibi tum eramus, me, Catonem, Varronem, Coponium ipsum, consilia deorum immortalium perspicere potuisse?

56,115   sed iam ad te venio,

> o sancte Apollo, qui umbilicum certum terrarum obsides,
> unde superstitiosa primum saeva evasit vox fera.

tuis enim oraculis Chrysippus totum volumen implevit partim falsis, ut ego opinor, partim casu veris, ut fit in omni oratione saepissime; partim flexiloquis et obscuris, ut interpres egeat interprete, et sors[1] ipsa ad sortes referenda sit; partim ambiguis, et quae ad dialecticum deferenda sint. nam cum illa sors edita est opulentissimo regi Asiae:

> Croesus[2] Halyn[3] penetrans magnam pervertet opum vim,

hostium vim se perversurum putavit, pervertit autem suam.
116   utrum igitur eorum accidisset, verum oraclum fuisset. cur autem hoc credam umquam editum Croeso? aut Herodotum cur veraciorem ducam Ennio? num minus ille potuit de Croeso quam de Pyrrho[4] fingere Ennius? quis enim est qui credat Apollinis ex oraculo Pyrrho esse responsum:

> aio te, Aeacida, Romanos vincere posse?

primum Latine Apollo numquam locutus est; deinde ista sors inaudita Graecis est; praeterea Pyrrhi temporibus iam Apollo versus facere desierat; postremo, quamquam semper fuit, ut apud Ennium est,

> stolidum genus Aeacidarum,
> bellipotentes sunt magis quam sapientipotentes,

---

[1] 这里sors按上下文理解成神谕更为通顺。
[2] 参见卷一37节。
[3] Halys是小亚细亚的一条河。
[4] Pyrrhus是希腊西部Epirus的国王，相传是Aeacus（Zeus与Europa之子，Telemo之父，Achilles的祖父）的后裔。他生活在公元前三世纪，曾与罗马交战。

个人——是那个疯掉的桨手，还是当时在场的我们中任何一人——我，Cato，Varro[1]以及 Coponius 他自己——哪个人更像是可以感知到不朽神明的忠告？

我现在要说到你—— 56,115

> 噢，神圣的 Apollo，你居于大地中间[2]，
> 首先从那里吐露了，灵乱野性的预言。

Chrysippus 有一整卷书都写满了你的预言，我认为，部分是假的；部分则是偶然成真，如同在所有的谈话中经常发生的那样；部分则是含糊暧昧、隐晦不明，以至于解释者需要自己的解释者，这神谕本身也需要神谕一样；还有部分则是两难，需要求助于逻辑学家。比如，亚细亚最富有的国王收到的那条神谕：

> Croesus 渡过 Halys 河，将颠覆一个强大的政权。

他以为可以颠覆敌人的政权，却颠覆了自己的王国。

所以无论哪种情况发生，这神谕都会是对的。那为什么我要去相 116 信 Croesus 真的收到过这神谕？或者为什么我要觉得 Herodotus[3]比 Ennius 更真实？那前者关于 Croesus 的故事难道不比 Ennius 关于 Pyrrhus 王的更假？谁会去相信 Apollo 的神谕给 Pyrrhus 这样回复：

> Aeacus 的后裔啊，我说，你，罗马人可以战胜[4]。

首先，Apollo 他从来不说拉丁语[5]；而且希腊人也没有听说过这条神谕；还有，在 Pyrrhus 的时代，就已经没有再颁布 Apollo 的神谕了；最后，尽管一直如此，但根据 Ennius：

> 愚钝的 Aeacus 一族，能打仗却不能思考。

---

[1]参见卷一68节。
[2]原文是"肚脐"，指地心。
[3]参见希罗多德《历史》I.53。
[4]原句Romanos是战胜的主语还是宾语会有歧义，就导致了神谕可以两解，即"罗马人可以战胜你"或者"你可以战胜罗马人"。
[5]其实维吉尔《牧歌集》VI.3-5就是Apollo对Tityrus说的话，也暗示Apollo到过罗马。当然，他要学习拉丁语并非是什么难事。

tamen hanc amphiboliam versus intellegere potuisset, 'vincere te Romanos' nihilo magis in se quam in Romanos valere; nam illa amphibolia quae Croesum decepit, vel Chrysippum potuisset fallere, haec vero ne Epicurum quidem!

57,117   sed, quod caput est, cur isto modo iam oracla Delphis non eduntur non modo nostra aetate, sed iam diu, ut modo nihil possit esse contemptius? hoc loco cum urguentur, 'evanuisse,' aiunt, 'vetustate vim loci eius, unde anhelitus ille terrae fieret, quo Pythia mente incitata oracla ederet.' de vino aut salsamento putes loqui, quae evanescunt vetustate. de vi loci agitur, neque solum naturali, sed etiam divina; quae quo tandem modo evanuit? 'vetustate,' inquies. quae 'vetustas' est quae vim divinam conficere possit? quid tam divinum autem quam afflatus e terra mentem ita movens, ut eam providam rerum futurarum efficiat, ut ea non modo cernat multo ante, sed etiam numero versuque pronuntiet? quando ista vis autem evanuit? an postquam homines minus creduli esse coeperunt?

118   Demosthenes quidem, qui abhinc annos prope trecentos fuit, iam tum φιλιππίζειν Pythiam dicebat, id est quasi cum Philippo[1] facere. hoc autem eo spectabat, ut eam a Philippo corruptam diceret. quo licet existimare in aliis quoque oraculis Delphicis aliquid non sinceri fuisse. sed nescio quo modo isti philosophi superstitiosi et paene fanatici quidvis malle videntur quam se non ineptos. evanuisse mavultis et extinctum esse id quod si umquam fuisset, certe aeternum esset, quam ea quae non sunt credenda non credere.

58,119   similis est error in somniis; quorum quidem defensio repetita quam longe est! divinos animos censent esse nostros, eosque esse tractos extrinsecus, animorumque consentientium multitudine completum esse mundum; hac igitur mentis et ipsius divinitate et coniunctione cum externis mentibus cerni, quae sint futura. contrahi autem animum Zeno[2] et quasi labi putat atque concidere id ipsum esse dormire. iam Pythagoras et Plato, locupletissimi auctores, quo in somnis certiora videamus, praeparatos quodam cultu atque victu proficisci ad dormiendum iubent. faba quidem Pythagorei utique abstinere, quasi

---

[1] Philippus II，通译腓力二世，马其顿国王，亚历山大大帝的父亲。
[2] 参见卷一第5节。

就算这样，他也应该能明白这句子的模棱两可，'你，罗马人战胜'，说是对罗马人，其实对他自己也不差；那欺骗了 Croesus 的歧义，或许也能让 Chryippus 中招，但这个[Pyrrhus 的]例子，连 Epicurus 都骗不了！

然而，最首要的问题是，为什么德尔斐再也没有像这样颁布过神 **57.117**谕，不仅是我们这个时代，而且是已经很久这样了，几乎都没有什么比它更为人不齿的了？到了这里，再去逼问的话，他们就会说[1]：'之前从那大地的吐息中，激起 Pythia 女祭司心灵，吐露神谕的力量，因岁月长久而消散了。'因时间长久而消散[2]了——你会觉得他们在说美酒或是腌鱼！我们在说的是一个地方的灵力，不仅是自然的，更加是神圣的；它是怎么消散的？'岁月长久，'你说。那怎样的'岁月长久'能够撼动神圣之力？但究竟是怎样的神圣之力，从地底流出，可以激发精神，使其预见未来之事，不仅是可以很久之前就能感知，而且还要用节奏与诗句宣布出来？这力量是什么时候消散的？是在人们开始不那么相信之后吗？

生活在距今快三百年之前的 Demosthenes 就说过，[德尔斐的] 118 Pythia 女祭司已经 'Philippus 化（φιλιππίζειν）'了，就是说类似与 Philippus 一伙。从这看，就是说她被 Philipus [贿赂]腐化堕落了。由此可以认为，在其他事情上，德尔斐的神谕院也不是清白的。但由于某种不明原因，那些个迷信甚至接近狂热的哲学家，无论怎么说他们都不愿意理智地看待这事。你们更愿意相信，那个如果存在则必然永恒的东西，它消散消失了，也不会不去相信那本不该相信之事。

那梦境的谬误也是类似；对它们的辩护真是太冗长了！他们认为 **58.119**我们的灵魂是神圣的，而且它们被外部的力量吸引，整个世界都被这灵魂的共鸣集合体所充满；于是由这灵魂自己的神圣之力与跟外部灵魂的联结，就能感知到未来。然而 Zeno 认为睡眠不过是灵魂的收缩，类似于滑落或者倾倒。而那最可靠的权威，Pythagoras 与 Plato[3]，则要人们去睡觉前要在某种生活方式与饮食上准备妥当，这样让我们能在睡梦中看到真实。Pythagoras 学派绝对禁食蚕豆，说得好像被这

---

[1]参见卷一38节。
[2]这里用的是同一个动词evanesco，也可以形容酒肉失去了味道。
[3]参见卷一60-62节。

vero eo cibo mens, non venter, infletur! sed nescio quo modo nihil
tam absurde dici potest quod non dicatur ab aliquo philosophorum.

120   utrum igitur censemus dormientium animos per sene ipsos in somniando moveri, an, ut Democritus censet, externa et adventicia vi-
sione pulsari? sive enim sic est sive illo modo, videri possunt permulta somniantibus falsa pro veris. nam et navigantibus moveri videntur ea quae stant, et quodam obtutu oculorum duo pro uno lucernae lumina. quid dicam, insanis, quid ebriis, quam multa falsa videantur? quodsi eius modi visis credendum non est, cur somniis credatur,
nescio. nam tam licet de hiis erroribus, si velis, quam de somniis disputare, ut ea quae stant, si moveri videantur, terrae motum significare
dicas aut repentinam aliquam fugam; gemino autem lucernae lumine
declarari dissensionem ac seditionem moveri!

59,121   iam ex insanorum aut ebriorum visis innumerabilia coniectura trahi
possunt, quae futura videantur. quis est enim, qui totum diem iacu-
lans non aliquando conliniet? totas noctes somniamus, neque ulla
est fere, qua non dormiamus, et miramur aliquando id quod som-
niarimus evadere? quid est tam incertum quam talorum iactus? tamen
nemo est quin saepe iactans Venerium iaciat aliquando, non numquam
etiam iterum ac tertium. num igitur, ut inepti, Veneris id impulsu
fieri malumus quam casu dicere? quodsi ceteris temporibus falsis visis credendum non est, non video, quid praecipui somnus habeat, in
quo valeant falsa pro veris.

122   quodsi ita natura paratum esset, ut ea dormientes agerent, quae
somniarent, alligandi omnes essent, qui cubitum irent; maiores enim
quam ulli insani efficerent motus somniantes.

quodsi insanorum visis fides non est habenda, quia falsa sunt, cur
credatur somniantium visis, quae multo etiam perturbatiora sunt,
non intellego; an quod insani sua visa coniectori non narrant, narrant, qui somniaverunt?

quaero etiam, si velim scribere quid, aut legere, aut canere, vel voce
vel fidibus, aut geometricum quiddam, aut physicum, aut dialecticum
explicare, somniumne exspectandum sit, an ars adhibenda, sine qua
nihil earum rerum nec fieri nec expediri potest? atqui, ne si navigare
quidem velim, ita gubernem ut somniaverim; praesens enim poena
sit.

食物撑胀是灵魂而不是肚子！但无论怎样，不存在什么事情是奇怪到连哲学家都不会去说的[1]。

那我们该相信，睡着的灵魂是由自己在梦中活动，还是如 Democritus 的观点，借由外部与外来的幻象所推动？但无论是这样或是那样的方式，在睡梦中都能看到很多以假乱真的事情。就像是对航行中船上的人来说，静止的东西看起来在运动，还有眼睛盯着看烛光，就会把一个看成两个。我需要说，那疯癫之人，那醉酒之人，他们能看到多少假象？但如果不能相信这样的影像，那为什么要相信梦中的影像，我真不知道。随你所愿，也可以如同对之前这些谬误一样，对梦境进行争辩，比如你可以说，如果看到了静止的东西在动，便预示了地震或是突然的败退，又或者，烛光的重影，揭示了暴乱与冲突的进行！ 120

从疯癫或醉酒的人所见的影像中，可以引出无数的解释来预言未来。如果整天投掷，那谁不会投中几个？我们[常常]整晚都在做梦，而且几乎没有哪个晚上是不睡觉的，那某些我们梦到的事情成真，会很奇怪吗？还有什么比掷骰子更加不确定的吗？然而不会有人永远投不出 Venus，连着两次三次也不是不可能。那所以，就跟那些傻瓜一样，我们更应该说这事是 Venus 的激励，而非偶然？但如果在其他时候也不应该相信虚假的影像，那我就看不出来睡梦有何特殊之处，让这虚假可以被当成真实。 59,121

如果自然真的有这样的设计，让睡着的人可以按照所梦的[景象]行动，那所有去睡觉的人都应该被绑起来；人在梦中的动作可是比任何疯子都要来得大。 122

如果我们不能相信疯子所见的幻象——因为那些是假的——那为什么我们要相信那些更加混乱的，梦中的幻象，我真是无法理解；或者就是因为那些疯子不会跟解梦师述说自己所见，而做梦的人会？

我还得问，如果我想写什么东西，或者读或者唱什么东西——无论是用声音还是用弦琴——或者要去研究解决某个几何问题、自然问题或者逻辑问题，我要等到在做梦的时候，还是借助技艺——如果没有了技艺，这些事情没有哪件可以开展可以进行。而且，如果我要去航海，也不该按照梦中所示的去掌舵，不然灾难就近在眼前了。

---

[1] 意即，无论什么奇怪的事情，都会有哲学家去说。

123   qui igitur convenit aegros a coniectore somniorum potius quam a medico petere medicinam? an Aesculapius an Serapis[1] potest nobis praescribere per somnium curationem valetudinis, Neptunus[2] gubernantibus non potest? et si sine medico medicinam dabit Minerva[3], Musae scribendi, legendi, ceterarum artium scientiam somniantibus non dabunt? at si curatio daretur valetudinis, haec quoque, quae dixi, darentur; quae quoniam non dantur, medicina non datur. qua sublata tollitur omnis auctoritas somniorum.

60,124   sed haec quoque in promptu fuerint, nunc interiora videamus. aut enim divina vis quaedam consulens nobis somniorum significationes facit; aut coniectores ex quadam convenientia et coniunctione naturae, quam vocant συμπάθειαν, quid cuique rei conveniat ex somniis, et quid quamque rem sequatur, intellegunt; aut eorum neutrum est, sed quaedam observatio constans atque diuturna est, cum quid visum secundum quietem sit, quid evenire et quid sequi soleat.

   primum igitur intellegendum est nullam vim esse divinam effectricem somniorum. atque illud quidem perspicuum est, nulla visa somniorum proficisci a numine deorum; nostra enim causa di id facerent, ut providere futura possemus. quotus igitur est quisque, qui 125 somniis pareat, qui intellegat, qui meminerit? quam multi vero, qui contemnant eamque superstitionem imbecilli animi atque anilis putent!

   quid est igitur cur his hominibus consulens deus somniis moneat eos qui illa non modo cura, sed ne memoria quidem digna ducant? nec enim ignorare deus potest, qua mente quisque sit, nec frustra ac sine causa quid facere dignum deo est, quod abhorret etiam ab hominis constantia. ita, si pleraque somnia aut ignorantur aut negleguntur, aut nescit hoc deus aut frustra somniorum significatione utitur; sed horum neutrum in deum cadit; nihil igitur a deo somniis significari fatendum est.

61,126   illud etiam require, cur, si deus ista visa nobis providendi causa dat, non vigilantibus potius det quam dormientibus? sive enim exter-

---

[1]Serapis是一位希腊化的埃及神。

[2]Neptunus即希腊神话海神Poseidon。

[3]Minerva即女神Athena。

所以那病人更应该找解梦师问卜，而不是找医生问药？[如果]医 123
神 Aesculapius[1] 或是 Serapis 可以通过梦境给我们开疾病的医治之方，
那 Neptunus 却不能同样给舵手[托梦]？或者 Minerva 在没有医生的
情况下开药？或者 Musa 女神们不会通过梦境传授写作、阅读以及其
他技艺的知识？如果治病之方是在梦中获得的，那上面我所说的，也
应该可以在梦中得到；然而事实并非如此，所以医术也并非是梦中所
得。否决了这点，那梦境的可信性也就全部被反驳了。

虽然这些看上去也是显然的，现在还是让我们深入查看一下。或 60,124
者[2]，存在某种神圣之力，为了给我们建议而创造了梦中的信号；或
者，是解梦师从某种自然的和谐与共鸣，也就是希腊人所称的'同
情'（αυμπάθεια）里，了解在梦中每件事情如何和谐一体，以及每个
梦境[所预示]的结果；又或者两者皆非，而是由某种持续而长久的观
测记录，当睡梦里见到某种景象时，那就经常预示着什么样的结果与
后续。

首先，我们要知道没有任何神圣之力能制造梦境。而且这点其实
非常清楚——没有任何梦中景象是神明的力量所致；[假设]诸神真的
为了我们，让我们能够[在梦中]预见未来。结果又有多少人会去把梦 125
记住、理解并遵从？事实上，又有多少人轻视梦境，把它当作羸弱灵
魂或是老太婆般的迷信？

那所以，神明为什么要通过梦境警示给这些人类诸多的建议——
他们认为这些都不值得去关心，甚至都不值得记住！神明不可能不知
道每个人心里想的是什么，而且毫无原因毫无结果的努力对神明而言
也不够契合，甚至都与凡人的坚持相冲突[3]。于是乎，如果大部分的
梦或者被忘记或者被无视，那么一是神明不知此事，要么是在徒劳地
使用梦中的征兆。但无论哪点对于神来说都不成立；所以必须承认，
在睡梦中没有任何神明给出的征兆。

那我再次提问，如果神明为了预言给我们这些影像，为什么在睡 61,126
觉的时候而不是我们醒着的时候给？或是外部与外来的刺激搅动了睡

---

[1]Aesculapius，Apollo之子，被尊为掌管医学与治疗的神，相传后来成为
了蛇夫座，即黄道第十三宫。

[2]这段是后文的一个总提纲，讲了梦的三种可能性，后面会一一反驳。

[3]即，连凡人都不会坚持做这种的事情。

nus et adventicius pulsus animos dormientium commovet, sive per se ipsi animi moventur, sive quae causa alia est cur secundum quietem aliquid videre, audire, agere videamur, eadem causa vigilantibus esse poterat; idque si nostra causa di secundum quietem facerent, vigilantibus idem facerent, praesertim cum Chrysippus Academicos refellens permulto clariora et certiora esse dicat quae vigilantibus videantur quam quae somniantibus. fuit igitur divina beneficentia dignius, cum consulerent nobis, clariora visa dare vigilantibus quam obscuriora per somnum. quod quoniam non fit, somnia divina putanda non sunt.

127 iam vero quid opus est circumitione et amfractu, ut sit utendum interpretibus somniorum potius quam directo. deus, siquidem nobis consulebat, 'hoc facito,' 'hoc ne feceris,' diceret idque visum vigilanti potius quam dormienti daret.

62 iam vero quis dicere audeat vera omnia esse somnia? 'aliquot somnia vera,' inquit Ennius, 'sed omnia non est necesse.' quae est tandem ista distinctio? quae vera, quae falsa habet? et, si vera a deo mittuntur, falsa unde nascuntur? nam si ea quoque divina quid inconstantius deo? quid inscitius autem est quam mentes mortalium falsis et mendacibus visis concitare? sin vera visa divina sunt, falsa autem et inania humana, quae est ista designandi licentia, ut hoc deus, hoc natura fecerit potius quam aut omnia deus, quod negatis, aut omnia natura? quod quoniam illud negatis, hoc necessario confitendum est.

128 naturam autem eam dico, qua numquam animus insistens agitatione et motu esse vacuus potest. is cum languore corporis nec membris uti nec sensibus potest, incidit in visa varia et incerta 'ex reliquiis,' ut ait Aristoteles, 'inhaerentibus earum rerum, quas vigilans gesserit aut cogitaverit.' quarum perturbatione mirabiles interdum existunt species somniorum; quae si alia falsa, alia vera, qua nota internoscantur, scire sane velim. si nulla est, quid istos interpretes audiamus? sin quaepiam est, aveo audire, quae sit; sed haerebunt.

63,129 venit enim iam in contentionem, utrum sit probabilius, deosne immortalis, rerum omnium praestantia excellentis, cursare omnium

眠中的灵魂，或是那灵魂本身自发地动了起来，或是有其他的原因导致我们(看似)在睡着后看到什么、听到什么、还会做什么动作，那同样的原因在醒着的时候也能起效；而且如果神明是为了我们在入睡之后做这[预言之]事，那他们在人们醒着的时候也会去做，特别是Chrysippus 在反驳学院派的时候说，在醒着的时候看到的东西，比睡着的时候看到的要更为清楚更为明确。所以，对这神圣的恩惠来说，当要给我们建议之时，更加应该在醒着的时候给更清楚的影像，而不是在睡梦中给更隐晦的。而显然这事没有发生，所以梦境就不应该被认为是神圣的。

而且有什么需要如此迂回曲折拐弯抹角，以至于要用解梦者而不 127
是更直截了当地[获得信息]？神明若是真的要给我们建议，会直接说
'做这个'、'不要做这个'，而且也会在我们清醒的时候说而不是在睡
梦中显灵。

而谁又敢说所有的梦都是真的？'有些梦是真的，' Ennius 这样 **62**
说，'但不是所有的梦。'那又如何区分呢？哪些是真的，哪些是假
的？而且，如果真的梦是神明所赐，那假的又是哪里产生的？如果这
些[假梦]也是源自神明的，那还有什么比神明更加不一致的吗？还有
什么比用虚假与欺骗的影像激发凡人的精神更加无知的吗？那如果
说，真实的梦是神圣的，而虚假与空洞的梦则是人为的，那为什么要
设计成如此自由的，时而是神，时而是自然造梦，而不是或者全部是
神（你们否认这事），或者全部是自然？你既然否认那一边，就必然
要承认这一边。

而我所说的自然，就是[由于自然]就算是灵魂休息时，也从来 128
不会摆脱运动与刺激。在肉体麻木之时，便无法动用四肢或者感官，
[灵魂]便会接触到不定变化的景象，'[梦]是从那些，'如 Aristoteles
所说，'与醒着时所做所思之事有所关联的残留之物而来。'由于这些
事情的混乱，有时候会有特别神奇的梦境；如果有些是真的，有些是
假的，那我也很想知道用什么标志可以区分它们。如果没有这样的标
志，那我们为什么还要去听解梦师的话？如果有，那我就很想知道是
什么；可是他们都进退维谷、无话可说了。

现在说到了这悬念；哪个看起来更可能？是凌驾万物的不朽诸 **63.**129

mortalium qui ubique sunt, non modo lectos, verum etiam grabatos et, cum stertentem aliquem viderint, obicere eis visa quaedam tortuosa et obscura, quae illi exterriti somno ad coniectorem mane deferant? an natura fieri ut mobiliter animus agitatus, quod vigilans viderit, dormiens videre videatur? utrum philosophia dignius, sagarum superstitione ista interpretari an explicatione naturae? ut, si iam fieri possit vera coniectura somniorum, tamen isti, qui profitentur, eam facere non possint; ex levissimo enim et indoctissimo genere constant. Stoici autem tui negant quemquam nisi sapientem divinum esse posse.

130   Chrysippus quidem divinationem definit his verbis: 'vim cognoscentem et videntem et explicantem signa, quae a dis hominibus portendantur; officium autem esse eius praenoscere, dei erga homines mente qua sint quidque significent, quem ad modumque ea procurentur atque expientur.' idemque somniorum coniectionem definit hoc modo: 'esse vim cernentem et explanantem, quae a dis hominibus significentur in somnis.' quid ergo? ad haec mediocri opus est prudentia an et ingenio praestanti et eruditione perfecta? talem autem cognovimus neminem.

64,131   vide igitur, ne, etiamsi divinationem tibi esse concessero, quod numquam faciam, neminem tamen divinum reperire possimus. qualis autem ista mens est deorum, si neque ea nobis significant in somnis quae ipsi per nos intellegamus, neque ea quorum interpretes habere possimus? similes enim sunt dei, si ea nobis obiciunt, quorum nec scientiam neque explanatorem habeamus, tamquam si Poeni aut Hispani[1] in senatu nostro loquerentur sine interprete.

132   iam vero quo pertinent obscuritates et aenigmata somniorum? intellegi enim a nobis di velle debebant ea quae nostra causa nos monerent. 133 quid? poëta nemo physicus obscurus? illi vero nimis etiam obscurus Euphorion; at non Homerus. uter igitur melior? valde Heraclitus obscurus, minime Democritus. num igitur conferendi? mea causa me mones, quod non intellegam. quid me igitur mones? ut si quis medicus aegroto imperet, ut sumat

---

[1]Hispani，指伊比利亚半岛的住民，西班牙人。

神，四处奔波，寻找无论哪里无论是谁的凡人，不管是在高床上还是在板床[1]上，而诸神看到某些人打呼时，便展示给他们某些扭曲隐晦的影像，而被这些梦所惊，第二天早晨他们便去解梦师那里求助？或者，是由自然所引发，如同灵魂受激而动，便看似在睡梦中看见平时醒时所见之物？从哲学上来说，哪个解释更加合适——是用解梦师的迷信去解释，还是用自然去理解？那么，如果真的可以做出梦的真实解释，那现在做这一行的人也不可能做到；他们都是最低等最无知的那类人。而你们斯多葛主义者则认为除了智者，其他人都不能成为占卜家。

事实上，Chrysippus 用这些文字定义了预言术：'某种力量，可 130 以认识、发觉、理解诸神给人类的征兆；它的功能是预知神明对人类是何种目的、给出何种信号、又如何对其预防与化解。'他同样这样定义了对梦的解析：'某种力量，可以察觉、解释诸神在梦中给人类的信号。'那又如何呢？这事到底是只需要普通的智慧，还是需要杰出的才能与完备的学习？但我们从未见过这样的人。

所以你看，就算我跟你承认存在预言术（事实上我可不会承认），**64**.131 我们也找不到任何人可以进行预言。那诸神的计划到底是什么——他们在梦中给我们信号，但我们既无法自己理解，也无法找到任何他们的解释者？诸神如果真的这样做——给我们显示我们无法认识无法理解的事情——就好比，迦太基人或是西班牙人，不带翻译，到我们元老院大放厥词！

那些梦境中的晦涩与隐喻又有什么用途？神明应该是想让我们 132 理解这些事情，为我们好而警示我们。那这个呢？诗人与自然学家从来不隐晦吗？那 Euphorion[2] 真的是太过隐晦了，但 Homerus 则不 133 然。所以这两位谁是更好的[作家]？那 Heraclitus[3] 也是非常隐晦，而 Democritus[4] 则最为直白。所以他们应该拿来比较吗？你为了我而给我警告，我却无法理解。那你为什么要给我警告？这就像是医生在给病人开方，让他吃——

---

[1] 不同于比较高的 lectus，grabatus 比较矮，比较简陋，是平民的睡床。

[2] Euphorion 是古希腊悲剧作家，但没有作品留存至今。

[3] Heraclitus 古希腊哲学家，通译赫拉克利特，相传其作品充满隐喻，非常难读。存世有部分残篇。

[4] 参见卷一第5节。

> terrigenam, herbigradam, domiportam, sanguine cassam,

potius quam hominum more 'cocleam' diceret. nam Pacuvianus Amphio

> quadrupes tardigrada, agrestis, humilis, aspera,
> capite brevi, cervice anguina, aspecta truci,
> eviscerata, inanima, cum animali sono.

cum dixisset obscurius, tum Attici respondent:

> non intellegimus, nisi si aperte dixeris.

at ille uno verbo: 'testudo.' non potueras hoc igitur a principio, citharista[1], dicere?

65,134   defert ad coniectorem quidam somniasse se ovum pendere ex fascia[2] lecti sui cubicularis — est hoc in Chrysippi libro somnium — respondit coniector thesaurum defossum esse sub lecto. fodit, invenit auri aliquantum, idque circumdatum argento, misit coniectori quantulum visum est de argento. tum ille: 'nihilne,' inquit, 'de vitello?' id enim ei ex ovo videbatur aurum declarasse reliquum argentum. nemone igitur umquam alius ovum somniavit? cur ergo hic nescio qui thesaurum solus invenit? quam multi inopes digni praesidio deorum nullo somnio ad thesaurum reperiendum admonentur! quam autem ob causam tam est obscure admonitus ut ex ovo nasceretur thesauri similitudo, potius quam aperte thesaurum quaerere iuberetur, sicut **135** aperte Simonides[3] vetitus est navigare? ergo obscura somnia minime consentanea maiestati deorum.

66   ad aperta et clara veniamus, quale est de illo interfecto a caupone Megaris; quale de Simonide, qui ab eo, quem humarat, vetitus est navigare; quale etiam de Alexandro, quod a te praeteritum esse miror, Quinte. cum Ptolemaeus[4], familiaris eius, in proelio telo venenato ictus esset eoque vulnere summo cum dolore moreretur, Alexander

---

[1] cithara是一种弦琴，可以用龟壳作为共鸣腔。
[2] fascia是一种绑带，绑在床的框架上形成床底。
[3] 参见卷一56节。
[4] Ptolemaeus通译托勒密，本是亚历山大手下的大将，在其死后统治埃及，成为埃及法老，建立托勒密王朝。

> 生于大地，流于草莽，毫无血性，负重前行，

而不是像正常人类一样说'蜗牛'。在 Pacuvius[1] 的剧中，Amphion[2] 这么说：

> 四足缓行，荒野之民，
> 地位卑微，遍历艰辛，
> 头颅短小，脖子细长，面目丑陋，
> 开膛破肚，毫无生气，动物之音。

他说得过于隐晦，以至于雅典人回复说：

> 我们听不懂，除非你说得明白点。

然而他就说了一个词：'乌龟'。弦琴师啊，你就不能一开始就说吗？

某人曾向解梦师询问，自己梦到有个蛋悬在自己卧室的床绳上 **65.134** ——这事是在 Chrysippus 关于梦的书上——解梦师回复说，有宝藏埋藏于床下。他开挖后，找到了不少黄金，周围还围了一圈白银；他从白银里拿了他觉得合适的部分去给解梦师。然后解梦师便说：'没有蛋黄吗？'那以他看来，这蛋里面的蛋黄就是黄金，而其余的蛋白便是白银。那其他人都没有梦到过蛋吗？那么为什么就这个某人一个人能找到宝藏？有那么多穷苦需要帮助的人，从来没有诸神托梦去找宝藏！而且为什么要如此隐晦地宣示，从蛋产生宝藏的联想，而不是明白直接地命令说去找宝藏，正如 Simonides 被明白地要求不出海一样？所以说隐晦的梦境与诸神的权威真是格格不入。

135

让我们现在来看下清楚明白的梦境，就像是 Megara 那个被旅店 **66** 老板杀害的梦[3]；比如关于 Simonides 被他埋葬的人来警告他不要出海；还有关于 Alexander 的，Quintus，我很惊讶你居然把这事忽略了[4]。当 Alexander 的挚友 Ptolemaeus 在战斗中中了毒箭，正在极度

---

[1]参见卷一24节。
[2]神话传说中Zeus之子，Thebes的王。他会用有魔法的乐声让石头自己堆筑起城墙。相传这段出自Pacuvius的悲剧《Antiopa》（Antiopa是双胞胎Amphion与Zethus之母）。
[3]参见卷一57节。
[4]我也很惊讶，他把《西庇阿之梦》也忽略了——译者。

assidens somno est consopitus. tum secundum quietem visus ei dicitur draco is, quem mater Olympias alebat, radiculam ore ferre et simul dicere, quo illa loci nasceretur (neque is longe aberat ab eo loco), eius autem esse vim tantam, ut Ptolomaeum facile sanaret. cum Alexander experrectus narrasset amicis somnium, emissi sunt, qui illam radiculam quaererent; qua inventa et Ptolomaeus sanatus dicitur et multi milites, qui erant eodem genere teli vulnerati.

136   multa etiam sunt a te ex historiis prolata somnia, matris Phalaridis, Cyri superioris, matris Dionysi, Poeni Hamilcaris, Hannibalis, P. Deci; pervulgatum iam illud de praesule, C. Gracchi etiam et recens Caeciliae, Baliarici filiae, somnium. sed haec externa[1] ob eamque causam ignota nobis sunt, non nulla etiam ficta fortasse. quis enim auctor istorum?

de nostris somniis quid habemus dicere? tu de emerso me et equo ad ripam, ego de Mario cum fascibus laureatis me in suum deduci iubente monumentum?

67   omnium somniorum, Quinte, una ratio est; quae, per deos immortalis! videamus ne nostra superstitione et depravatione superetur.

137   quem enim tu Marium visum a me putas? 'speciem[2],' credo, eius et 'imaginem,' ut Democrito videtur. unde profectam 'imaginem'? a 'corporibus' enim solidis et a certis 'figuris' vult fluere 'imagines.' quod igitur Marii corpus erat? 'ex eo,' inquit, 'quod fuerat.' ista igitur me 'imago' Mari in campum Atinatem persequebatur? 'plena sunt "imaginum" omnia'; nulla enim 'species' cogitari potest nisi pulsu

---

[1]这里externa意思很不好懂，大概指的是中文语境中的"别人"。也有说这里是指前面几个外国的例子，存疑。

[2]这里从词根上看，species是人[梦中]所见之物，而imago原意指的是人死后在其脸上敷上蜡做成的蜡面具（即death mask），用于葬礼游行以及日后子孙瞻仰（参见李维III.58）。这里中文分别译为眼睛所见之"相"与属于人本身的"像"。（如鸠摩罗什译《金刚经》第五：凡所有相，皆是虚妄，若见诸相非相，即见如来。）所以，作者表示这事太过恐怖，Marius 的"像"跟着他，给他托梦。

的痛苦中垂死挣扎，Alexander 将其安置好，便入睡了。就在他睡着后，相传看到了他母亲 Olympias 养的蛇向他显灵，口中还衔着一种植物的根，同时还说出它生长之处（就在离他不远的地点），说这根的威力巨大，可以轻易地让 Ptolomaeus 恢复健康。而当 Alexander 醒来之后，向朋友们说出了梦境，又派了人去寻找那种根；相传 Ptolomaeus 以及很多中了相同种类毒箭的士兵就是靠找到的根恢复了健康。

而你也说了很多历史上流传下来的梦，比如 Phalaris 的母亲[1]，Cyrus 大帝[2]，Dionysius 的母亲[3]，迦太基的 Hamilcar[4] 与 Hannibal[5]，P. Decius[6]，那个著名的关于赛会领舞者[7]，C. Gracchus[8]，以及最近的 Baliaricus 之女 Caecilia[9]，他们这些人的梦。但这些都是别人所说，因此对我们来说并不熟悉，而且可能有些还是编造的。谁是这些故事的始作俑者呢？ **136**

对于我们自己的梦，又该说什么？你做的关于我和马在岸边[重新]浮现[10]？还有我做的关于 Marius 带着月桂的束棒，命我去他的纪念神庙[11]？

所有的梦境，Quintus 啊，只有一个理由；不朽诸神啊，就让我们看一下它，这样就不会被我们的迷信与偏见所蒙蔽！ **67**

那你觉得我看到的 Marius 的影像究竟是什么？是他的'相'，我 **137** 觉得，还有按 Democritus 所说的'像'。那这'像'是从哪里来的？他会认为这'像'是从完整的'体'以及从确定的'形'里面流出的。那么所以 Marius 的'体'又是什么？'从他之前的存在而来，'他这样说。那所以 Marius 的'像'跟随着我，跟到了 Atina 的平原？'万物都是充满了"像"，'[他这样说]；若是没有'像'的刺激，便不会

[1] 参见卷一46节。
[2] 参见卷一46节。
[3] 参见卷一39节
[4] 参见卷一50 节。
[5] 参见卷一48-49节。
[6] 参见卷一51节。
[7] 参见卷一55节。
[8] 参见卷一56节。
[9] 参见卷一4,99节。
[10] 参见卷一58节。
[11] 参见卷一59节。

'imaginum.'

138   quid ergo? istae 'imagines' ita nobis dicto audientes sunt ut, simul atque velimus, accurrant? etiamne earum rerum quae nullae sunt? quae est enim forma tam invisitata, tam nulla, quam non sibi ipse fingere animus possit? ut, quae numquam vidimus, ea tamen informata habeamus, oppidorum situs, hominum figuras.

139   num igitur, cum aut muros Babylonis aut Homeri faciem cogito, 'imago' illorum me aliqua pellit? omnia igitur, quae volumus, nota nobis esse possunt; nihil est enim, de quo cogitare nequeamus; nullae ergo 'imagines' obrepunt in animos dormientium extrinsecus, nec omnino fluunt ullae, nec cognovi quemquam, qui maiore auctoritate nihil diceret.

animorum est ea vis eaque natura, ut vigeant vigilantes nullo adventicio pulsu, sed suo motu incredibili quadam celeritate. hi cum sustinentur membris et corpore et sensibus, omnia certiora cernunt, cogitant, sentiunt. cum autem haec subtracta sunt desertusque animus languore corporis, tum agitatur ipse per sese. itaque in eo et formae versantur et actiones, et multa audiri, multa dici videntur.

140   haec scilicet in imbecillo remissoque animo multa omnibus modis confusa et variata versantur, maximeque 'reliquiae' rerum earum moventur in animis et agitantur de quibus vigilantes aut cogitavimus aut egimus; ut mihi temporibus illis multum in animo Marius versabatur recordanti, quam ille gravem suum casum magno animo, quam constanti tulisset. hanc credo causam de illo somniandi fuisse.

68   tibi autem de me cum sollicitudine cogitanti subito sum visus emersus e flumine. inerant enim in utriusque nostrum animis 'vigilantium cogitationum vestigia.' at quaedam adiuncta sunt, ut mihi de monumento Mari, tibi, quod equus, in quo ego vehebar, mecum una demersus rursus apparuit.

141   an tu censes ullam anum tam deliram futuram fuisse ut somniis

感知到任何的'相'。

那所以呢？这些'像'居然对我们如此听话，只要我们想，它们 138
就会马上赶过来？甚至是那些完全不存在的事物，[它们也有'像'
吗]？又有哪种形象是如此不被人知，如此不可存在，以至于灵魂本
身无法给自己虚构出来？就像是我们在心中构想出从未见过的事物，
城镇的布局，以及人类的形象。

那所以说，当我想着巴比伦的墙[1]或是 Homerus 的头像，他们 139
的某种'像'就会来找我？那么，只要我们想，那所有的东西都是
可以被我们所认知的了；没有什么是我们无法想象的；[显然此事
不成立]；那所以，没有任何所谓的'像'在我们睡眠之时从外部潜
入梦乡，没有任何'像'[从物体里]流出，我也不认识任何说得[比
Democritus 的理论]更加没有权威性的人了。

这便是灵魂的力量与本质，它在清醒的时候不需要外来的驱动便
可以活跃，而是通过自己的运动达到难以想象的速度。而当灵魂在四
肢、身体与感官的支持下，可以对所有东西更加清楚地进行识别、思
考与感觉。而当这些支持都撤走之后，灵魂被麻木的身体所抛弃，便
只能凭借本身自行运动。所以在灵魂里面，看起来有形象在运动在轮
转，还能听到很多东西，还能说很多事情。

你应该知道，这些[幻象]在虚弱而放松的灵魂里，可以(以各种 140
形式)变化多端，交杂混乱；特别是我们醒着的时候所思所为的那些
事物的'残像'，[在睡觉时]在灵魂中被翻动被激发；比如，在那段
时间里[2]，我整天在灵魂里反复思考着 Marius，他如何在自己巨大的
挫折[3]前拥有强大的灵魂，如何坚定信念、忍辱负重。我相信这就是
我梦到他的原因。

而对你来说，当你心神焦虑，担忧我的事情，于是[在梦中]就看 68
见了我突然从河水中浮现。在我们两个的灵魂里呈现的是'清醒时思
索的足迹'。而某些事物又被添加了进去，比如我梦到的 Marius 的纪
念神庙，以及你的，那匹我骑着的马，跟我一起沉入水里，又一起出
现。

若不是有时候由于运气，[梦境]能偶然地、随机地与现实耦合， 141

---

[1]这里应该指的是七大奇迹之一的巴比伦空中花园。
[2]参见卷一58-59节注。参见年表。
[3]前88年，苏拉第一次占领罗马；Marius被迫流亡，后又重回罗马。

crederet, nisi ista casu non numquam forte temere concurrerent? Alexandro draco loqui visus est. potest omnino hoc esse falsum, potest verum; sed utrum est non est mirabile; non enim audivit ille draconem loquentem, sed est visus audire; et quidem, quo maius sit, cum radicem ore teneret locutus est. sed nihil est magnum somnianti. quaero autem cur Alexandro tam illustre somnium, tam certum, nec huic eidem alias, nec multa ceteris? mihi quidem praeter hoc Marianum nihil sane, quod meminerim. frustra igitur consumptae tot noctes tam longa in aetate!

142　　nunc quidem propter intermissionem forensis[1] operae et lucubrationes[2] detraxi et meridiationes addidi, quibus uti antea non solebam, nec tam multum dormiens ullo somnio sum admonitus, tantis praesertim de rebus, nec mihi magis umquam videor, quam cum aut in foro magistratus aut in curia senatum video, somniare.

69　　etenim — ex divisione hoc secundum est — quae est continuatio coniunctioque naturae quam, ut dixi, vocant συμπάθειαν, eius modi, ut thesaurus ex ovo intellegi debeat? nam medici ex quibusdam rebus et advenientis et crescentis morbos intellegunt, non nullas etiam valetudinis significationes, ut hoc ipsum, pleni enectine simus, ex quodam genere somniorum intellegi posse dicunt. thesaurus vero et hereditas et honos et victoria et multa generis eiusdem qua cum somniis naturali cognatione iunguntur?

143　　dicitur quidam, cum in somnis complexu Venerio iungeretur, calculos eiecisse. video sympathian; visum est enim tale obiectum dormienti, ut id, quod evenit naturae vis, non opinio erroris effecerit. quae igitur natura obtulit illam speciem Simonidi a qua vetaretur navigare? aut quid naturae copulatum habuit Alcibiadis quod scribitur somnium? qui paulo ante interitum visus est in somnis amicae esse amictus amiculo. is cum esset proiectus inhumatus ab omnibusque desertus iaceret, amica corpus eius texit suo pallio. ergo hoc inerat in rebus futuris et causas naturalis habebat, an, et ut videretur et ut eveniret, casus effecit?

---

[1]forensis这个词本意是"关于罗马广场的"，即在广场的各种政治活动或者法庭活动，所以在修辞领域也引申为法庭辩论的意思；这里应该是泛指在广场参加的各种活动。

[2]lucubratio指需要灯光的工作或者学习，可以在晚上也可以在早晨。

你难道觉得会有老太婆会傻到去相信梦？Alexander 梦到蛇在说话
——这事可能完全是假的，也可能是真的；但两个可能都算不上奇
迹；他又没有真的听到蛇在说话，只是梦中见到蛇在说话；不过更厉
害的是，它说话的时候还衔着一条根。但对于做梦的人来说，这也没
什么大不了的。那我要问，为什么 Alexander 能做如此清晰的梦，如
此确定，但他却没有其他类似的梦，而其他人也没有很多这样类似的
梦？对我个人而言，除了那个 Marius 的梦，都没有什么能记起来的。
这漫长的年岁，这么多的夜晚全部浪费！

而最近，因为中断了公众活动[1]，我停止了晚自习，还增加了午   142
休（以前都没有这样的习惯），但就算睡得这么足，还是没有任何梦
来跟我提醒，特别是[最近]如此大的事件；而当我看见这广场上的官
员与元老院中的元老，总觉得没有什么比这景象更像是在睡觉做梦
了[2]。

我们现在说到第二点，是哪种自然的连续与共鸣，就是我之前所   69
说[3]，他们希腊人称之为 '共情'（συμπάθεια）的东西，使得从这鸡
蛋里可以理解出宝藏？比如医生可以从某些特定的事情上知道病情的
发生与发展，他们还说，也会有某些健康的信号，例如我们[身体]是
饱满还是饥饿，可以从特定的梦境中得知。然而宝藏、遗产、荣耀、
胜利以及其他很多同样类型的事情，跟这梦境又有什么自然的联系
吗？

相传某人当在梦中享受着爱情的拥抱时，射出了结石。我的确   143
看到了 '共情'；当如此的景象显示给睡觉的那人，是自然的力量
而非错误的认知导致了那结果。那所以，是什么样的自然导致了
Simonides 看到的景象，让他避免出海？或者，是什么样的自然联
系，让 Alcibiades[4]做了传说中那个梦？他在被害前不久，梦到自己裹
在他情人的外袍之内。而当他被抛尸野外，被所有人抛弃，他的情人
便用自己的外袍盖住了他的尸体。那所以这梦就基于这未来的事件，
存在着自然的因果，或者说，他梦中所见与他所经历的，只是偶然吻
合？

---

[1]这段应该写于恺撒遇刺之前。
[2]原句很有意思。这里指官员和元老都成了梦中幻象，没有实际权力了。
[3]参见卷二34节。
[4]Alcibiades是公元前五世纪雅典著名的政治家与军事家。

70,144   quid? ipsorum interpretum coniecturae nonne magis ingenia declarant eorum quam vim consensumque naturae? cursor, ad Olympia
proficisci cogitans, visus est in somnis curru quadrigarum vehi. mane
ad coniectorem. at ille: 'vinces,' inquit; 'id enim celeritas significat et
vis equorum.' post idem ad Antiphontem. is autem: 'vincare,' inquit,
'necesse est; an non intellegis quattuor ante te cucurrisse?' ecce alius cursor — atque horum somniorum et talium plenus est Chrysippi
liber, plenus Antipatri — sed ad cursorem redeo: ad interpretem detulit aquilam se in somnis visum esse factum. at ille: 'vicisti; ista enim
avi volat nulla vehementius.' huic eidem Antipho: 'baro,' inquit, 'vic-
tum te esse non vides? ista enim avis insectans alias avis et agitans
semper ipsa postrema est.'

145   parere quaedam matrona cupiens, dubitans essetne praegnans, visa
est in quiete obsignatam habere naturam[1]. rettulit. negavit eam,
quoniam obsignata fuisset, concipere potuisse. at alter praegnantem
esse dixit; nam inane obsignari nihil solere. quae est ars coniectoris
eludentis ingenio? an ea, quae dixi, et innumerabilia, quae collecta
habent Stoici, quicquam significant nisi acumen hominum ex similitudine aliqua coniecturam modo huc, modo illuc ducentium?

medici signa quaedam habent ex venis et spiritu aegroti multisque
ex aliis futura praesentiunt; gubernatores cum exsultantis lolligines
viderunt aut delphinos se in portum conicientes, tempestatem significari putant. haec ratione explicari et ad naturam revocari facile
possunt, ea vero, quae paulo ante dixi, nullo modo.

71,146   at enim observatio diuturna (haec enim pars una restat) notandis
rebus fecit artem. ain tandem? somnia observari possunt? quonam
modo? sunt enim innumerabiles varietates; nihil tam praepostere,
tam incondite, tam monstruose cogitari potest, quod non possimus
somniare. quo modo igitur, haec infinita et semper nova aut memoria
complecti aut observando notare possumus? astrologi motus errantium stellarum notaverunt; inventus est enim ordo in eis stellis, qui
non putabatur. cedo tandem qui sit ordo aut quae concursatio somniorum? quo modo autem distingui possunt vera somnia a falsis, cum

---

[1]这里natura是一个不常见的意思，指人的 "自然部分"，即私处。

那这事呢？那些解梦师的解释，与其说是自然的力量与联结，还 70.144
不如说更像是展示了解梦师本人的才智？一位跑步运动员，想着要
出发去奥运会了，便梦到了自己乘坐四马战车。于是早上便去找了
解梦师。他说：'你会赢，马儿的力量与速度昭示了此事。'之后那人
又拿同一件事情去问 Antiphon[1]，他却说：'你必然是要输了；你不
明白吗，是有四个跑在你前面？'你看，还有另一个跑步运动员——
Chrysippus 的书上到处是这样梦境的事情，Antipater 的书也是——
但话归正题：他去找解梦师是因为在梦中看到了老鹰。然后那解梦
师说：'你已经赢了；没有什么鸟比那老鹰飞得更快。'他也同样去找
Antiphon，'傻瓜！'他说，'你没看见你要输了吗？那老鹰总是追逐
驱赶其他鸟儿，自己总是在最后！'

有个女子想要怀孕，但不确定自己是不是怀上了，在睡觉的时候 145
梦到自己私处被封起来了。她便去找解梦师。回答说，因为那个已经
封上了，就不能够生育了。但是另一个解梦师却说她已经怀上了；因
为空的东西是不需要封起来的。这解梦者的技艺又是什么，不就是骗
人的诡计吗？还有我前面说的这些事例，以及斯多葛学派所收集的无
数例子，除了说明这人类的小聪明可以从某种相似性中联想出这样或
者那样的解释，难道还能证明任何事情吗？

医生会从病人的脉搏与精神状态中看出某些信号，也能从很多其
他方面预测未来；舵手如果看到乌贼跃出海面，或者海豚搁浅在港
口，就会觉得这是风暴来临的信号。这些事情可以很容易地用理性解
释，并归因到自然，但我刚刚提到的那些[事例]，就完全不是如此。

然而长期的观测——这是最后剩下的一点[2]——通过记录事件的 71.146
确可以形成技艺。你说真的吗？可以观测梦境？怎么观测法？因为这
梦有无数的种类；完全不存在什么荒谬绝伦、混乱无序、超脱自然的
想法是我们梦不到的。那所以，我们又能如何把这些数不胜数又日新
月异的梦境留在记忆里，或者通过观测记录下来？观星者记录了游荡
星星[3]的运动；结果发现了这些星星[的运动]也有规律，这是之前没
有想到过的。那你告诉我，这梦境有什么规律，或者，这梦境的巧合
又是什么？而我们又如何能分辨真梦与假梦？[特别是]当同样的梦对

---

[1]参见卷一39节。
[2]参见本卷124节。
[3]即行星。

eadem et aliis aliter evadant et eisdem non semper eodem modo? ut mihi mirum videatur, cum mendaci homini ne verum quidem dicenti credere soleamus, quo modo isti, si somnium verum evasit aliquod, non ex multis potius uni fidem derogent quam ex uno innumerabilia confirment.

147   si, igitur, neque deus est effector somniorum, neque naturae societas ulla cum somniis, neque observatione inveniri potuit scientia, effectum est, ut nihil prorsus somniis tribuendum sit, praesertim cum illi ipsi qui ea vident nihil divinent, ei qui interpretantur coniecturam adhibeant, non naturam, casus autem innumerabilibus paene sacculis in omnibus plura mirabilia quam in somniorum visis effecerit, neque coniectura, quae in varias partis duci possit, non numquam etiam in contrarias, quicquam sit incertius.

72.148   explodatur igitur haec quoque somniorum divinatio pariter cum ceteris. nam, ut vere loquamur, superstitio, fusa per gentis, oppressit omnium fere animos atque hominum imbecillitatem occupavit. quod et in eis libris dictum est qui sunt *de Natura Deorum*, et hac disputatione id maxime egimus. multum enim et nobismet ipsis et nostris profuturi videbamur, si eam funditus sustulissemus. nec vero — id enim diligenter intellegi volo — superstitione tollenda religio tollitur. nam et maiorum instituta tueri sacris caerimoniisque retinendis sapientis est, et esse praestantem aliquam aeternamque naturam, et eam suspiciendam admirandamque hominum generi pulchritudo mundi ordoque rerum caelestium cogit confiteri.

149   quam ob rem, ut religio propaganda etiam est, quae est iuncta cum cognitione naturae, sic superstitionis stirpes omnes eligendae. instat enim et urget et, quo te cumque verteris, persequitur, sive tu vatem, sive tu omen audieris, sive immolaris, sive avem aspexeris, si Chaldaeum, si haruspicem videris, si fulserit, si tonuerit, si tactum aliquid erit de caelo, si ostenti simile natum factumve quippiam; quorum necesse est plerumque aliquid eveniat, ut numquam liceat quieta mente consistere.

150   perfugium videtur omnium laborum et sollicitudinum esse somnus. at ex eo ipso plurimae curae metusque nascuntur; qui quidem ipsi per se minus valerent et magis contemnerentur, nisi somniorum

不同的人有不同的结果，或者对同一个人也常常有不同的结果？就像是，我感到很惊奇，我们通常不会相信一个说谎者，即使他也会说真话；然而那些[解梦师]又是因为什么，在某个梦结果成真的时候，会用这一个事例去确认无数其他的[假梦]，而不是从很多[假梦]去驳斥这一个梦的可信性。

那所以说，如果既不会是神明创造的梦境，也不存在[未来]与梦 147
境之间任何自然的联结，更不可能通过观测发现知识，那就意味着，没有什么事情应该被归属给梦境，特别是那些查看它们的人无法预言任何东西，那些试图解释它们的人只能唤起非自然的猜想，在几乎无穷的岁月中，随机性可以制造出远超梦境的各种万物奇观，而这[梦的]猜想解释，可以指向截然不同的方向，甚至完全相反的方向也不是不可能，没有什么比它更加不确定了。

所以，就跟其余的预言术一道，把这梦境的预言也一并排除。让 72,148
我们实话实说，这流传遍布于各个族裔的迷信，抓住了人类内心的脆弱，压榨了几乎每个人的精神。这一点，我们在《论诸神的本性》中便说过了，而且在[本书]的论辩中更是反复提及。如果我们将这迷信从根本上破除，我觉得这将不仅对我们自己，而且对我们的同胞都是一件大好的事情。不过我希望人们清楚地认识这一点——我们只是破除了迷信，绝非是将宗教也一道摒弃。作为一个明智的人，应该守护祖先的习俗，保留圣事与圣仪；而且这世界的优美与星辰的秩序，让我们承认存在着某种超越[人类]的永恒与自然，这些也应该得到人类的敬仰与尊重。

因此，正如宗教，以及与之联系的对自然的认知，应该被延续扩 149
展，同样这迷信也应该被连根拔除。这迷信一直压榨你，迫使你，在你转身时还会追逐你——无论是你听到了预言或是谶语，或者是牺牲，或是查看鸟兆，或是占星，或是查看脏卜，或是电闪雷鸣，或是闪电从天而降，或是某些类似征兆之事生成或者出现——这些事情中总有什么是必然会发生的，所以精神也就永无宁日。

睡眠被认为是所有劳累与忧虑的避风港。然而从梦本身却诞生 150
了更多的焦虑与恐惧；如果不是[某些]哲学家们坚持为梦境辩护，这些[焦虑与恐惧]从其本身而言应该更被轻视，变得毫无意义——

patrocinium philosophi suscepissent, nec ei quidem contemptissimi, sed in primis acuti et consequentia et repugnantia videntes, qui prope iam absoluti et perfecti putantur. quorum licentiae nisi Carneades restitisset, haud scio an soli iam philosophi iudicarentur. cum quibus omnis fere nobis disceptatio contentioque est, non quod eos maxime contemnamus, sed quod videntur acutissime sententias suas prudentissimeque defendere.

cum autem proprium sit Academiae iudicium suum nullum interponere, ea probare quae simillima veri videantur, conferre causas, et quid in quamque sententiam dici possit expromere, nulla adhibita sua auctoritate iudicium audientium relinquere integrum ac liberum. tenebimus hanc consuetudinem, a Socrate traditam, eaque inter nos, si tibi, Quinte frater, placebit, quam saepissime utemur."

"mihi vero," inquit ille, "nihil potest esse iucundius."

quae cum essent dicta, surreximus.

[我]不仅仅[指]那些最无耻的哲学家，而且还有那些最为敏锐，研究因果与矛盾，被认为是接近完美、功成名就的哲学家。若不是Carneades[1]限制了他们无度的自由，说不定现在只有他们被认为是哲学家了。我几乎所有的论辩都是针对他们[2]的，然而这并非是因为我最看不起他们，反而是因为他们(看起来)是在最审慎地为自己最精妙的理论进行辩护。

而学院派的特点是，从不强行插入自己的观点，承认看起来最像真实的判断，比较各种[不同的]原因，对每个观点都尽可能充分阐述，从不强加自己的权威性，让听众自己进行完整而自由的判断。就让我们维护这从 Socrates 开始流传下来的传统，以后如果你愿意的话，我亲爱的弟弟 Quintus，在我们之间，就尽可能都用这样的方式进行讨论。"

"对我来说，"他这样说道，"那真是再好不过了。"

说完这些，我们便起身了。

---

[1] 参见卷一第7节。
[2] 应该指斯多葛派。

Somnium Scipionis

天籁之梦

《庄子·齐物论》：今者吾丧我，汝知之乎？女闻人籁而未闻地籁，女闻地籁而未闻天籁夫！

SOMNIUM SCIPIONIS[1]

9,9 um in Africam venissem ⋏⋏[2]. Manilio consuli ad quartam legionem tribunus, ut scitis, militum[3], nihil mihi fuit potius, quam ut Masinissam convenirem regem, familiae nostrae iustis de causis amicissimum. ad quem ut veni, complexus me senex conlacrimavit aliquantoque post suspexit ad caelum et: 'grates,' inquit, 'tibi ago, Summe Sol[4], vobisque, reliqui Caelites, quod, ante quam ex hac vita migro, conspicio in meo regno et his tectis P. Cornelium Scipionem, cuius ego nomine ipso recreor; itaque numquam ex animo meo discedit illius optimi atque invictissimi viri memoria.' deinde ego illum de suo regno, ille me de nostra re publica percontatus est, multisque verbis ultro citroque habitis ille nobis consumptus est dies.

10,10 post autem apparatu regio accepti sermonem in multam noctem produximus, cum senex nihil nisi de Africano loqueretur omniaque eius non facta solum, sed etiam dicta meminisset. deinde, ut cubitum discessimus, me et de via fessum, et qui ad multam noctem vigilassem, artior quam solebat somnus complexus est. hic mihi (credo equidem ex hoc, quod eramus locuti; fit enim fere, ut cogitationes sermonesque nostri pariant aliquid in somno tale, quale de Homero scribit Ennius, de quo videlicet saepissime vigilans solebat cogitare et loqui) Africanus se ostendit ea forma, quae mihi ex imagine[5] eius quam ex ipso erat notior; quem ubi agnovi, equidem cohorrui, sed ille: 'ades,' inquit, 'animo et omitte timorem, Scipio, et, quae dicam, trade memoriae.'

11,11 videsne illam urbem, quae parere populo Romano coacta per me renovat pristina bella nec potest quiescere? (ostendebat autem Karthaginem de excelso et pleno stellarum illustri et claro quodam loco)

---

[1]这是著名的"西庇阿之梦",是现存西塞罗《论共和国》第六卷的绝大部分,可以独立成篇。

[2]罗马名Manius一般缩写为M',或者更标准的⋏⋏。

[3]tribunus militum,军务官,一般一个军团设六位。

[4]Sol,即希腊神话太阳神Helios。有可能当地最崇拜的是太阳神(名字也不一定是Sol),所以作者称之为Summus Sol。

[5]imago,人死后的蜡面具,即蜡像。参见卷二127节注。

天籁之梦

"如你们所知，在我[1]以第四军团军务官的身份随执政官 M. 9,9
Manilius 来到非洲时，我最想做的事情，无非是去见一下 Masinissa
国王，他与我们家最为要好，实在是天经地义[2]的事情。在我到达他
那里时，老人家将我紧紧拥住，泪流满面，过了许久又仰望苍穹，叹
道："感谢你，至高的太阳神，感谢你们，(其余)诸位天神！在我离
开此生之前，在我的王国，在这王宫之内，亲眼见到了 P. Cornelius
Scipio [的英姿]，他这名字本身就足够让我重返青春！关于那位最为
卓越、最不可战胜之人的记忆，从未离开过我的脑海。'之后我向他
询问了关于他王国的事情，而他也向我询问了我们罗马的事情，这样
来来往往交谈[甚欢]，我们便度过了那整个白天。

在受到国王的款待之后，我们继续交谈直到深夜，除了说关于 10,10
Africanus 的事情，老人家就没说过别的，而且他还记着[关于]他的
所有东西，不仅是他的所作所为，甚至还有他的言谈举止。之后，我
们道别入寝，而我因路途劳顿，又因(一直醒着)入夜已深，我陷入了
比往常更深的睡眠。这时[梦中]——我相信，这是缘起我们之前的交
谈，正如经常发生的那样，我们的思考与交谈会在梦中诱发某些事
情，比如 Ennius 就写过关于 Homerus 的梦，而他肯定在醒的时候常
常思考谈论关于 Homerus 的事情——Africanus 向我显灵，这形象，
更像是我所知他的蜡像而非他本人[3]。我认出他时，颤抖无比，而他
却说道：'集中注意，抛下恐惧，Scipio，将我所言，托付记忆。

你是否看见，那座由我而被迫服从于罗马人民的城市，它复燃起 11,11
昨日的战火，不肯安分守己？'他从某个高处，在满天星辰之下，明
亮闪耀之地，指向迦太基，'你今日来这攻城之战，差不多算是个普

---

[1]这里说话的人是P. Cornelius Scipio Africanus Aemilianus，通译小西庇
阿，是大西庇阿P. Cornelius Scipio Africanus的外孙，后过继为孙子，前147
年，134年执政官。他在第三次布匿战争中率军攻陷了迦太基。这里说话的
时间是在前149年第三次布匿战争刚开始的时候，担任的执政官是L. Marcius
Censorinus与文中的 M. Manilius。
[2]原文是"有充足的理由"。当年第二次布匿战争结束，大西庇阿帮助北
非Numidia国王Masinissa恢复王位，扩大领土。
[3]大西庇阿逝世时，小西庇阿才两岁。

ad quam tu oppugnandam nunc venis paene miles. hanc hoc biennio consul evertes, eritque cognomen id tibi per te partum, quod habes adhuc a nobis hereditarium. cum autem Karthaginem deleveris, triumphum egeris censorque fueris et obieris legatus[1] Aegyptum, Syriam, Asiam, Graeciam, deligere iterum consul absens bellumque maximum conficies, Numantiam[2] excindes[3]. sed cum eris curru in Capitolium invectus, offendes rem publicam consiliis perturbatam nepotis mei.

12,12   hic tu, Africane, ostendas oportebit patriae lumen animi, ingenii consiliique tui. sed eius temporis ancipitem video quasi fatorum viam. nam cum aetas tua septenos octiens solis anfractus reditusque converterit, duoque ii numeri, quorum uterque plenus alter altera de causa habetur, circuitu naturali summam tibi fatalem confecerint, in te unum atque in tuum nomen se tota convertet civitas, te senatus, te omnes boni, te socii, te Latini intuebuntur, tu eris unus, in quo nitatur civitatis salus, ac, ne multa, dictator rem publicam constituas oportet, si impias propinquorum manus effugeris.' ”

hic cum exclamasset Laelius[4] ingemuissentque vehementius ceteri, leniter arridens Scipio: “st! quaeso,” inquit, “ne me e somno excitetis, et parumper audite cetera.

13,13   'sed quo sis, Africane, alacrior ad tutandam rem publicam, sic habeto: omnibus, qui patriam conservaverint, adiuverint, auxerint, certum esse in caelo definitum locum, ubi beati aevo sempiterno fruantur; nihil est enim illi principi deo, qui omnem mundum regit, quod quidem in terris fiat, acceptius quam concilia coetusque hominum iure sociati, quae civitates appellantur; harum rectores et conservatores hinc profecti huc revertuntur.'

---

[1] 这里legatus既可以指军队的副官，又可以是大使。从历史上讲，接下来这几年罗马并未大规模用兵，特别是对地中海西部诸多国家用兵，所以这里指的大概是大使。

[2] Numantia是伊比利亚半岛中北部一座城邦。后来在小西庇阿围城下几乎全城自尽。

[3] 又作exscindes。

[4] C. Laelius，是第一句“你们”里面，即听众中的一人，小西庇阿的朋友。参见作者《论友谊》第14节。

通士兵。而两年后你将作为执政官将其彻底征服,你将通过自己的成就为你自己获得 Africanus 之名[1],而你现在拥有的只是从我这里继承的名号。而当你将迦太基彻底抹去,就将凯旋而归,之后成为监察官,又作为大使出访埃及、叙利亚、Asia 和希腊,你人不在场却被再次选为执政官,结束一场宏大的战争,消灭 Numantia。但当你驾车前往 Capitolium 山时[2],却要面对国家因我[另一个]孙子[3]的谋划而陷入动荡。

　而此刻,Africanus 啊,你必须向祖国展示你的魄力、本心与谋略(的光芒)。但我看到,在那个时间点,宛如命运的分岔道。因为当你的年岁,经过了八个七次[4]的太阳轮转与回归,而这两个数字各自因为不同的原因而被认为是圆满,它们以自然的周期为你准备了命运的巅峰,整个国家(转而)注视于你一人,注视于你的名号,元老院、所有善良之人、盟友,还有 Latini 人都将注视于你,国家安危系于你一人之身;而且,简而言之,你必须作为独裁官重塑国家,只要你逃脱亲近之人邪恶的手段[5]。'" **12.12**

　就在这时,Laelius [不禁]哭喊了出来,而其余的人则是更加动容地哀叹,Scipio 却更和蔼地笑着,说道:"嘘! 求你们了,不要把我的梦吵醒,再听一小会,听下其余的事情——

　'但为了你能更加踊跃地保卫国家,你需要明白这事:对于所有那些守护帮助祖国、拓展祖国疆域的人,在天上有某个特定的区域,让他们在那里享受幸福,直到永远;比起那个通过法律而联结起来的,人类的聚集与组织,即被称为国家的事物,对于统治整个世界的神明而言,[人类]在地面上所能做的事情,没有什么比它更能让神明满意的了;这国家的领导者与守护者,从此处出发,又回归此处。' **13.13**

---

[1] 即类似于"非洲征服者"。
[2] 指 Numantia 战后,元老院授予小西庇阿凯旋式。而在凯旋最后,主将会去 Capitolium 山顶的"至尊至善 Juppiter 神庙"进行献祭仪式。
[3] 即卷一56节的 Ti. Gracchus,Cornelia 之子,小西庇阿的表哥,格拉古兄弟中的哥哥,因推行土地改革而被杀。
[4] 小西庇阿准备在元老院发表反对 C. Gracchus 土地改革方案,但当天早上被发现死在卧室,死时正好五十六岁。
[5] 小西庇阿的确死得蹊跷,古代学者通常认为他的死跟格拉古派不无关系,甚至有传言是他的妻子 Sempronia(即 Cornelia 的女儿,格拉古兄弟的姐姐)与 Cornelia 以及 C. Gracchus 合谋杀害。现代学者则通常认为证据不足。

14,14　hic ego, etsi eram perterritus non tam mortis metu quam insidiarum a meis, quaesivi tamen, viveretne ipse et Paulus pater et alii, quos nos extinctos arbitraremur. 'immo vero,' inquit, 'hi vivunt, qui e corporum vinculis tamquam e carcere evolaverunt, vestra vero, quae dicitur, vita mors est. quin tu aspicis ad te venientem Paulum patrem?'

quem ut vidi, equidem vim lacrimarum profudi, ille autem me com-
15,15　plexus atque osculans flere prohibebat. atque ego ut primum fletu represso loqui posse coepi, 'quaeso,' inquam, 'pater sanctissime atque optime, quoniam haec est vita, ut Africanum audio dicere, quid moror in terris? quin huc ad vos venire propero?'

'non est ita,' inquit ille, 'nisi enim deus is, cuius hoc templum[1] est omne, quod conspicis, istis te corporis custodiis liberaverit, huc tibi aditus patere non potest. homines enim sunt hac lege generati, qui tuerentur illum globum, quem in hoc templo medium vides, quae terra dicitur, iisque animus datus est ex illis sempiternis ignibus, quae sidera et stellas vocatis, quae globosae et rotundae, divinis animatae mentibus, circulos suos orbesque conficiunt celeritate mirabili. quare et tibi, Publi, et piis omnibus retinendus animus est in custodia corporis nec iniussu eius, a quo ille est vobis datus, ex hominum vita migrandum est, ne munus humanum adsignatum a deo defugisse videamini.

16,16　sed sic, Scipio, ut avus hic tuus, ut ego, qui te genui, iustitiam cole et pietatem, quae cum magna in parentibus et propinquis, tum in patria maxima est; ea vita via est in caelum et in hunc coetum eorum, qui iam vixerunt et corpore laxati illum incolunt locum, quem vides,' erat autem is splendidissimo candore inter flammas circus elucens, 'quem vos, ut a Graiis accepistis, orbem lacteum nuncupatis.'

ex quo omnia mihi contemplanti praeclara cetera et mirabilia vide-bantur. erant autem eae stellae, quas numquam ex hoc loco[2] vidimus,

---

[1]templum是鸟卜师用杖划出的区域，后引申为神庙。这里指的是整个世界。暂译为"圣域"。

[2]这里hoc loco，此处，大概指地球上罗马周边的区域。看不到的星星则是推断中存在于南天空的星星。

尽管那时我无比惊惧——与其说是对死亡的害怕，不如说是因 14.14
自己人的阴谋而恐惧——但是我还是询问着，他自己是否还是活着，
我的父亲 Paulus[1]，以及其他我们都认为已经逝去的人们是否还活
着。'恰好相反，'他这样说，'这些人离开了肉体的束缚，如同飞离
了牢笼，才是[真实地]活着；而你们所谓的生命，其实是死亡。你为
何不见，你的父亲 Paulus 正在向你走来？'

我一见到他，真的是泪如泉涌，而他则是拥住我，亲吻我，让我
不要哭泣。而我刚止住哭泣，开始能说话时，便问道：'最虔诚最卓 15.15
越的父亲啊，我想问，因为，如我听[祖父] Africanus 所说，这才是
生命，我为何还在地球上徘徊？我为何不赶快来到你们这里？'

'并非如此，'他说，'除非神明——他这"圣域"，就是你现在所
见的一切——除非他将你从这肉体的拘束中解放，不然此处便无法对
你敞开。人类因这规则而被创造出来，他们要保护那个[地]球，就是
你在这圣域最中央所见的，被称为"大地"的球；他们被赋予了从永
恒之火而来的灵魂，这火你们称为繁星与星辰，它们都是球状的球形
的，被神圣的精神所激发，在自己的环形轨道上以惊人的速度周行。
所以，对于你，Publius，还有所有敬神之人，这灵魂必须要留在身
体的拘束之中，也不能在没有赋予你们生命的神明指令下，[自行]离
开人类的生命，除非你们要被视为逃避神明指派的作为人类的责任。

而你，Scipio，如同你在此处的祖父一样，如同生你的我一样， 16.16
要如此恪守正义与忠诚[2]，这些不仅对双亲对族人都是非常重要，对
祖国更是至关重要。这样的生活便是通向上天的道路，也是通向人们
的联结所在的此处，就是那些曾经活过、解脱肉体的人如今所居住的
那个地方，即你现在所见——'这光环在火焰之间以最灿烂的光芒闪
耀着，'你们按照从希腊人那里所学到的，称其为"牛奶之环[3]"。'

我从那里观察，其余所有的一切都看起来如此耀眼如此壮观。这
些是我们从此处永远看不到的星星，而且所有星星都如此之大，是我

---

[1]他的父亲就是卷一103节提到的L. Aemilius Paullus Macedonicus，大西
庇阿的女婿。

[2]pietas是一个很复杂的概念，表示对神对人对国家对族裔的诚信与责任，
按照上下文不同可以译为虔诚、忠诚、责任等概念。这里按照上下文应该指
对父母对亲属对祖国的孝顺忠诚。

[3]即银河。英文的"Milky Way"也是源于此。

et eae magnitudines omnium, quas esse numquam suspicati sumus, ex quibus erat ea minima, quae ultima a caelo, citima a terris luce lucebat aliena. stellarum autem globi terrae magnitudinem facile vincebant. iam ipsa terra ita mihi parva visa est, ut me imperii nostri, quo quasi punctum eius attingimus, paeniteret.

17.17 quam cum magis intuerer, 'quaeso,' inquit Africanus, 'quousque humi[1] defixa tua mens erit? nonne aspicis, quae in templa veneris? novem tibi orbibus vel potius globis conexa sunt omnia, quorum unus est caelestis, extumus, qui reliquos omnes complectitur, summus ipse deus arcens et continens ceteros; in quo sunt infixi illi, qui volvuntur, stellarum cursus sempiterni; cui subiecti sunt septem, qui versantur retro contrario motu atque caelum.

ex quibus unum globum possidet illa, quam in terris Saturniam nominant; deinde est hominum generi prosperus et salutaris ille fulgor, qui dicitur Iovis; tum rutilus horribilisque terris, quem Martium dicitis; deinde subter mediam fere regionem sol obtinet, dux et princeps et moderator luminum reliquorum, mens mundi et temperatio[2], tanta magnitudine, ut cuncta sua luce lustret et compleat; hunc ut comites consequuntur Veneris alter, alter Mercurii cursus, in infimoque orbe luna radiis solis accensa convertitur. infra autem iam nihil est nisi mortale et caducum praeter animos munere deorum hominum generi datos, supra lunam sunt aeterna omnia. nam ea, quae est media et nona, tellus, neque movetur et infima est, et in eam feruntur omnia nutu[3] suo pondera.'

18.18 quae cum intuerer stupens, ut me recepi, 'quid? hic,' inquam, 'quis est, qui complet aures meas tantus et tam dulcis sonus?' 'hic est,'

---

[1] 这里用的humus不仅是代表大地，而且还带有低矮地位低下等引申义，即指地球在宇宙中地位低下。

[2] 这里temperatio指的是类似音律的运行规律或者规则，而mens指的是心智、智慧、理性。

[3] nutus本意是点头，也引申为意愿。西塞罗在自然哲学中非常喜欢用这个词表示"向中心向低处的运动"，即现代理解的重力。参见《论诸神的本性》II.98，《论善恶之极》I.20，《Tusculum论辩集》I.40。

们从未设想过的；其中最小的那颗，离[繁星]天最远，离地[球]最近，闪耀着别人的光芒[1]。而且这些星球的大小都远远超过地球。而这地球本身，在我看来也是如此渺小，以至于让我对我们罗马统治的区域深感遗憾，因为那就像是我们摸到了地球上的一个点[2]。

当我还在更加专注地凝视地球时，Africanus 问道：'我问你，你 **17.17** 的神志还要系在这大地上多久？你难道看不见，你进入了何等的圣域？你见到所有的事物都是由这九个圆轨，或者更准确地说是九个球所联结而成，其中之一是最外围的"繁星天"，它围住了其他所有的[天球]，它也就是包容限制了其余[万物]的至高神明本身；在它上面固定了旋转中的星星的永恒轨道；在其制约下，另有七重天，其旋转有逆于繁星天[3]。

其中一个天球被地面上所称的 Saturnus 之星所占据；接下来就是对人类而言[象征]健康与繁荣的闪光，你们称之为 Juppiter 之星；然后是那血红的，对大地凶恶的星星，你们称之为 Mars 之星；之后在下面，差不多中间的区域[4]由太阳所占据，它是其余诸亮星的首领、主导与统帅，它是世界的"理"与"律"，它如此巨大，用自己的光就能照亮充满整个世界；有[两颗]伴星[5](的轨道)伴随着太阳，其一是 Venus 之星，其二是 Mercurius 之星；而最下面的轨道上运行着接受太阳辐射而照亮的月亮。月亮以下，除了神明恩赐给人类的灵魂，没有什么是不死不朽的[6]，而月亮以上，则全部都是永恒的。而最中心的第九重，就是地球，它不会运动，也是最低一重，所有的重物都因自身的重力而向这地球坠去。'

当我还在震惊地注视一切时，如同回过神来——'什么？这个，' **18.18** 我问道，'是什么？这充满我的耳朵，如此宏亮如此甜美的声音？'他

---

[1]指月亮。

[2]作者这里的比喻其实夸大了地球的大小。当时罗马统治区域绝对不会只是一个点。

[3]这里的意思是相对于繁星，其余星星（七曜）虽然也是同向，但运行比较慢，看似是逆行。

[4]大概指从繁星天到地球距离的一半。

[5]从地球上观察，内行星（金星与水星）永远在太阳的左右，不会像其他行星那样跑到太阳对面去，所以称为"相伴"。

[6]这里很可能包括了当时观察到的流星陨石等现象。

inquit, 'ille, qui intervallis disiunctus imparibus, sed tamen pro rata parte ratione distinctis impulsu et motu ipsorum orbium efficitur et acuta cum gravibus temperans varios aequabiliter concentus efficit; nec enim silentio tanti motus incitari possunt, et natura fert, ut extrema ex altera parte graviter, ex altera autem acute sonent. quam ob causam summus ille caeli stellifer cursus, cuius conversio est concitatior, acuto et excitato movetur sono, gravissimo autem hic lunaris atque infimus.

nam terra nona immobilis manens una sede semper haeret complexa medium mundi locum; illi autem octo cursus, in quibus eadem vis est duorum, septem efficiunt distinctos intervallis sonos, qui numerus rerum omnium fere nodus[1] est; quod docti homines nervis imitati atque cantibus aperuerunt sibi reditum in hunc locum, sicut alii, qui praestantibus ingeniis in vita humana divina studia coluerunt.

19   hoc sonitu oppletae aures hominum obsurduerunt; nec est ullus hebetior sensus in vobis, sicut, ubi Nilus ad illa, quae Catadupa[2] nominantur, praecipitat ex altissimis montibus, ea gens, quae illum locum adcolit, propter magnitudinem sonitus sensu audiendi caret. hic vero tantus est totius mundi incitatissima conversione sonitus, ut eum aures hominum capere non possint, sicut intueri solem adversum nequitis, eiusque radiis acies vestra sensusque vincitur.'

haec ego admirans referebam tamen oculos ad terram identidem.

19,20   tum Africanus: 'sentio,' inquit, 'te sedem etiam nunc hominum ac domum contemplari; quae si tibi parva, ut est, ita videtur, haec caelestia semper spectato, illa humana contemnito. tu enim quam celebritatem sermonis hominum aut quam expetendam consequi gloriam potes?

vides habitari in terra raris et angustis in locis et in ipsis quasi maculis, ubi habitatur, vastas solitudines interiectas, eosque, qui incolunt terram, non modo interruptos ita esse, ut nihil inter ipsos ab aliis ad alios manare possit, sed partim obliquos, partim transversos, partim etiam adversos stare vobis; a quibus expectare gloriam certe nullam

---

[1]nodus原意是结，这里很可能是引申为万物的联结，存疑。

[2]Catadupa词源来自希腊语的χατά（向下）与δοῦπος（巨响），指尼罗河上的"瀑布"；但这些所谓瀑布并非一般理解的高低落差瀑布，而是类似于有乱石突出的激流浅滩。

回答说：'这便是由那不等长却又有特定的比例的区间间隔，借这些球体自身的冲力与运动产生，调和了尖锐与低沉的旋律，而统一形成的各式的和弦之音；如此宏大的运动不可能悄然无息地快速运行，而自然使然，在这一端发出低沉的响声，而另一端则是尖锐的响声。由于这个原因，那个最高的[繁星]天的群星轨道，它的运转更快速，就会产生尖锐的高音，而这月球天的最低轨道，便伴随着低沉的[低音]。

这第九重的地球，固定在一个地方永远保持不动，占据着世界的中央区域；而那[其余]八重天的轨道，其中有两条的速度相同[1]，所以能发出七种不同区间的声音，这个数字差不多就是万物纽结的数字[2]；博学之人借模仿音弦与乐曲为自己开通回到此处的归路，正如其他天赋异禀的人，在生而为人的时候，便耕耘于神圣的研究。

人类的耳朵被这声音充满，反而听不到它了；而你们也没有[别的]感觉比听觉更加钝感了，比如，在那被称为 Catadupa 的浅滩，尼罗河从最高的山峰上冲流而下，而居住在那个地方的族裔，因为靠近巨大的响声，都失去了听觉。而整个世界以最快的速度旋转，产生如此响亮的声音，以至于人类的耳朵都无法捕捉到，如同你们不能直视面对太阳，你们的视觉与感官就会折服于它的光线辐射。' 19

我在惊诧之中，还是[忍不住]一次次将目光转移到地球上。那时，Africanus 说道：'我知道，你直到现在还在观察人类的住所与家园；如果这地球对你而言看起来如此渺小的话——其实也的确如此——那就藐视那人间的事务，永远凝视这苍穹吧。你能从人类的交谈中获得什么名声？或者说，你能获得什么值得追求的荣耀？ 19.20

你看，人类居住在大地上各个狭小而稀缺的地区，有人居住的地方就像是斑点一样零散，有广袤的无人区介于其中；而且居住在地面的人类，不仅是分散到，在自己[同区域]之间，都无法从某处向别处流动，更别说有些人是站在你的斜侧面[3]，有些在你的横侧面，有些

---

[1]可能指金星与水星，存疑。

[2]一般的数秘术都将7与神秘相联系，将8与吉利相联系。现代扭结理论中，有7个交叉点的扭结正好是7个。

[3]这里似乎是将地球分成四块区域，先按照南北半球分开，然后按东西半球（即昼夜）再对分；然而赤道太热无法跨越，而东西则有大洋阻拦，所以假想中的四块区域的人无法交流。

potestis.

20,21 cernis autem eandem terram quasi quibusdam redimitam et circumdatam cingulis, e quibus duos maxime inter se diversos et caeli verticibus ipsis ex utraque parte subnixos obriguisse pruina vides, medium autem illum et maximum solis ardore torreri. duo sunt habitabiles, quorum australis ille, in quo qui insistunt, adversa vobis urgent vestigia, nihil ad vestrum genus; hic autem alter subiectus aquiloni, quem incolitis, cerne quam tenui vos parte contingat. omnis enim terra, quae colitur a vobis, angustata verticibus, lateribus latior, parva quaedam insula est circumfusa illo mari, quod Atlanticum[1], quod Magnum, quem Oceanum appellatis in terris, qui tamen tanto nomine quam sit parvus, vides.

22 ex his ipsis cultis notisque terris num aut tuum aut cuiusquam nostrum nomen vel Caucasum[2] hunc, quem cernis, transcendere potuit vel illum Gangen[3] tranatare? quis in reliquis orientis aut obeuntis solis ultimis aut aquilonis austrive partibus tuum nomen audiet? quibus amputatis cernis profecto quantis in angustiis vestra se gloria dilatari velit. Ipsi autem, qui de nobis loquuntur, quam loquentur diu?

21,23 quin etiam si cupiat proles illa futurorum hominum deinceps laudes unius cuiusque nostrum a patribus acceptas posteris prodere, tamen propter eluviones exustionesque terrarum, quas accidere tempore certo necesse est, non modo non aeternam, sed ne diuturnam quidem gloriam adsequi possumus. quid autem interest ab iis, qui postea nascentur, sermonem fore de te, cum ab iis nullus fuerit, qui ante nati sunt?

22,24 qui nec pauciores et certe meliores fuerunt viri, praesertim cum apud eos ipsos, a quibus audiri nomen nostrum potest, nemo unius anni memoriam consequi possit. homines enim populariter annum tantum modo solis, id est unius astri, reditu metiuntur; cum autem ad idem, unde semel profecta sunt, cuncta astra redierint, eandemque

---

[1]相传泰坦巨人Atlas在西方支撑着天空，后被等同于非洲西北部的Atlas山脉，而Atlanticus原意指的是山脉尽头的大海，即今大西洋。

[2]Caucasus即今高加索山脉。

[3]Ganges即恒河。

甚至在正对面；你定然是无法从那些人那里获得什么荣耀。

　　而你看这同一个地球上，像是围着系着某种腰带[1]；其中有两条，20.21互相间隔最远，各自由天轴本身所支撑，如你所见被冰霜所冻结；而在中间那最大的一条，则被太阳的热力所炙烤。[剩下]有两条宜居带，其中南方的那条，就是那里人们站着的时候，踩出来的脚印跟你们的[脚印]正好相对，跟你们的族裔毫无关系；而另外一条，接受北风的洗礼，才是你们居住之地，你现在知道了，你们[罗马]所触及的部分是如此渺小。你们居住的整块大陆，南北纵向狭窄，东西横向略宽，事实上就是个小岛，被那大海环绕，就是你们在地面上所称的大西洋，或者叫"大洋"，或是 Oceanus[2]——你看尽管这名头很大，实际却很小。

　　就算在这片我们熟知并耕耘的大陆上，你的名字或者任何我们罗 22马人的名字，能够跨越你所见的这高加索山吗？能游过那恒河吗？在剩下的日升或是日落的极地，或是南方和北方的边缘区域，谁又听过你的名字？除掉这些地区，你看有希望传播你们荣耀的地方是多么狭小！然而就算是那些谈论我们事迹的人们，又会谈论多久？

　　就算有希望未来人类的那些后裔能一代代将我们每一个人从父 21.23辈那里获得的荣誉传承下去，然而由于大陆上固定时间段就必然发生的洪水与烈火，我们不仅无法获得永恒的荣耀，甚至都没有长久的荣耀。在你出生之前，从未有人谈论过你，那[去纠结]在你之后出生的人，他们有没有谈论过你，又有什么区别？

　　这些[先于你出生的]人数量不少，而且肯定都是更为优秀的人[3]，22.24特别是那些能听到我们名字的人们，没有人能保留一整年的记忆。人们普遍地用太阳——它也只是一颗星体——的回归计量一年[的时间]；而当所有的星体都回到了原来它们曾经出发的位置，在漫长的间隔

---

[1]即气候带。

[2]Oceanus 是泰坦之一，初代海神，经常用于指代海洋，这里指的是大西洋加上其余三面假想中围绕大陆的海洋。

[3]这句，即24节最开始到viri这句，有些版本认为应该跟着前面一句结尾。整体意思并没有大的区别。有些随意的译本甚至直接跳过不翻。

totius caeli discriptionem longis intervallis rettulerint, tum ille vere vertens annus appellari potest; in quo vix dicere audeo quam multa hominum saecula teneantur. namque ut olim deficere sol hominibus exstinguique visus est, cum Romuli animus haec ipsa in templa penetravit, quandoque ab eadem parte sol eodemque tempore iterum defecerit, tum signis omnibus ad principium stellisque revocatis expletum annum habeto; cuius quidem anni nondum vicesimam partem scito esse conversam.

23.25 quocirca si reditum in hunc locum desperaveris, in quo omnia sunt magnis et praestantibus viris, quanti tandem est ista hominum gloria, quae pertinere vix ad unius anni partem exiguam potest? igitur alte spectare si voles atque hanc sedem et aeternam domum contueri, neque te sermonibus vulgi dedideris nec in praemiis humanis spem posueris rerum tuarum; suis te oportet illecebris ipsa virtus trahat ad verum decus, quid de te alii loquantur, ipsi videant, sed loquentur tamen. sermo autem omnis ille et angustiis cingitur iis regionum, quas vides, nec umquam de ullo perennis fuit et obruitur hominum interitu et oblivione posteritatis extinguitur.'

24.26 quae cum dixisset, 'ego vero,' inquam, 'Africane, siquidem bene meritis de patria quasi limes ad caeli aditum patet, quamquam a pueritia vestigiis ingressus patris et tuis decori vestro non defui, nunc tamen tanto praemio exposito enitar multo vigilantius.'
et ille: 'tu vero enitere et sic habeto, non esse te mortalem, sed corpus hoc; nec enim tu is es, quem forma ista declarat, sed mens cuiusque is est quisque, non ea figura, quae digito demonstrari potest. deum te igitur scito esse, siquidem est deus, qui viget, qui sentit, qui meminit, qui providet, qui tam regit et moderatur et movet id corpus, cui praepositus est, quam hunc mundum ille princeps deus; et ut

后，让整个天空的分布恢复原样，那时才真正能被称为一个"回归年[1]"；我都几乎不敢去下定论，说这[一回归年]承载了多少人类的世代。曾经当 Romulus 的灵魂穿越进入这片圣域时，太阳在人类看来发生了消失与熄灭[2]，那就等到同一时间同一区域太阳再次消失，那时所有的星座与星体都回到了初始状态，你才可以说过完了一整个[回归]年；要知道，这一整年的二十分之一都还没过去呢[3]。

所以说，那个给伟大而卓越的人们提供一切的这片圣域，如果你 **23.25** 觉得对回到此处感到绝望的话，那[不妨想想]人类的荣耀，只能延续几乎整个"回归年"的一丁点部分，那又有什么意义呢？因此，你如果希望从高处观察并注视这永恒的居所与家园，那就不要将自己投身于大众的言谈之中，也不要将你事业的希望寄托于人间的回报；必须让美德用它自己诱人的魅力将你引导至真正的荣耀，而其他人想议论你什么，就让他们自己看吧，反正他们之后都会议论的。那所有的议论都被限制在你看到的那狭小的区域里，而且无论是关于谁的，都不曾永恒过，[这些议论]被人们的死亡所埋葬，随着后人的遗忘而消亡。'

当他说完这些，我便问道：'Africanus[祖父]，说真的，如果这 **24.26** 如同通向天国的道路向对国家有所贡献[的人]敞开，尽管从少年时起我就遵循父亲与您的足迹，没有愧对你们的荣耀，现在有如此的奖赏摆在面前，我将更加孜孜不倦地努力奋斗。'

然后他说：'你的确要努力奋斗！还要记住这些：你并不会死亡，只是这肉体会死；因为你并非是展示出来的这副身形；每个人的精神才算是每个人自己，而不是那一根手指就能指出来的形体。所以你要知道，你便是神，如果某人活跃、感知、记忆、预见、统帅协调并驱动这具他凌驾的身体——如同至高神统治这个世界一样——那他便是

---

[1]关于这种大年，即七曜全部回到背景星图（繁星天）上初始位置，实际上由于行星间互相的引力扰动，几乎不可能。参见《论诸神的本性》II.51。现代天文学上的大年指的是地轴进动的一周期，大约是25772年。

[2]大概指日食。根据传统上认为Romulus死于前716年，查天文历，前后各50年内罗马地区都没有发生日全食，存疑。

[3]这个梦发生在前149年，距离（作者认为的）Romulus去世567年。按照这里的描述，应该是在三十分之一到二十分之一之间（作者用过tricesimus这个词），可以推算作者认为的一个"回归年"大约在一万两千到一万六千年之间。

mundum ex quadam parte mortalem ipse deus aeternus, sic fragile corpus animus sempiternus movet.

25,27 nam quod semper movetur, aeternum est; quod autem motum adfert alicui, quodque ipsum agitatur aliunde, quando finem habet motus, vivendi finem habeat necesse est. solum igitur, quod sese movet, quia numquam deseritur a se, numquam ne moveri quidem desinit; quin etiam ceteris, quae moventur, hic fons, hoc principium est movendi.

principii autem nulla est origo; nam ex principio oriuntur omnia, ipsum autem nulla ex re alia nasci potest; nec enim esset id principium, quod gigneretur aliunde. quodsi numquam oritur, ne occidit quidem umquam; nam principium exstinctum nec ipsum ab alio renascetur nec ex se aliud creabit, siquidem necesse est a principio oriri omnia. ita fit, ut motus principium ex eo sit, quod ipsum a se movetur; id autem nec nasci potest nec mori; vel concidat omne caelum omnisque natura et consistat necesse est nec vim ullam nanciscatur, qua a primo impulsa moveatur.

26,28 cum pateat igitur aeternum id esse, quod a se ipso moveatur, quis est, qui hanc naturam animis esse tributam neget? inanimum est enim omne, quod pulsu agitatur externo; quod autem est animal, id motu cietur interiore et suo; nam haec est propria natura animi atque vis; quae si est una ex omnibus, quae sese moveat, neque nata certe est et aeterna est.

29 hanc tu exerce optimis in rebus! sunt autem optimae curae de salute patriae, quibus agitatus et exercitatus animus velocius in hanc sedem et domum suam pervolabit; idque ocius faciet, si iam tum, cum erit inclusus in corpore, eminebit foras et ea, quae extra erunt, contemplans quam maxime se a corpore abstrahet.

namque eorum animi, qui se corporis voluptatibus dediderunt earumque se quasi ministros praebuerunt impulsuque libidinum voluptatibus oboedientium deorum et hominum iura violaverunt, corpori-

神；就像是永恒的神明自己推动着某些部分会死亡的世界，不朽的灵魂也同样推动着脆弱的肉体。

因为那永动之物，便是永恒的；而那些驱使他物运动的，或是自身由他物所驱动的，这运动到达终点之时，这生命也就必然到达终点。所以，只有那些自身运动的事物，因为从来不被自己所放弃，也就从来不停止被[自己]驱动；事实上，这也便是其他被驱动的事物，它们运动的源头与"始动者[1]"。 **25.**27

但是对于这始动者而言，并不存在任何起源；因为从这始动者诞生了万物，但其本身却无法从其他任何事物中诞生；它如果从其他事物中产生，那就不是始动者了。但若它从不诞生，那便从不消亡；因为要是万物都必须由这始动者所诞生，那随着始动者消失，它自己并不会由其他事物而重生，也无法从自己再创造出其他事物。那于是，运动的起始就必然是从那由自己推动自身的事物开始的；它既不能生，也不能死。不然的话，那所有的天界与一切的自然都必然会崩塌覆灭，也必然会归于静止；也就再无法获得任何让万物从中(由第一推动)获得运动的那股力量了。

所以，那被自身所推动的事物，必然是永恒的，而当此事显然之后，谁又会去否定，这种[永恒的]本质也被赋予给了灵魂？所有被外部动力驱动的事物，都是没有灵魂的；而由内部与自身的动力而运动的事物，则是有灵魂的；因为这便是灵魂的力量与本质；如果万物之中，有一个是自己运动的，那它肯定不是[由他物]诞生的，并且是永恒的。 **26.**28

你要在最崇高的事业上磨练这[灵魂]！最为崇高的便是对祖国安危的操劳，而以这种方式激发锻炼过的灵魂，便能更快地飞到此处，它[原本]的居所与家园；如果这灵魂——即使还是被身体所困——向外拓展，关注于外部的事物，尽可能从身体中将自己抽离，那这[飞到居所与家园的]过程便会更加迅速。 29

而那些自己委身于肉体快乐，如同奴仆一般屈服于它们，在肉欲的刺激下遵从快感，违反神明与人间律法的人们，他们的灵魂若是离

---

[1]这个principium最开始出现在柏拉图《Phaedrus篇》245c-246a，后被亚里士多德提炼改进（《形而上学》XII.1072a），也被译为始因、初因、第一因、第一推动等等。

bus elapsi circum terram ipsam volutantur nec hunc in locum nisi multis exagitati saeculis revertuntur. '

    ille discessit; ego somno solutus sum."

开身体，就只会在地球周围飞行，除非经过了许多岁月的困苦折磨，不然就无法回到这边的圣域中来。'

他离开了；我也从睡梦中解脱出来[1]。"

---

[1]即醒来。但这个动词solvo在睡觉时一般指因睡觉而身体或者灵魂放松，解放束缚等意思，用于醒来其实非常少见。

附录

A. 西塞罗年表

a.C.	年龄	个人事迹	其他大事
106	0	Janus 之月壬前三日（1月3日）生于 Arpinum。	C. Marius 与 Jugurtha 交战。前汉武帝元封五年；大将军卫青去世。
106	0		庞培出生。
102	4		弟弟 Quintus 出生。
100	6	玩。	恺撒出生。
95	11		小加图出生。
90	16	这年前后，着成年服；侍从于鸟卜师 Q. Mucius Scaevola；后侍从于其侄，同名的大祭司长 Q. Mucius Scaevola。	同盟战争期间。
89	17	先后随老庞培（庞培之父）与苏拉服役。	意大利全境自由民获得罗马公民权。
88	18	回到罗马，接受希腊老师 Philo 与 Milo 等人的教育。	同盟战争基本结束。苏拉第一次控制罗马。
87	19		C. Marius 与盟友控制罗马，宣布苏拉为公敌。前汉武帝后元二年，帝崩。昭帝刘弗陵即位。
86	20		C. Marius 最后一次担任执政官，任上去世。
82	24		苏拉最终赢得内战，后成为独裁官。

接后页

a.C.	年龄	个人事迹	其他大事
81	25	第一次出庭辩护（《为 Quinctius 辩护》）。	
80	26	为 Ameria 的 Roscius 辩护；名声大噪。但也因此得罪了苏拉的宠信。	
79	27	与第一任妻子 Terentia 结婚。 女儿 Tullia 出生。 与弟弟 Quintus 一道去往希腊、小亚细亚与罗得岛游学，主要学习哲学与修辞。师从旧学院派的 Antiochus 与罗得岛的 Milo 等学者。	苏拉辞去独裁官。
78	28		苏拉去世。
77	29	回到罗马。继续进行辩护工作。	
75	31	担任西西里财务官（quaestor）。	
74	32	回到罗马。	前汉昭帝元平元年，帝崩。刘贺即位，旋废。宣帝刘病已即位。
70	36	控告西西里总督 Verres 腐败案（《控告 Verres》）。	庞培与克拉苏担任执政官。 维吉尔出生。
69	37	担任市政官（aedilis）。	这一年初或者前一年末，埃及末代法老 Cleopatra 七世出生。
67	39		庞培被授命处理"我们的海"的海盗问题；在整个地中海拥有"威权"。

接后页

a.C.	年龄	个人事迹	其他大事
66	40	担任副执政（praetor）。	
65	41	儿子 Marcus 即小西塞罗出生（后在前30年与奥古斯都共同执政）。	贺拉斯出生。
63	43	担任执政官。 挫败喀特林阴谋；发表《反喀特林演说》四篇；被元老院称为"祖国之父"。 在没有审判的情况下处决了参与阴谋的同谋者，为后来埋下隐患。	屋大维（奥古斯都）出生。
62	44		喀特林战败被杀。 P. Clodius Pulcher 被发现出现在只能由女性参加的"幸福女神祭典"上，丑闻导致恺撒与主持该祭典的妻子 Pompeia 离婚。
61	45	关于去年的幸福女神祭典丑闻，西塞罗在法庭上作对 P. Clodius Pulcher 不利的指证，遂与其结仇。	弟弟 Quintus 担任亚细亚行省总督（propraetor）。 贺拉斯出生。
60	46	拒绝加入前三头联盟，政治上被孤立。	庞培、恺撒、克拉苏前三头联盟形成。 前汉宣帝神爵二年，设西域都护。
59	47		恺撒首次担任执政官。 恺撒创办世界上第一份报纸 Acta Diurna。 李维出生。 Livia（奥古斯都的妻子，奥古斯塔）出生。

接后页

a.C.	年龄	个人事迹	其他大事
58	48	因之前担任执政官时没有经过审判而处决喀特林案的同谋者，被就任的护民官 P. Clodius Pulcher 借此针对，被迫流亡，先到西西里岛，后去往希腊。	恺撒出征高卢。Quintus 作为副官随军出征。
57	49	元老院通过决议，召回西塞罗。 回到罗马；分别向元老院、向人民、向大祭司团发表演说。	
55	51		庞培与克拉苏第二次担任执政官。
53	53	担任官方鸟卜师。	三巨头之一的克拉苏在与安息帝国作战时战败身亡。 庞培与恺撒的矛盾显现。
52	54		庞培第三次担任执政官。 P. Clodius Pulcher 被政敌杀害，在其葬礼上 Curia Hostilia 即最古老的元老院大殿被其支持者焚毁。
51	55	就任 Cilicia 总督。	恺撒高卢战役基本结束。内战担忧加剧。 前汉宣帝甘露三年，匈奴单于入长安称臣，汉匈百年战争结束。北匈奴逐渐西迁。
50	56	回到罗马。	

接后页

a.C.	年龄	个人事迹	其他大事
49	57	西塞罗最开始在恺撒与庞培之间狐疑不决，后支持庞培。	恺撒发动内战，攻陷罗马，成为独裁官。
48	58	被恺撒赦免，但不再涉足于政治，主要精力用于写作。	恺撒与旧共和派的Pharsalus之战。庞培战败后逃往埃及，后被杀。前汉宣帝黄龙元年，帝崩。元帝刘奭即位。
46	60	大约在这年或者上一年，与第一任妻子 Terentia 离婚。	为了修正改历，恺撒在今年一个闰月的基础上又新加了两个闰月，一共十五个月，445天，这一年又被称为"混乱之年"。恺撒在北非击败旧共和派联军。恺撒指认屋大维为继承人。小加图自杀。
45	61	娶少女 Publilia。女儿 Tullia 去世；撰写《慰藉》。	Janus 之月朔日（1月1日），罗马废除旧历，改儒略（Julius）历，成为现代公历的原型。恺撒继续担任独裁官。前汉元帝初元四年，王莽出生。

接后页

a.C.	年龄	个人事迹	其他大事
44	62	在家中。 恺撒遇刺后，恢复政治活动；巴结利用屋大维，反对安东尼，发表《反腓力辞》1-4（其中第二篇并未实际演讲）。	恺撒成为终身独裁官。 恺撒重建元老院，即后来的 Curia Julia。 Mars 之月望日（3月15日），恺撒在城外的 Curia Pompeia 遇刺。 元老院决议，将第五月改名为 Julius 之月（存疑）。
43	63	继续在元老院反对安东尼，发表《反腓力辞》5-14。 被后三巨头指名为国家公敌，不受法律保护。 第十月望前七日（12月7日）与弟弟 Quintus 等人在逃亡途中遭安东尼手下杀害。	屋大维（奥古斯都）与安东尼结盟。 奥维德出生。 前汉元帝永光元年，春霜夏寒，日青亡光。

B. 西塞罗主要作品表

拉丁文原题	中文译名及附注
一、演说	
Pro Quinctio	《为 Quinctius 辩护》 第一次出庭辩护。
Pro Roscio Amerino	《为 Ameria 的 Roscius 辩护》 因为原告是苏拉的宠信，很多人不愿意接案子，让西塞罗得以展露头角。
Pro Roscio Comoedo	《为喜剧演员 Roscius 辩护》 参见卷一79节，卷二66节。
Divinatio in Q. Caecilium	《与 Caecilius 竞争》 这是现存唯一一篇 divinatio（很难准确翻译，指几个控告者互相竞争起诉权）修辞体的作品。作者为了与 Q. Caecilius 竞争对 Verres 公诉权所作。
In Verrem	《控告 Verres》 共两篇，但由于第一篇效果太好，对方律师直接放弃，而被告 Verres 则是直接流亡了；已经准备好的更为详实的第二篇并未在法庭公开演讲，只是事后公开出版。
Pro Tullio	《为 Tullius 辩护》
Pro Fonteio	《为 Fonteius 辩护》
Pro Caecina	《为 Caecina 辩护》
De Imperio Cn. Pompei	《论庞培指挥权》 又名 *Pro Lege Manilia*《为 Manilius 法案辩护》，公开支持庞培获得对 Pontus 国王 Mithridates 战争的指挥权。

接后页

拉丁文原题	中文译名及附注
Pro Cluentio	《为 Cluentius 辩护》
De Lega Agraria	《论土地改革法案》
Pro Rabirio Perduellionis Reo	《为 Rabirius 的叛国罪辩护》
Pro Archia Poeta	《为诗人 Archia 辩护》
Pro Murena	《为 Murena 辩护》
Pro Sulla	《为 Sulla 辩护》 为 P. Cornelius Sulla 辩护。
Pro Flacco	《为 Flaccus 辩护》
Pro Caelio	《为 Caelius 辩护》
Pro Sestio	《为 Sestius 辩护》
Pro Milone	《为 Milo 辩护》
In Catilinam	《反喀提林》 共四篇。
Post Reditum ad Populum	《回到罗马对人民的演讲》
Post Reditum ad Senatu	《回到罗马对元老院的演讲》
De Domo Sua	《关于他的家》 回到罗马之后，面对自己老家被拆毁建成了神庙，对大祭司团的演讲，希望拿回自己的家。
De Haruspicum Responso	《关于脏卜师的答复》 Clodius 指责他拆毁神庙重建自己的家，作者予以反驳。
In Vatinium	《质问 Vatinius》
In Pisonem	《反 Piso》
De Provinciis Consularibus	《论执政官的管辖》
Pro Plancio	《为 Plancius 辩护》
Pro Scauro	《为 Scaurus 辩护》
Pro Rabirio Postumo	《为 Rabirius Postumus 辩护》
Pro Marcello	《为 Marcellus 辩护》

接后页

拉丁文原题	中文译名及附注
Pro Ligario	《为 Ligarius 辩护》
Pro Rege Deiotaro	《为神牛王 Deiotarus 辩护》 为其在恺撒面前辩护。
Philippicae	《反腓力辞》 反安东尼演说，共十四篇，其中第二篇并未现场演讲。模仿希腊政治家 Demosthenes 反对马其顿国王 Philip（即亚历山大的父亲）的演讲词，故得名。

二、修辞学

De Inventione	《论开题》 作者早年作品。
De Oratore	《论演说家》
Brutus	《Brutus》 或译《演说史》。是作者与 M. Junius Brutus 和 T. Pomponius Atticus 对话录。
Orator	《演说家》
De Partitiones Oratoriae	《修辞学分析》
Topica	《论论题》
De Optimo Genere Oratorum	《论最优演说体》
Facete Dicta	《妙语集》 一些希腊文与拉丁文的精彩句子。仅剩残句。

三、哲学与政治学

Hortensius	《Hortensius》 也可以译为《论哲学》。劝导人们学习哲学的对话录，已失传。奥古斯丁读过。

接后页

拉丁文原题	中文译名及附注
Academici Libri	《学园派之书》 又译《论学院派》，有前后两个版本，相当一大部分缺失。
De Natura Deorum	《论诸神的本性》 作者最主要的神学作品；卷三有部分缺失。
De Divinatione	《论预言》 本书。
De Fato	《论命运》 仅一卷，部分存世。
De Re Publica	《论共和国》 或译《国家篇》，有缺失。
De Legibus	《论法律》 或译《法律篇》，有缺失。
De Finibus Bonorum et Malorum	《论善恶之极》 或译《论目的》，共五卷。
Tusculanae Disputationes	《Tusculum 论辩集》 或可译为《家中论辩集》，分五卷，后世一般按照本书卷二第2节的各卷小结标题。
De Officiis	《论义务》 或译《论责任》，写给当时还在雅典学习的儿子小西塞罗的劝诫家书。
Laelius de Amicitia	《Laelius 论友谊》 或译《论友谊》。
Cato Maior de Senectute	《老加图论老年》 或译《论老年》。
Paradoxa Stoicorum	《斯多葛派悖论》
De Gloria	《论荣耀》 已失传。

接后页

拉丁文原题	中文译名及附注
Consolatio	《慰藉》 因女儿 Tullia 去世而著，已失传。
De Auguriis	《论鸟卜》 或译为《论占卜》，已失传，其存在性与真实性存疑。
四、书信集	
Epistulae ad Atticum	《致 Atticus 书信集》 与其挚友 T. Pomponius Atticus 的来往书信，现存十六卷。
Epistulae ad Quintum Fratrem	《致 Quintus 书信集》 与其弟弟 Quintus 来往书信，现存三卷。
Epistulae ad Familiares	《致亲友书信集》 现存十六卷。
Epistulae ad Brutum	《致 Brutus 书信集》 现存两卷。
五、诗歌、译作与其他	
Consulatus Suus	《他的执政时期》 史诗体，仅存片段，大部分保存在本书内。
De Temporibus Suis	《论他的时代》 史诗体，已佚。
Marius	《Marius》 关于 C. Marius 的诗。
Cato	《加图》 支持小加图的颂词，已失传。
Phaenomena	《物象》 翻译古希腊诗人 Aratus 的作品。

接后页

拉丁文原题	中文译名及附注
Prognostica	《预象》 即《天气预报》。翻译古希腊诗人 Aratus 的作品，也被称为《Diosemeia》。
Timaeus	《蒂迈欧篇》 翻译柏拉图的作品。

C. 罗马职官与祭司职位表

拉丁原名	中文译名	简介
一、主要军政官职		
Consul	执政官	最高民选官职，每年两人，作为国家元首，任期一年，不得连任。由百人团大会选举产生。平时为政府首脑，战时则为军队统帅，在任期最后还需要负责主持下一任期的执政官选举大会。拥有束棒侍从（lictor）。
Interrex	摄政	起源于王政时代，在未选举出执政官，但执政官又缺位时，临时主持选举，任期只有五天。在位期间被称为摄政时期（interregnum）。
Dictator	独裁官	又称为"人民总长（magister populi）"，在紧急情况下全权接管国家政权，任期一般最长六个月（共和国后期的苏拉与恺撒例外）。
Magister Equitum	骑兵总长	或译为"骑兵统领"。在独裁期间，作为独裁官的副手统领军队，也拥有威权（imperium）。
Praetor	副执政/民选官/仲裁官	在共和国早期，执政官其实是被称为 praetor，而后来 praetor 降为执政官的副手，可以负责的范围很广，包括统领军队与司法裁决。
Censor	监察官	源起于王政时代的官职，地位很高；每五年选出两人，任期十八个月；负责人口普查（census）、各阶层名单审查、公共道德监督等。

接后页

拉丁原名	中文译名	简介
Aedilis / *Aedilis* *Curulis*	市政官	负责城市秩序、公共建筑、粮食供应与节庆活动。一般有四位，两位来自平民，两位来自贵族；贵族派的市政官，以及上面（前页）的所有官职，都拥有王权时代遗留的象征身份的"权座（sella curulis）"。
Proconsul / *Propraetor*	代理执政官/ 代理副执政/ 行省总督	早期作为执政或者副执政的代理，曾经担任执政的人才能出任；后来成为驻各个行省的长官。
Quaestor	财务官	一共二十名，各司其职，主要管理国库、财政与军队资金。
Tribunus *Plebis*	平民护民官	平民阶层代表，保护平民免受官吏压迫，从圣山运动开始设立，由部族大会选举产生，早期三名（一说五名），后增加为十名。其人身神圣不可侵犯。

二、主要宗教官职

Pontifex *Maximus*	大祭司长	国家宗教最高职位，任期终身，掌管历法与祭司团。帝国时期由皇帝兼任。
Pontifices	大祭司团	管理国家宗教事务与历法。由大祭司长领衔。
Augures	鸟卜师团	负责观察鸟卜与征兆，可以借此干涉阻止军政要务。最早期为三人，后逐步增加到共和末期的十五人。
Quindecimviri *Sacris* *Faciundis*	十五人卜书团	最初只有两位，逐渐增加到十五位。守护并解释 Sibylla 卜书。

接后页

拉丁原名	中文译名	简介
Septemviri Epulonum	七人宴祭团	最初只有三位，后加到七位。负责国家宗教宴会（epulae）及公共祭宴的筹备与仪式执行。
Flamines	专属祭司	特定神祇的专属祭司，地位非常高，每神一人。最高者为主神 Juppiter 的祭司（Flamen Dialis）。
Rex Sacrificulus	王事祭司	象征性保留王政时代王的宗教职能，主持某些传统仪式。地位次于大祭司长。
Virgines Vestales	Vesta 女祭司	侍奉灶神 Vestal，守护圣火。
Fetiales	神契祭司	负责外交仪式与战争宣告，为现代大使的前身。

D. 罗马元老院与各公民大会简表

拉丁原名	中文译名	简介
Senatus	元老院	罗马国家的最高议政机构，由曾任高阶官职者组成。其职能包括财政管理、对外政策、宗教事务与法律建议。传说中起源于 Romulus 时代，在共和国时期具有极高权威，但正式决议需通过公民大会确认。一般在罗马广场附近的 Curia 大殿即元老院集会，也可以在任意神庙举行会议。
Comitia Curiata	民团大会/库里亚大会	curia音译为库里亚，也译为民团；民团大会是罗马最古老的公民大会，源于王政时代，相传由 Romulus 以萨宾掳妻事件中的女子取名，由三十个民团组成。最初拥有立法与选举功能，后期逐渐被仪式化，仅形式上用于批准执政官等高级官职的"威权"（imperium）。
Comitia Centuriata	百人团大会	由第六代王 Servius Tullius 的创制，以军队编制（百人团）为单位组成的大会，依财产等级分配"百人团"，高等级（富人）的百人团占比比低等级高很多。共和初年后，根据其笔记，成为选举高级官员（执政官、副执政、监察官）的最高选举大会。因为其军事属性，会议只能在城界之外举行，通常在 Mars 平原（即战神广场）。

接后页

拉丁原名	中文译名	简介
Comitia Tributa	部族大会	部族最初是三个，其数量逐渐增加到共和后期的三十五个部族（四个城内部族、三十一乡部族）。选举中低级官员，如市政官、财务官，也可立法与审判。其程序较百人团大会简便，影响力在共和国中后期上升。
Concilium Plebis	平民大会	由平民参与，不含贵族。最开始是按民团组织，后改为按部族组织。选举平民护民官与平民市政官，并能通过具有全民效力的法律。是平民政治权力的重要体现。

E. 罗马历法简介

传统上认为，最早的罗马历法应该只有十个月，以 Mars 之月（3月）为岁首；这从第五月（7月）之后的几个月的名字可以看出来。后来才加上了 Janus 之月（1月）与洗罪之月（2月），但这个"后来"具体在什么时间，并不清楚。

与世界上其他地区的历法一样，罗马最早也是用阴历，即每个月的时间与实际月相吻合。所以按照朔望月平均周期29.53天计算，基本上一半是小月29天，一半是大月30天，这样就差不多了（比如中国的农历）。然而罗马人不喜欢偶数，或者说罗马人认为神明喜欢奇数（参见维吉尔《牧歌集》VIII.75），所以设计成了小月29天，大月31天。需要平均成29.5的话，大小月比例就变成了一比三，也就是说十二个月中有三个月是大月31天，剩下的是小月29天。

然而又由于某种神秘原因，罗马人不喜欢洗罪之月（2月），认为它不吉，所以就减为28天，所以其实使用的是四个大月，七个小月，一个28天的洗罪之月的355天标准平年（参考农历标准平年是354或者355天——神明喜欢奇数）。而这四个大月分别是 Mars 之月（3月）、Maia 之月（5月）、第五月（7月）与第八月（10月）。

拉丁文	中文译名
Mensis Ianuarius	Janus 之月
Mensis Februarius	洗罪之月
(Mensis Intercalaris)	（闰月）
Mensis Martius	Mars 之月
Mensis Aprilis	开端之月
Mensis Maius	Maia 之月
Mensis Iunius	Juno 之月
Mensis Quintilis/Julius	第五月/Julius 之月
Mensis Sextilis/Augustus	第六月/Augustus 之月
Mensis September	第七月
Mensis October	第八月
Mensis November	第九月
Mensis December	第十月

每个月的朔日（Kalendae）都在1日，而望日（Idus）则在15日（大月）或者13日（小月）。而每个月的"壬日（Nonae）"就是"望前九日"，被设在了7日（大月）与5日（小月），即从望日往前数到壬

日，两头都数进去，正好是九天。这三个日子分别对应新月、满月与上半月，但很久之前就与实际月相脱钩了。

这样纯阴历的历法如果不考虑太阳回归年，显然不适合农耕文明，所以类似于农历的置闰，需要按照固定的规则在洗罪之月（2月）之后插入闰月。但实际操作中，置闰与否这件事情控制在祭司团手上，所以有了政治上操作的空间，比如为了延长某个支持的执政官的任期，肆意添加闰月，或者为了减少某个不喜欢的执政官的执政时间，故意不置闰。当然也有可能是他们实在算不清楚太阳回归年这件事情。不过总的来说，这样导致记录的日期与实际按现代公历推算的日期经常有好几个月的浮动差距（前46年恺撒为了改革历法，把冬至调整到年末，一共插入了三个闰月）；现代的占星师都算不清楚当年记录日期的星盘，更别提古代的占星师了。

恺撒历法改革的最主要成就——这也是它成为公历的主要原因——就是把历法固定化，不再沦为祭司团的工具，而让平民百姓也能很容易掌握。而 Janus 之月（1月）、第六月（8月）、第十（12月）也就直接从29天升级为31天的大月，其余的小月也增加了一天变成30天。你可以看出来，罗马人还是不喜欢洗罪之月（2月）：其他月份都加了天数，就洗罪之月还是原来的28天（闰年29天）。

所以8月有31天这件事情跟奥古斯都其实没有什么关系，而当时将第六月（8月）而非奥古斯都生日所在的第七月（9月）改名，估计更多还是跟罗马人喜欢奇数有关——当然，宣布改名的元老院决议中只是提到了他在第六月中各种光荣事迹；模仿西塞罗的调调说，就是"伟大的奥古斯都，他在哪个月没有光荣事迹！"

而每个月的日期，是按朔日、壬日与望日前几天这样计算，相当于"到下一个关键日期还有几天"。请参考附表（第七月（9月）的各个日期），注意在望日之后，剩下的日期都是"第八月朔前某日"。

日期	拉丁文	中文
1	Kalendis (Septembris)	（第七月）朔日
2	ante diem quartum Nonas	壬前四日
3	ante diem tertium Nonas	壬前三日
4	pridie Nonas	壬前日
5	Nonis (Septembris)	（第七月）壬日
6	ante diem octavum Idus	望前八日
7	ante diem septimum Idus	望前七日
8	ante diem sextum Idus	望前六日

9	ante diem quintum Idus	望前五日
10	ante diem quartum Idus	望前四日
11	ante diem tertium Idus	望前三日
12	pridie Idus	望前日
13	Idibus (Septembris)	(第七月)望日
14	ante diem duodevicesimum Kalendas	朔前十八日
15	ante diem septimum decimum Kalendas	朔前十七日
16	ante diem sextum decimum Kalendas	朔前十六日
17	ante diem quintum decimum Kalendas	朔前十五日
18	ante diem quartum decimum Kalendas	朔前十四日
19	ante diem tertium decimum Kalendas	朔前十三日
20	ante diem duodecimum Kalendas	朔前十二日
21	ante diem undecimum Kalendas	朔前十一日
22	ante diem decimum Kalendas	朔前十日
23	ante diem nonum Kalendas	朔前九日
24	ante diem octavum Kalendas	朔前八日
25	ante diem septimum Kalendas	朔前七日
26	ante diem sextum Kalendas	朔前六日
27	ante diem quintum Kalendas	朔前五日
28	ante diem quartum Kalendas	朔前四日
29	ante diem tertium Kalendas	朔前三日
30	pridie Kalendas (Octobris)	(第八月)朔前日

F. 罗马人名简介

　　古代罗马人一般使用三名法：个人名（praenomen）、氏族名（nomen）以及家族名（cognomen）。只有前两名，或者有更多家族名（或者是绰号与称号）的情况也不少见。氏族名（nomen）标识氏族（gens），非常类似中国的姓氏。而家族名（cognomen）则更类似日本的姓，即苗字。大的氏族下面有很多分支，可以用家族名区分。比如说，Gaius Julius Caesar 来自 Julius 氏族（gens Julia），所以 Julius 是其氏族名，而 Caesar 则是其家族名。

　　Marcus Tullius Cicero 则来自 Tullius 氏族（gens Tullius），Cicero 是家族名。又比如他手下的奴隶 Tiro，也是其著作信件的整理出版者，在被 Cicero 解放之后就自动获得其氏族名（类似于中国的赐姓），名字就叫 Marcus Tullius Tiro。

　　由于某种神秘的原因，古罗马人的个人名（praenomen）非常有限，所以一般采用缩写（在后面加上比如-ne等后缀时则不缩写）。见下表。

Gaius	C.	Titus	T.	Lucius	L.
Caeso	K.	Appius	Ap./App.	Marcus	M.
Servius	Ser.	Sextus	Sex.	Publius	P.
Spurius	Sp./S.	Agrippa	Agr.	Manius	M.
Gnaeus	Cn.	Aurus	A.	Volesius	Vol.
Tiberius	Tib./Ti.	Quintus	Q.	Postumus	Post.

　　在日常与公务书写中，还会用到"filiation"（亲缘关系）的简写，比如经常出现的"X.f. Y.n."表示此人是 X 的儿子（filius），Y 的孙子（nepos）；母系的亲缘关系不常见但是也有出现。

References and Translator's Notes

I. References

The original Latin text included in this book mainly follows Falconer's 1923 Loeb Classical Library series, but I have been using other sources to make a few changes or corrections whenever I felt questionable, especially comparing his edition with the MSS. Wardle mentioned that an Oxford Classical Texts edition has been "in preparation" (Wardle2006, Introduction).

Including Falconer, the following translations and commentaries have been used:

- *De Senectute, De Amicitia, De Divinatione*, W. A. Falconer, 1923, Loeb Classical Library (Falconer1923)
- *Treatises of Cicero (reprint version)*, F. Barham, 1841, Bohn's Classical Library (Barham1841)
- *Cicero: on Divination Book 1*, D. Wardle, 2006, Clarendon Ancient History Series (Wardle2006)
- *M. Tulli Ciceronis De Divinatione (2 volumes)*, A. S. Pease, 1920 (Pease1920)
- *A Commentary on Cicero, De Divinatione I*, C. E. Schultz, 2014, Michigan Classical Commentaries (Schultz2014)
- *A Commentary on Cicero, De Divinatione II*, A. R. Dyck, 2020, Michigan Classical Commentaries (Dyck2020)
- *A Chinese translation of De Divinatione II.1-4*, Gu Zhiying (Gu2024)

Among the translations, Wardle2006 is so clean and fluent that I would not even have started this project, had Book 2 of his translation and commentary been available. My only improvement, compared to his work, if there are any, is to use verse translations for the quoted verses.

The huge two-volume Pease1920 is still a classic and very helpful even for readers who do not know Greek. I have been mostly relying on this and Wardle2006 for the commentaries. However, for a typical Chinese reader, most of the notes from any of those professional commentaries are very likely too overwhelming. For example,

Schultz2014 and Dyck2020 are so technical that I myself only use as a reference when other books fail to provide a definite answer.

Therefore, my plan, as in my previous translation works, is to use just enough footnotes to make the text understandable, as well as explain many technical terms in Latin, while not making it overloading and distracting from the original text.

The reason to translate *Somnium Scipionis* is two-fold. First, it is a nice and short dream that is quite related to the theme of the book, containing a foretelling dream and a model of the universe. Second, it will increase the number of pages of this book to the similar level as my translation of Vergil's *Georgics*, and so I can spend much less time working on the cover design. I did make a minor and almost unnoticeable mistake while resizing its template for *Eclogues*, which is much shorter and so thinner as a book, and so would rather avoid doing it again for technical reasons.

Sorry back to the topic. My translation of *Somnium Scipionis* used Latin text from 1889 C. F. W. Müller's edition of *De Re Publica*, and I also referenced various other translations:

- *On the Republic, On the Laws*, C. W. Keyes, 1928, Loeb Classical Library (Keyes1928)
- 论共和国, Wang Huansheng, 2006 (Wang2006)
- *Somnium Scipionis*, L.O. (*Levavi Oculos*), 1894, reprint by Sovereign Sanctuary Press (LO1894)
- 国家篇，法律篇, Shen Shuping and Su Li, 2002, (ShenSu2002)
- 西庇阿之梦, Xie Pingwei, 2018, online (Xie2018)
- *Treatises of Cicero (reprint version)*, F. Barham, 1841, Bohn's Classical Library (Barham1841)

Among the Chinese versions, ShenSu2002 is rather a re-translation from Keyes1928, while Wang2006 and Xie2018 are directly from Latin. If I am allowed to comment on their parts on *Somnium Scipionis* only, ShenSu2002 is quite mediocre, and Wang2006 is significantly better. Xie2018 is almost perfect (direct from Latin) with only lack of explanatory notes. But you see how we translators work based on previous works and improve step by step, and this is exactly why I would like to contribute my own time for it, instead of scratching my head on the cover template.

In addition, LO1894 and Barham1841 are both a bit too diverged away from the Latin original (which was quite common during old times when Latin was more popular), and sometimes with serious mistakes, but they do serve as fluent and clean readings of the general idea.

And as usual, for common words and phrases, *Lewis and Short* and *Oxford Latin Dictionary* are necessary and sufficient.

II. On Prediction and Divination: A Short Essay

We humans perform and use *predictions* everyday. Waking up in the morning, you take a quick look at the Weather App, and Maps is telling you that the trip to office may have 15-minute delay, then comes an email saying your package from a jungly online store is expected to be delivered today from 3pm to 5pm. Think about how many things in our modern society that have been built based on prediction. During Cicero's time, it was almost unimaginable.

However, if you read through Book 2 of *De Divinatione*, it is clear that the only thing that Cicero did not refute is to obtain conjectures through long-term observations (*observatio diuturna*), and as you may know, this has eventually become the very foundation of modern science and technology. We make lengthy observations of our world and make reasonable conjectures/guesses on the underlying principles. Then we test the conjectures again by making more observations, or by calculated experiments. Thus some certain aspects of the future *can* be predicted. It is not too exaggerating to say, but this book cleared the way to the scientific methodology of predictions that essentially made our modern life possible, by eliminating other mostly superstitious thoughts.

In addition, it is not true that all modern sciences enjoy the same level of prediction accuracy. For example, physics and chemistry are among the most predictable sciences, but biology in general, including medical sciences, is not so accurate, with a lot of exceptions and mysteries in the theory. Social sciences are even less predictable since they involve human psychology, which is hard to predict by nature.

Finance is probably on the edge between unpredictable and predictable. To accurately predict stock prices, one needs to investigate the behavior of every trader in the market and guess what buy/sell orders they will put in the future. This is obviously impossible with our current viewpoint and almost nonsense. Moreover, the derivatives such as futures and options are rather predictions themselves. For example, the current price for gold futures maturing on a future date is rather a consensus of prediction, which can be and mostly wrong, on the gold price on that future date.

In financial theories we have so called "factors" that help to predict future price movements — guess what, just like omens and signals as in this book. Commonly used factors are for example, how the stock behaves during the previous month, or the same month during previous years, or how much the company pays dividends compared to stock prices, or the currency rates, or the interest rates, so on and so forth.

It is in general very hard to explain the connection or the reason (*ratio*) behind the theory of each factor. In history and in practice, these factors, alone or together, kind-of work, but, roughly speaking, only slightly better than random guessing. However, if one manages risks well he can still continue to earn in a long run — we call those people fund managers or financial advisors.

Interestingly, when people all start to use the same type of factors to trade in the same market, the market itself then evolves into a new form that old factors, not surprisingly, become less successful. So in a continuously evolving market with no long-term observations, it is also impossible to provide a valid proof that these signals work, and this is becoming more like what Quintus talked about in Book 1 — I don't understand why but I still use the signals.

In a similar way, modern machine learning and AI are very much in the same category. People use various models to construct predicting functions, for example, recurrent neural networks or support vector machines or hidden Markov chains etc., to name a few. A lot of them are useful in their typical area of interest but usually not very helpful for other or more general purposes. Our theoretical or mathematical understandings on these different types of "fortune-telling" techniques are incomparable to their wide usage nowadays. It makes me slightly uncomfortable to call them "sciences" due to this lack of foundation.

From this viewpoint, the arguments made by Quintus make much more sense. It is not totally obvious how to draw a clear boundary between superstition and true science. Moreover, we humans sometimes do rely on things not yet understood to guide our daily life, successfully or unsuccessfully, and there is no need to denounce or condemn everything. Even traditional fortune-telling techniques such as tarot cards do offer something. I am not saying that there is some divine power inside the cards, but say for example, when someone receives an oracle which they believe, it ultimately changes the way they behave regarding future events, and so in some sense changes the future as well. When I was picking up a project to work on, I actually used some old-fashioned techniques to decide between this book and Livy's *Ab Urbe Condita* 4-6; so you wouldn't be able to read this translation if the oracles[1] turned out differently.

With this in mind, let us praise both books of *De Divinatione*, and let us embrace the rationality as well as the uncertainty of human nature.

III. On *Somnium Scipionis*

今者吾丧我, 汝知之乎? 女闻人籁而未闻地籁, 女闻地籁而未闻天籁夫!

Now I have lost myself — do you understand it? You have heard the sounds of men, but not those of the Earth; You have heard the sounds of the Earth, but not yet the sounds of Heaven.

nunc vero me ipsum perdidi — hoc sentisne? sonitus mortalium audisti, non autem terrae; terrae siquidem, sed nondum caelestis sonos percepisti.

It is quite interesting that Zhuangzi was talking about almost the same thing as Cicero. "Losing myself" is the exact parallel to the soul leaving the body, and hearing the sounds of Heaven is referenced exactly as word by word.

In addition, you can easily see how this work influenced and possibly shaped later Christian thoughts and beliefs, as the text emphasizes

---

[1]For Livy, it would "consume my energy without much worth", and for this book it would be "beneficial".

a Supreme God as *principium* instead of Juppiter. This model of the universe became the standard for at least fourteen or fifteen hundred years.

However, when I read through the dream, this very question came to my mind: Why didn't Quintus, in Book 1, cite Cicero's *Somnium Scipionis*? It is certain, for example in Book 2 mentioned by the author himself, that *De Re Publica* had been published while drafting *De Divinatione*. There must be a good reason why this passage had been completely ignored by the Cicero brothers in the conversation.

One way to think about it is that Cicero found it hard to refute his own writings. *Consulatus Suus* is his work, but the folklore of various omens were already there and he was simply a collector of facts. *Somnium Scipionis* is different. It is very likely his own creation, with no other ancient reference, and so by refuting this work it would undermine his own reputation.

Moreover, *Somnium Scipionis* is more of a philosophical essay of the universe, with only a tiny bit of foretelling dream at the beginning. It is probably more favorable for Cicero to ignore it instead of arguing against it. Nevertheless, it is still, I would put this way, a very unnatural choice here for Quintus to deliberately "forget" about this work while Marcus was commenting that he had prepared very well at the end of Book 1.

There is a small but not negligible chance that at least part of *Somnium Scipionis* is an ancient counterfeit, especially the foretelling dream. For example, the "seven times eight"-numerology is actually unseen elsewhere for Cicero. In addition, as Marcus himself mentioned in Book 2, knowing one's own fate will significantly change one's behavior and fate itself, so the story that Scipio the Younger knowing from a dream about his own destiny was very much falsified by this argument. It could be the case that only the later philosophical part of the dream was in the original version, and the foretelling dream was added to make it more trustworthy.

IV. Final Remarks

Cicero is easily considered as one of the most influential Latin prose authors, with signature clarity and readability. His language, as I can feel through the translations, is significantly different from Livy's, who probably relied on various other sources and so had some mixture of their languages. Cicero on the other hand uses his own language even translating from Greek, and this is in fact part of his ambition to replace Greek philosophy by Latin, which turned out to be at least partially successful. His works overall shaped the Latin philosophical language for many years into the future, and his ideas, though partly not original, helped to motivate philosophy and critical thinking for many generations.

When I was in high school, I was mostly indulged in two books of Chinese translations: of Dante's *Monarchia* and of Henri Bergson's *Time and Free will*. From my current point of view, these are not great translations (it is amazing how much we have to rely on second-hand translations mainly from English), but they served as great inspirations of young minds. As Cicero said, the youngsters in this country need rescue and salvage with every possible effort, due to the current times and morals (II.4). It is sad that history seems to repeat itself and it is hard to do anything to stop it. However, Cicero's words give us a general guideline of what to do when the country is in one man's hand — do whatever you can to protect it.

I am glad Cicero lived through most his summers without repeating the names of Caesars — he sure does not like it.

Index Nominum

A

Academia, 8, 22

Accius, L., 40

Achilles, 46, 58, 166, 190

Achivi, 24

Aedui, 74

Aegypt, 2

Aegyptus, 76

Aemilia Tertia, 82

Aemilius Paullus
  Macedonicus, L., 82,
  223

Aemilius Paullus, L., 158

Aeneas, 38–40

Aeolia, 2

Aequimaelium, 136

Aesculapius, 196

Aesopus, 68

Aethipoae, 176

Aetna, 138

Agamemnon, 28, 152

Agathocles, 46

Aius Loquens, 82

Ajax, 166, 182

Albania, 60

Alcibiades, 208

Alcmaeon, 72

Alexander, 42, 44, 96, 202

Alexander of Pherae, 48

Amphiaraus, 74

Amphilochus, 72

Amphion, 202

Anaxagoras, 148

Anaximander, 90

Anchialus, 170

Ancus Marcius, 74

Andromacha, 22

Antiochus, 238

Antiopa, 203

Antipater, 6, 36, 98, 132, 180,

Z

Index Verborum

.

www.ingramcontent.com/pod-product-compliance
Lightning Source LLC
Chambersburg PA
CBHW030911120626
46554CB00001B/109